**Projekt:**
Ein Projekt kann über mehrere Unterrichts-
stunden oder im Rahmen einer Projektwoche in
Arbeitsgruppen durchgeführt werden. Es ist sinnvoll, die Ergebnisse als Poster, in Wandzeitungen
oder als kleine Ausstellungen
im Fachraum zu veröffent-
lichen. So könnt ihr noch
mehr Schülerinnen und Schüler dafür interessieren.

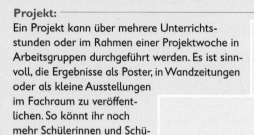

Projekt

Umwelt

Erforschen
Verstehen

5

# Zellen, Einzeller, Bakterien und Viren

Die meisten Zellen sind so klein, dass wir sie nur mithilfe von Mikroskopen sichtbar machen und untersuchen können. Im einfachsten Fall ist eine winzige
Zelle allein schon ein vollständiger Organismus. Der
menschliche Körper besteht dagegen aus der unvorstellbar großen Anzahl von etwa 70 000 000 000 000
(70 Billionen) Zellen!

**Einstieg in das Kapitel:**
Jedes Kapitel beginnt mit einer Einstiegsseite,
die dich durch attraktive Fotos und kurze Texte
auf den Inhalt der nachfolgenden Seiten aufmerk-
sam machen soll. Dazu werden auch Fragen
gestellt oder Widersprüche und Probleme aufge-
zeigt, die im Unterricht untersucht werden.

**Erforschen
Verstehen:**
Auf diesen Seiten
findest du ein Angebot
von Aufgaben und
Anleitungen für
praktische Tätigkeiten,
die du im Unterrichts-
raum
oder im Freiland
durchführen kannst.

**Themenseiten („Umwelt",
„Energie", „Gesundheit"):**
Wie ernährst du dich richtig?
Geht uns die Energie aus?
Warum sind Drogen gefährlich?
Um solche Fragen zu beant-
worten, genügt Wissen aus der
Biologie allein meist nicht. Oft
müssen vor allem physikalische
und chemische Erkenntnisse mit
einbezogen werden.
Diese Seiten sollen dir helfen, Vor-
gänge in der Umwelt oder im
menschlichen Körper als Folgen
des Zusammenwirkens von
Ursachen zu verstehen und zu
erklären, die von verschiedenen
Wissenschaften erforscht werden.

# Biologie *plus*

Gymnasium Klassen 7|8
Sachsen

Herausgegeben von
Christiane Högermann und Karl Meißner

Volk und Wissen Verlag

Dr. Joachim Schwier
Dr. Lore Voesack

Herausgeber:
Dr. Christiane Högermann, Prof. Dr. Karl Meißner

Unter Planung und Mitarbeit der Verlagsredaktion:
Horst-Dieter Gemeinhardt, Klaus Heinzel, Ilse König

Dieses Werk folgt der reformierten Rechtschreibung und Zeichensetzung.

**ISBN 3-06-010761-0**

1. Auflage
5 4 3 2 1 / 03 02 01 00 99
Alle Drucke dieser Auflage sind unverändert und im Unterricht parallel nutzbar.
Die letzte Zahl bedeutet das Jahr dieses Druckes.
© Volk und Wissen Verlag GmbH & Co., Berlin 1999
Printed in Germany
Satz: VWV DTP
Repro: Nova Concept GmbH, Berlin
Druck und Binden: H. Heenemann GmbH & Co., Berlin
Illustrationen: Manfred Behrendt, Lutz-Erich Müller, Kathrin Schleicher, Klaus Vonderwerth
Karten: Peter Kast · Klaus Hellwich, Ingenieurbüro für Kartographie, Schwerin
Layout: Manfred Behrendt
Typografie: Manfred Behrendt, Wolfgang Lorenz
Einband: Wolfgang Lorenz

# Inhalt

# Zellen, Einzeller, Bakterien und Viren

Die meisten Zellen sind so klein, dass wir sie nur mithilfe von Mikroskopen sichtbar machen und untersuchen können. Im einfachsten Fall ist eine winzige Zelle allein schon ein vollständiger Organismus. Der menschliche Körper besteht dagegen aus der unvorstellbar großen Anzahl von etwa 70 000 000 000 000 (70 Billionen) Zellen!

# Mikroskopische Techniken erschließen die Welt der Kleinstlebewesen

**Leistungen des menschlichen Auges.** Eine Blüte an einem Kirschbaum erscheint uns sehr klein. Je näher wir mit dem Auge an sie herankommen, desto größer und genauer erkennen wir ihre Bestandteile. Bei etwa 25 cm Abstand zwischen der Hornhaut des Auges und dem Objekt liegt die „deutliche Sehweite" oder unser „Nahpunkt". Zwei 0,1 mm voneinander entfernte Punkte können wir jetzt gerade noch getrennt sehen.

**Die Lupe.** Einfache Lupen enthalten eine beidseitig gewölbte Sammellinse. Damit ist ein Objekt wie z. B. eine Kirschblüte aus geringerer Entfernung als dem individuellen Nahpunkt deutlich und vergrößert zu erkennen. Lupen waren im 17. und 18. Jahrhundert die ersten Mikroskope.

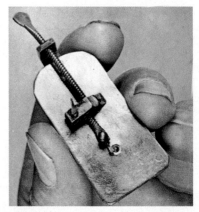

Mikroskop von LEEUWENHOEK

Im Biologieunterricht häufig genutzte Lupen

ANTONY VAN LEEUWENHOEK (1632 bis 1723) hatte sich im Linsenschleifen ganz erstaunliche Fertigkeiten angeeignet. Jeweils nur eine Sammellinse aus Glas, Bergkristall oder sogar Diamant setzte er in seine selbst gebauten nur etwa 5 cm großen Mikroskope ein. So entstanden über 400 Geräte von seiner Hand. Manche vergrößerten bis zu 250fach. LEEUWENHOEK entdeckte damit Blutzellen, Samenzellen und einzellige Lebewesen. Wahrscheinlich war er der erste Mensch, der Bakterien sah.

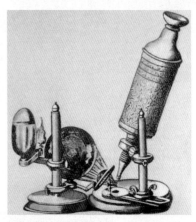

Mikroskop von ROBERT HOOKE

**Das Lichtmikroskop.** ROBERT HOOKE (1635 bis 1703) benutzte für seine Untersuchungen ein Mikroskop mit mehreren Linsen in Objektiv und Okular sowie eine besondere Lichtquelle. An dünnen Schnitten von Rapsstängeln, Farnblättern, Kork und anderen Objekten entdeckte er, dass Pflanzenteile aus kleinen „Kämmerchen" aufgebaut sind. Nach dem lateinischen Wort „cellulae" nannte er sie in Englisch „cells" (Zellen).
MATTHIAS JAKOB SCHLEIDEN und THEODOR SCHWANN stellten in den Jahren 1838/1839 ihre „Zellentheorie" auf. SCHLEIDEN untersuchte vorwiegend Pflanzen, SCHWANN Tiere. Trotz mancher Irrtümer gaben ihre Arbeiten der Zellforschung großen Aufschwung. SCHLEIDEN wirkte an der Universität Jena. Er setzte sich für die Nutzung der Mikroskopie in der Forschung ein und regte CARL ZEISS zum Bau von Mikroskopen an.

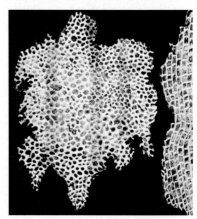

HOOKES Zeichnung der Korkzellen

## AUFGABEN

1. Stelle beim genauen Betrachten einer Blüte den „Nahpunkt" deiner Augen fest!
2. Betrachte die gleiche Blüte mit unterschiedlich stark vergrößernden Lupen! Zeichne die Blütenteile!
3. Stelle ein Trockenpräparat von einem Staubblatt der Kirschblüte her! Betrachte das Präparat mit dem Mikroskop: Was erkennst du im Vergleich zur Lupenbetrachtung deutlicher? Fertige eine Skizze an!

# Entdeckungen in der Mikrowelt

1. Präge dir die Teile des Schulmikroskops ein! Verfolge dabei den „Weg des Lichts" von der Lichtquelle bis zum Okular!

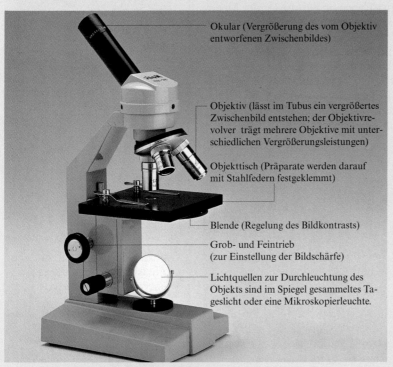

Okular (Vergrößerung des vom Objektiv entworfenen Zwischenbildes)

Objektiv (lässt im Tubus ein vergrößertes Zwischenbild entstehen; der Objektivrevolver trägt mehrere Objektive mit unterschiedlichen Vergrößerungsleistungen)

Objekttisch (Präparate werden darauf mit Stahlfedern festgeklemmt)

Blende (Regelung des Bildkontrasts)

Grob- und Feintrieb (zur Einstellung der Bildschärfe)

Lichtquellen zur Durchleuchtung des Objekts sind im Spiegel gesammeltes Tageslicht oder eine Mikroskopierleuchte.

Verstellen des Schärfebereichs

2. Übe das Mikroskopieren beim Betrachten von Trocken- und Frischpräparaten. Gehe dabei nach der folgenden Anleitung vor!
Zuerst musst du die Lichtquelle einschalten oder das Bildfeld mit dem Spiegel ausleuchten.
Lege das Präparat mit dem Objekt über die Öffnung im Objekttisch!
Wähle das Objektiv mit der geringsten Vergrößerung. Bewege mit dem Grobtrieb das Objektiv nah an das Objekt. Kontrolliere von der Seite!
Entferne nun, während du durch das Okular blickst, bis zum Entstehen eines scharfen Bildes mit dem Grobtrieb das Objektiv vom Objekt!
Reguliere mit der Blende den Bildkontrast!
Verschaffe dir durch Verschieben des Präparats und Verstellen des Schärfebereichs mit dem Feintrieb einen möglichst vollständigen Überblick über das Objekt.
Betrachte das Objekt auch bei stärkeren Vergrößerungen!

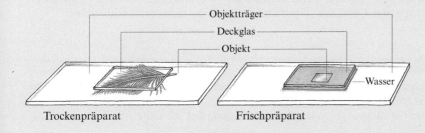

Objektträger
Deckglas
Objekt
Wasser

Trockenpräparat          Frischpräparat

3. Stelle Trockenpräparate von Haaren, Federn, Fischschuppen, Pollen, Pilzsporen und anderen Objekten her!
4. Stelle Frischpräparate von Wasserflöhen, Bienenbeinen, Kletthaaren, Moosblättchen und anderen Objekten her!

# Einzellige Pflanzen und Tiere

**Vorkommen.** Es gibt etwa 40 000 Arten winziger, meist nur mit dem Mikroskop sichtbarer Organismen, die als Einzeller bezeichnet werden. Ihr Körper ist eine Zelle. Einzeller sind an wasserhaltige Lebensräume gebunden. Die von einer festen Schale umgebenen Kammertierchen (Foraminiferen) und Strahlentierchen (Radiolarien) leben im Salzwasser der Meere. Die Schalen abgestorbener Kammertierchen und Strahlentierchen haben im Verlaufe von Millionen Jahren zur Entstehung mächtiger Ablagerungen beigetragen. Man kann sie beispielsweise in Kreidestücken von der Insel Rügen und der englischen Kanalküste häufig finden.

Die meisten Einzeller leben jedoch im Süßwasser der Bäche, Flüsse, Tümpel, Weiher, Teiche und Seen. Auch in feuchtem Erdreich, in Moospolstern, auf nassen Wiesen und an der Borke von Bäumen kommen sie vor. Manche können als Dauerstadien auch Trockenzeiten überstehen.

Algenblüte in einem Teich

Algen an der Borke eines Baumes

**Einzeller in Nahrungsnetzen.** Einzellige Algen ernähren sich von Kohlenstoffdioxid, Wasser und Nährsalzen und geben Sauerstoff an das Wasser ab. Sie sind Anfangsglieder von Nahrungsnetzen. Einzellige Tiere ernähren sich von anderen Lebewesen. So fressen Wimpertierchen winzige Algen und Bakterien (bis zu 100 000 in einer Stunde). Rädertierchen, Wasserflöhe, Hüpferlinge, Wasserschnecken, Frosch- und Fischlarven ernähren sich wiederum von Einzellern.

**Einzeller und Gewässergüte.** Organische Stoffe in Gewässern werden häufig von Bakterien abgebaut. Von diesen Bakterien ernähren sich einzellige Tiere, die so zur Klärung der Gewässer beitragen. Wenn im Sommer die Temperatur und die Stärke der Lichteinstrahlung zunehmen, kann es zu einer starken Algenvermehrung, der sogenannten Wasserblüte, kommen. Massenhaft absterbende Algen werden dann von Sauerstoff verbrauchenden Fäulnisbakterien zersetzt. Der darauf folgende Sauerstoffmangel führt zum Tode vieler Tiere und Pflanzen, das Gewässer „kippt um".

## Schon gewusst?

Das Vorkommen von Einzellern zeigt die Gewässergüte an.

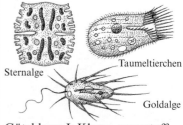

Sternalge

Taumeltierchen

Goldalge

Güteklasse I: Klares, sauerstoffhaltiges Wasser

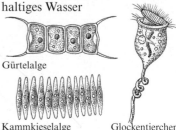

Gürtelalge

Kammkieselalge

Glockentierchen

Güteklasse II: Durch organische Stoffe gering verschmutztes Wasser

Mondalge

Hüllenflagellat

Heutierchen

Güteklasse III: Verschmutztes Wasser mit geringem Sauerstoffgehalt

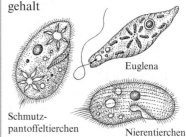

Euglena

Schmutzpantoffeltierchen

Nierentierchen

Güteklasse IV: Stark verschmutztes Wasser mit Faulstoffen

## AUFGABEN

1. Lies den Text dieser Seite gründlich durch und skizziere erst eine einfache Nahrungskette, danach ein komplizierteres Nahrungsnetz eines Gewässers!

2. Teile die abgebildeten Lebewesen in Tiere und Pflanzen ein! Schließe aus dem häufigen Vorkommen von Euglena auf die Güte eines Gewässers!

# Einzellern auf der Spur

1. Nimm Wasserproben aus verschiedenen Gewässern, in denen du Einzeller vermutest! Statt Wasserschöpfer, Bodengreifer, Pfahlkratzer und Planktonnetz kannst du dazu auch einfachere Geräte benutzen: Zum Schöpfen des Wassers ist ein an einen Stock gebundener Becher geeignet. Eine große Spritze mit Aquarienschlauch dient dem Absaugen des Bodengrunds. Mit einer Schöpfkelle können Algen von Steinen, Wurzeln und Pfählen abgekratzt werden. Ein feiner Nylonkaffeefilter kann im Wasser schwebende Einzeller wie ein Planktonnetz auffangen.

4. Untersuche jeweils einen Tropfen Wasser aus den Proben mit dem Mikroskop!
Entnimm das Wasser mit einer Pipette aus den Kulturgefäßen und stelle Frischpräparate her!
5. Untersuche, ob die Frischpräparate einzellige Tiere bzw. einzellige Algen enthalten! Wie kannst du sie erkennen und unterscheiden?
Vergleiche mit den Abbildungen auf dieser Seite!
6. Beobachte ausgewählte einzellige Tiere: Beschreibe und vergleiche ihre Fortbewegungsweisen! Welche Zellbestandteile bewirken die Fortbewegung?

Sammelgeräte

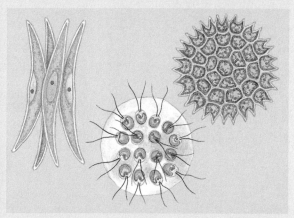

Algenkolonien

2. Fülle die Wasserproben für den Transport in dicht schließende Behälter! Beschrifte die Gefäße sorgfältig (Angabe von Datum und Fundort)!
3. Stelle die Sammelgefäße an einem Nordfenster auf! Ein Tümpelaquarium, eine Marmeladenglas- oder Tablettenröhrchenkultur bzw. ein Moospolster sind jetzt die Lebensräume der gefangenen Einzeller.

7. Suche auch nach aus mehreren Zellen bestehenden Algen (Algenkolonien)! Welche Besonderheiten im Bau ermöglichen ihnen das Schweben im Wasser?
8. Welche tierischen und pflanzlichen Einzeller hast du in den Kulturgefäßen gefunden? Zeichne sie!
9. Entscheide und begründe, ob sich aus deinen Beobachtungen Hinweise auf die Gewässergüte ergeben!

Kulturgefäße

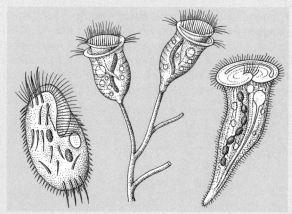

Einzellige Tiere

**Amöben.** An der Oberfläche von Gewässern, im Bodenschlamm, an Blättern und Stängeln von Wasserpflanzen sowie in feuchten Moospolstern sind die oft bis zu 0,5 mm großen Amöben zu finden. Ihr Körper besteht aus einer farblosen, flüssigen Masse, dem Zellplasma, das durch eine dünne formveränderliche Zellmembran abgegrenzt wird. Im Zellplasma sind ein etwa kugelförmiger Zellkern, oft mehrere Nahrungsvakuolen und eine pulsierende Vakuole zu erkennen. Der Zellkern steuert die Lebensprozesse in der Zelle. In der pulsierenden Vakuole sammeln sich eingedrungenes Wasser und Ausscheidungsprodukte, die nach außen abgegeben werden. Bei der Fortbewegung der Amöbe zieht sich das zähflüssige Außenplasma an einem Zellende zusammen. Das dünnflüssige Innenplasma strömt in die Gegenrichtung. Dort bilden sich Zellfortsätze („Scheinfüßchen") aus. Die Amöben ordnet man deshalb den Wurzelfüßern zu.

## Schon gewusst?

Manche tierischen Einzeller leben als Parasiten in Tieren und Menschen. So verursacht eine Amöbenart die in warmen Ländern verbreitete Amöbenruhr. Die Erreger von Toxoplasmose und Malaria sind Sporentierchen, die Erreger der Schlafkrankheit sind Geißeltierchen. Malaria könnte in Zukunft fast 50 % der Weltbevölkerung gefährden.

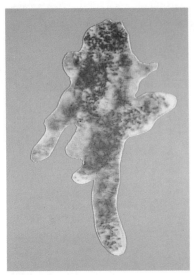

Amöbe (0,2 mm bis 0,5 mm groß)

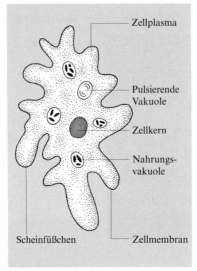

Zellplasma

Pulsierende Vakuole

Zellkern

Nahrungsvakuole

Scheinfüßchen

Zellmembran

Bau einer Amöbe

Trifft eine Amöbe auf Nahrung (Bakterien, einzellige Tiere und Algen oder Reste größerer Tiere und Pflanzen) so umfließt sie diese und nimmt sie in Nahrungsvakuolen auf. Darin erfolgt die Verdauung der organischen Nährstoffe. Im Zellplasma baut die Amöbe aus Verdauungsprodukten eigene organische Stoffe auf. Die Ernährung mit organischen Stoffen aus der Nahrung bezeichnet man als heterotroph. Stößt eine Amöbe auf Hindernisse, so reagiert sie durch Änderung der Bewegungsrichtung.

Amöben wachsen nur bis zu einer bestimmten Größe. Dann teilt sich der Zellkern in zwei gleich große Tochterkerne. Anschließend schnürt sich der Zellkörper durch, sodass zwei getrennte Tochterzellen entstehen. Bei ausreichendem Nahrungsangebot wachsen die Tochterzellen so schnell, dass sie sich in einigen Stunden erneut teilen können.

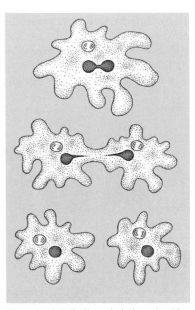

Kern- und Zellteilung bei einer Amöbe

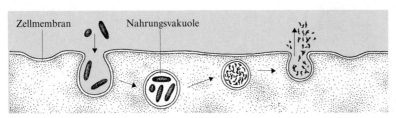

Zellmembran     Nahrungsvakuole

Aufnahme von Nahrung und Ausscheidung von Resten durch eine Amöbe

**Pantoffeltierchen.** Die treffende Bezeichnung gab man diesem Einzeller nach seiner auffälligen Körperform. Pantoffeltierchen leben in nährstoffreichen Gewässern. Der abgestimmte Schlag von etwa 10 000 über den ganzen Zellkörper verteilten Plasmafortsätzen – den Wimpern – treibt sie in einer schraubenförmigen Bewegung durch das Wasser.

Wimpern, die um das trichterförmige Mundfeld herum stehen, strudeln Nahrungsteilchen in den Zellmund. Dort bilden sich als Abschnürungen der Zellmembran die Nahrungsvakuolen. Sie bewegen sich durch den Zellkörper. Dabei werden die aufgenommenen organischen Stoffe verdaut. Am sogenannten Zellafter werden unverdaute Nahrungsreste ausgeschieden. Zwei pulsierende Vakuolen nehmen über Zuführungskanälchen aus dem Zellplasma überschüssiges Wasser auf und entleeren es in regelmäßigen zeitlichen Abständen nach außen.

**Haltung von Pantoffeltierchen**

Heuaufguss

Zu einer Handvoll Heu gibt man in ein Becherglas einen Liter Teich- oder Aquarienwasser. Schon bei Raumtemperatur vermehren sich die Heubazillen. Sie sind Nahrung für einzellige Tiere, vor allem auch Pantoffeltierchen, die sich dadurch stark vermehren.

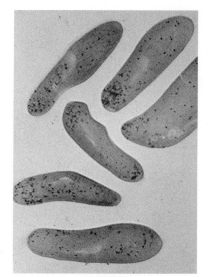

Pantoffeltierchen in einem Heuaufguss

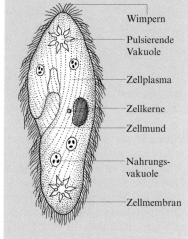

Bau eines Pantoffeltierchens

Wimpern

Pulsierende Vakuole

Zellplasma

Zellkerne

Zellmund

Nahrungsvakuole

Zellmembran

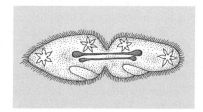

Kernteilung zu Beginn der Zellteilung

Pantoffeltierchen wachsen innerhalb weniger Stunden zur vollen Größe von etwa 300 μm und teilen sich dann. Nach der Teilung des Großkerns und des Kleinkerns schnürt sich dabei die Zelle quer durch.

Bei Pantoffeltierchen kommt auch eine besondere Form der geschlechtlichen Fortpflanzung vor, die Konjugation: Zwei Pantoffeltierchen lagern sich aneinander und tauschen über eine Plasmabrücke Erbmaterial ihrer Kleinkerne aus. Zunächst löst sich in jeder Zelle der Großkern auf und der Kleinkern teilt sich zweimal. Drei der neuen Kleinkerne zerfallen, der vierte teilt sich nochmals. Ein „Wanderkern" gelangt jeweils in die andere Zelle und verschmilzt dort mit dem Ruhekern. Anschließend trennen sich die Zellen wieder. Durch weitere Kernteilungen entstehen in ihnen erneut je ein Großkern und ein Kleinkern.

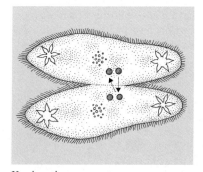

Konjugation

## AUFGABEN

1. Entscheide und begründe, ob Amöben ebenso „richtige" Lebewesen sind wie zum Beispiel Säugetiere oder Samenpflanzen!
2. Beschreibe die Lebensweise einer Amöbe! Versuche dabei alle ihre Lebenserscheinungen einzubeziehen!
3. Vergleiche Pantoffeltierchen mit Amöben! Erarbeite dazu eine Tabelle, für die du selbst die zu vergleichenden Merkmale auswählst!
4. Beschreibe, wie sich Pantoffeltierchen bewegen, ernähren, auf Reize reagieren und fortpflanzen!

**Chlorella.** Diese nur 10 µm großen, einzelligen Grünalgen haben einen kugelförmigen Körper. Neben dem Zellkern fällt ein großer, schüsselförmig in das Zellplasma eingebetteter Blattgrünträger (Chloroplast) auf. Mit dem Blattgrün (Chlorophyll) können die Chlorellen unter Nutzung der Lichtenergie aus Wasser und Kohlenstoffdioxid organische Stoffe wie z. B. Traubenzucker, weitere Kohlenhydrate und Eiweiße aufbauen (autotrophe Ernährungsweise). Dafür sind außerdem bestimmte Nährsalze erforderlich. In Ländern mit warmem Klima und hoher Sonneneinstrahlung wurden Chlorella-Algen schon zur Gewinnung eiweißhaltiger Nahrungs- und Futtermittel kultiviert.

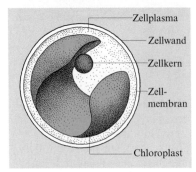

Bau einer Chlorella

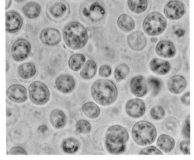

Chlorella-Algen (200fach vergrößert)

**Euglena.** Von diesen spindelförmigen Einzellern sind mehr als 150 Arten von 50 µm bis 500 µm Größe bekannt. Sie leben meist in stark verunreinigten Pfützen, Gräben und Teichen. Euglena gehört zu den Geißelträgern (Flagellaten). Die lange Schwimmgeißel zieht den Körper durch kreisende Bewegungen, einem Propeller ähnlich, durch das Wasser. Ein roter Farbfleck ermöglicht zusammen mit dem lichtempfindlichen Geißelansatz die Orientierung zum Licht. Im Zellplasma liegen der runde Zellkern, eine pulsierende Vakuole und bei vielen Formen auch Chloroplasten. Euglenen mit Chloroplasten leben ebenso wie Chlorella-Algen autotroph. Farblose heterotrophe Formen nehmen, ähnlich wie Amöben, organische Stoffe entweder in gelöster Form oder als feste Teilchen auf.
Euglenen vermehren sich durch Zellteilung. Dabei teilt sich nach erfolgter Kernteilung die ganze Zelle längs.

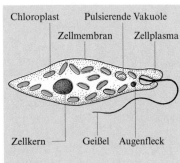

Bau einer Euglena

Euglena (250fach vergrößert)

Tierische und pflanzliche Einzeller vollziehen alle Lebensfunktionen (Stoffwechsel, Vermehrung, Fortbewegung, Reaktionen auf Reize). Der einzellige Körper ist daher ein selbstständiger Organismus.

## Schon gewusst?

Algen sind oft Anfangsglieder der Nahrungsketten im Süßwasser – in Bächen, Flüssen, Seen und Teichen – sowie auch im Meer: Sie bilden die Nahrungsgrundlage für Kleinkrebse, Kaulquappen, Muscheln, Jungfische und viele andere Wassertiere. Von diesen Pflanzenfressern ernähren sich weitere Tiere, wie zum Beispiel Raubfische.

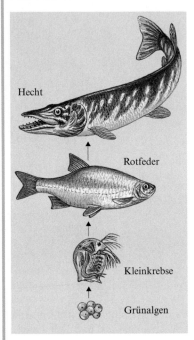

Nahrungskette in einem Gewässer

### AUFGABEN

1. Beschreibe am Beispiel einer Euglena, wie eine Zelle als Organismus alle Lebensfunktionen ausübt!
2. Stelle am Beispiel einzelliger Lebewesen den Gemeinsamkeiten im Bau der Zellen die Vielfalt von Zellformen und Zellbestandteilen gegenüber!

# Einzeller, Zellkolonien und Vielzeller

**Einzeller.** Der sogenannte Hüllengeißelträger (Chlamydomonas) ist ein weiteres Beispiel für eine einzellige Alge. Auch jede Chlamydomonas-Zelle ist ein selbständiger Organismus, der sich ernährt, fortbewegt, auf Reize reagiert und fortpflanzt.

**Zellkolonien.** Pandorina ist ein Beispiel für eine Zellkolonie. Sie besteht aus 16 Zellen. Jede dieser Zellen ähnelt in ihrem Bau der einzelligen Alge Chlamydomonas. Die Zellen der Kolonie werden durch eine Gallerthülle zusammengehalten, aus der die Geißeln herausragen. Jede Zelle kann alle Lebensvorgänge vollziehen. Wenn eine Kolonie zerfällt, dann sind die einzelnen Zellen auch allein lebensfähig.

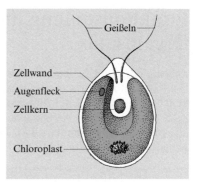

Chlamydomonas

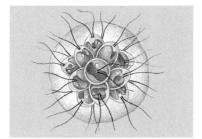

Pandorina

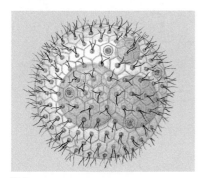

Volvox

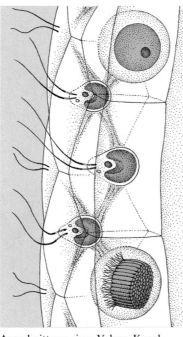

Ausschnitt aus einer Volvox-Kugel

## Schon gewusst?

Versuche zur Nahrungs- und Futtermittelproduktion mit Kulturen der 10 Mikrometer großen einzelligen Grünalge Chlorella erbrachten bei günstigen Licht- und Temperaturbedingungen Hektarerträge von 10 t bis 15 t Eiweiß im Jahr.
Nach Berechnungen von Biologen könnte eine Meeresalgenfarm von 4 km$^2$ Grundfläche vielleicht den Energiebedarf von 120 Menschen erbringen. Für die Produktion der dazu erforderlichen Algenmasse müssen große und schnell wachsende Algenarten – z. B. Riesentange – kultiviert werden.

**Vielzelliger Organismus.** Die Kugelalge (Volvox) ist ein 1 mm großer vielzelliger Organismus. Mehrere Tausend Körperzellen, jede im Bau Chlamydomonas ähnlich, bilden die äußere Schicht der schleimgefüllten Kugel. Die Körperzellen haben die Funktion der Fortbewegung und der autotrophen Ernährung für den gesamten Organismus. Plasmabrücken zwischen den Zellen ermöglichen den Austausch von Stoffen und die Koordinierung ihrer Geißelschläge. Besondere Fortpflanzungszellen bilden durch aufeinanderfolgende Zellteilungen – also ungeschlechtlich – Tochterkugeln, die im Innern der Mutterkugel heranwachsen. Volvox kann sich auch geschlechtlich durch Eizellen und Samenzellen fortpflanzen. Kennzeichnend für die Kugelalge ist die Funktionsteilung zwischen den unterschiedlich gebauten Zellen. Sie sind dadurch allein nicht lebensfähig.

> Zu den Grünalgen gehören einzellige Arten, Kolonien bildende Formen mit einer meist konstanten Zellanzahl sowie vielzellige Organismen mit Funktionsteilung zwischen Zellen mit unterschiedlichem Bau.

## AUFGABEN

1. Erläutere die Unterschiede zwischen einzelligen Lebewesen, Zellkolonien und Vielzellern!
2. Süßwasserpolypen sind vielzellige Tiere, keine Zellkolonien. Begründe!

# Funktionsteilung im vielzelligen Organismus

**Zellen.** Zellen sind die kleinsten lebensfähigen Einheiten der Organismen. Die Körper höher entwickelter Pflanzen, Pilze, Tiere sowie der Menschen bestehen aus Tausenden, Millionen oder sogar Billionen lebenden Zellen. Zum Beispiel sind am Aufbau einer Samenpflanze bis zu 70 unterschiedlich gebaute Zellformen beteiligt. Diese sind auf die Durchführung verschiedener Aufgaben (Funktionen) für die ganze Pflanze spezialisiert.

Dicht aneinander liegende Zellen bilden das schützende Abschlussgewebe der Laubblätter.

Lockere Gewebe aus Zellen mit vielen Chloroplasten vollziehen die autotrophe Ernährung (Fotosynthese).

Schließzellen regulieren den Austausch von Stoffen (Sauerstoff, Kohlenstoffdioxid und Wasser) mit der Umwelt.

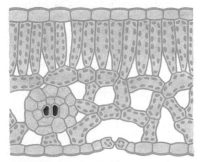

Abschlussgewebe, Festigungsgewebe und Leitgewebe wirken im Organ Laubblatt zusammen.

Laubblätter, Blüten, Sprossachse und Wurzeln sichern als spezialisierte Organe die Lebensfunktionen des Organismus.

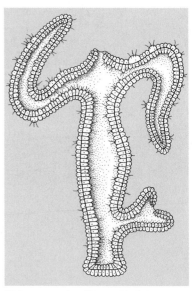

Süßwasserpolyp (Längsschnitt)

**Gewebe.** Ein Verband vieler gleichartig gebauter Zellen – die daher auch gleiche Funktionen ausüben – wird Gewebe genannt.

**Organe.** Mehrere Gewebe mit unterschiedlichen „Spezialisierungen" ermöglichen durch ihr Zusammenwirken das Funktionieren eines Organs. Häufig wirken mehrere Organe in einem Organsystem zusammen.

**Organismus.** Die Lebensprozesse des ganzen Organismus werden durch das abgestimmte Zusammenwirken der auf unterschiedliche Funktionen spezialisierten Organe bzw. Organsysteme ermöglicht.

## AUFGABEN

1. Erläutere mithilfe des Textes dieser Seite den Körperbau eines Süßwasserpolypen!
2. Stelle am Beispiel des Süßwasserpolypen dar, welche unterschiedlichen Funktionen durch Zellen, Gewebe und Organe ausgeübt werden!

# Wir beobachten und untersuchen Zellen und ihre Lebensvorgänge genauer

**Vielfalt der räumlichen Formen.** Einzelzellen haben oft eine kugelförmige Gestalt. Die Alge Chlorella oder die Eizellen mancher Fische und Lurche sind dafür typische Beispiele. Auch in lockeren Geweben wie dem Holundermark können die Zellen Kugelform annehmen.

In vielzelligen Organismen bestimmt häufig die Funktion der Zellen ihre Form und Anordnung in den Geweben. Dicht gepackte Epidermiszellen sind oft würfel- oder quaderförmig. Die Zellen der Leitgewebe von Pflanzen sind lang gestreckten Zylindern oder Röhren ähnlich. Spindelförmig sind die Zellen der glatten Muskulatur von Säugern. Weiße Blutzellen verändern ähnlich wie Amöben bei der Bewegung ihre Form. Die Zellkörper von Nervenzellen können Tausende von Fortsätzen und damit zum Beispiel im Gehirn eine Vielzahl von Verbindungen mit anderen Nervenzellen ausbilden. Fortsätze von Nervenzellen in unserem Rückenmark reichen bis in die Zehenspitzen und werden oft einen Meter lang.

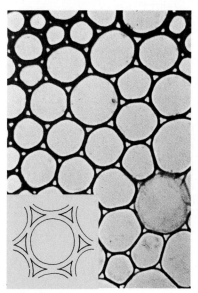

Kugelförmige Zellen
(Holundermark)

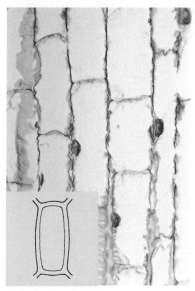

Zylinderförmige Zellen
(Zwiebelwurzel)

**Größenunterschiede.** Viele Zellen sind so klein, dass die Einheit Mikrometer (µm) zur Größenangabe genutzt wird. Ein Mikrometer ist der tausendste Teil eines Millimeters. Pflanzenzellen und Tierzellen erreichen Längen von 10 µm bis 100 µm. Von diesen Durchschnittsgrößen gibt es viele Abweichungen. So haben rote Blutzellen nur einen Durchmesser von 7 µm, während die Eizelle eines Huhns, der Dotter, mit 3,5 cm Durchmesser 5000-mal so groß ist.

**Lebensdauer.** Hautzellen des Menschen haben eine Lebensdauer von wenigen Tagen. Sie werden immer wieder durch neu gebildete Zellen ersetzt. Abgestorbene Zellen bilden zum Beispiel die Hornhaut an unseren Händen oder stoßen sich als „Schuppen" ab. Rote Blutzellen leben nicht länger als 120 Tage. Langlebig sind die Einheiten der Skelettmuskulatur und die Nervenzellen des Gehirns. Sie können so alt werden wie der Mensch selbst.

## Schon gewusst?

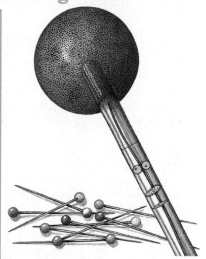

Eine Stecknadel ist 32 mm lang. Ihr Glaskopf hat einen Durchmesser von 3 mm.

Im Glaskopf würden etwa 10 Milliarden (10 000 000 000) Bakterien Platz haben.

Samenhaarzellen der Baumwolle und Faserzellen der Brennnessel sind mit 5 cm bis 7,5 cm länger als der Stahlstift einer Stecknadel.

In den Querschnitt des Stahlstifts würden 1000 nebeneinander liegende Hefezellen, zwei menschliche Eizellen, ein Pantoffeltierchen oder eine glatte Muskelzelle passen.

## AUFGABEN

1. Skizziere Kugel, Zylinder und Spindel als typische Zellformen. Ordne ihnen jeweils zwei bis drei Beispiele von Zellen zu!
2. Suche in anderen Lehrbuchkapiteln nach Zellen mit außergewöhnlichen Formen. Stelle eine Übersicht zusammen!

# Beobachtungen an Zellen

Die Auslagen von Obst- und Gemüsehandlungen oder Fleischereien liefern uns Material für mikroskopische Untersuchungen, deren Beobachtungsergebnisse wir zur Beantwortung folgender Fragen nutzen können:

- Wie kann man den zellulären Aufbau von Pflanzen und Tieren mikroskopisch erkennen?
- Zu welchen Ergebnissen führt der Vergleich von Tier- und Pflanzenzellen?
- Worauf sind die Farben von Blättern und Früchten zurückzuführen?
- Warum sind zum Beispiel Maiskörner, Kartoffeln, Reis und Bananen besonders nahrhaft?

### 1. Wir fertigen Abzugspräparate an

Schneide eine Zwiebel in Viertel und löse eine Zwiebelschuppe heraus! Ritze mit dem Skalpell oder mit einer Rasierklinge (eine Schneide umklebt) die nach innen gewölbte Seite mehrfach ein!

Ziehe mit der Pinzette ein Stück der Zwiebelhaut ab und lege es in einen Wassertropfen auf dem Objektträger!

Setze mit der Pinzette ein sauberes Deckglas an den Rand des Wassertropfens und lege es so auf, dass sich keine Luftblasen darunter ansammeln. Betrachte das Präparat zuerst bei 50facher Vergrößerung, dann bei stärkerer Vergrößerung!

Für Abzugspräparate eignen sich auch Schikoree und Chinakohl.

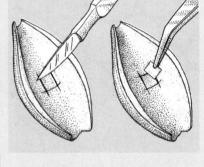

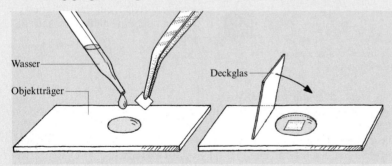

Wasser — Objektträger — Deckglas

### 2. Färbung von Zwiebelhautpräparaten

Setze neben das Deckglas des Zwiebelhautpräparats einen Tropfen einer verdünnten Rotfärbelösung. Sauge den Farbstoff mit einem Filterpapierstreifen nach der anderen Seite durch!

Betrachte das Präparat bei starker Vergrößerung.

Probiere auch andere Färbemittel (z. B. Methylenblaulösung) aus.

Zeichne eine Zelle (etwa 3 cm bis 4 cm groß) mit mittelhartem Bleistift auf unliniertes Papier! Achte auf die saubere Ausführung der Zeichnung!

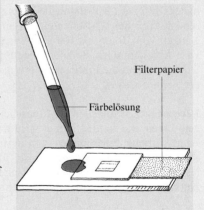

Filterpapier

Färbelösung

### 3. Anfertigung von Schnittpräparaten: Blattquerschnitte

Fertige Querschnitte von den röhrenförmigen grünen Blättern der Lauch-zwiebeln, den Schlotten, an! Führe dazu mehrere flache, ziehende Schnit-te mit der Rasierklinge!

Lege die Schnitte in ein Schälchen mit Wasser, wähle die dünnsten aus und fertige von ihnen Frischpräparate an! Betrachte zunächst bei geringer, dann bei stärkerer Vergrößerung! Zeichne und beschrifte einige Zellen aus einem Gewebe!

Schnittpräparate kannst du auch von Paprikafrüchten, Möhren, Gurken-früchten, Haselnusskernen oder Kartoffelknollen herstellen.

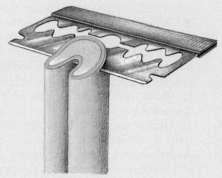

Schnitttechnik

### 4. Stärkenachweis im Speichergewebe der Kartoffel

Fertige ein Schnittpräparat vom Speichergewebe einer Kartoffelknolle an! Gib einen Tropfen Iod-Kaliumiodidlösung neben das Deckglas und sauge das Nachweismittel mithilfe eines Filterpapierstreifens zur anderen Seite des Deckglases durch!

Beobachte die Veränderungen im Präparat mit dem Mikroskop. Beschrei-be sie! Welche Schlussfolgerungen ziehst du aus den Beobachtungen?

Führe den Stärkenachweis auch am Fruchtfleisch von Bananen, Äpfeln und Orangen durch!

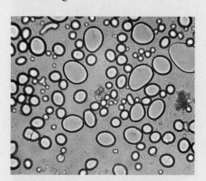

Stärkekörner aus Kartoffelzellen

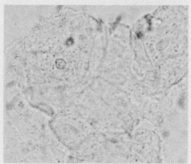

Zellen der Mundschleimhaut

### 5. Abstrichpräparate von der Mundschleimhaut des Menschen

Fahre mit einem Teelöffel vorsichtig über die Innenseite deiner Wange und gib die abgestrichenen Schleimhautzellen in einen Wassertropfen auf ei-nem Objektträger! Färbe mit verdünnter Methylenblaulösung und lege ein Deckglas auf.

Zeichne eine Zelle bei stärkster Vergrößerung und beschrifte sie!

### 6. Beobachtung von Leberzellen in Zupfpräparaten

Schneide von frischer Rinder- oder Schweineleber mit dem Skalpell ein stecknadelkopfgroßes Stück ab und zerzupfe es mit Präpariernadel und Pinzette im Wassertropfen auf dem Objektträger!

Betrachte das fertige Präparat bei starker Vergrößerung!

Färbe die Zellen mit verdünnter Methylenblaulösung oder Kernechtrot an und vergleiche mit den Mundschleimhautzellen!

Die mikroskopischen Beobachtungen sollten Argumente zur Beantwor-tung der auf der vorigen Seite gestellten Fragen liefern. Erläutere die Ergebnisse und beziehe sie in die Beantwortung der Fragen ein!

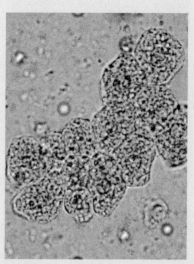

Angefärbte Leberzellen

# Bau und Lebensvorgänge der Zellen

**Pflanzenzellen.** Die Zellwände verleihen den einzelnen Pflanzenzellen und damit auch der gesamten Pflanze Stabilität und Schutz. Hauptbestandteil der Zellwände sind Cellulosefasern. Vielfach sind auch Korkstoff und Holzstoff eingelagert. Das Zellwandmaterial wird im Stoffwechsel der lebenden Zellen gebildet.

Die viel dünneren Zellmembranen konnten erst mithilfe der Elektronenmikroskopie genauer erforscht werden. Zellmembranen grenzen den übrigen Zellkörper von der Umgebung ab und ermöglichen der Zelle zugleich die Aufnahme und Abgabe von Stoffen.

Das Innere junger Pflanzenzellen ist mit zähflüssigem Zellplasma ausgefüllt. Es besteht aus Wasser und einem hohen Anteil von Eiweißen. Außerdem sind darin Mineralsalze, Zucker und Säuren gelöst. Im Zellplasma laufen die Stoffwechselprozesse ab.

## Schon gewusst?

Außer Chloroplasten kommen in Pflanzenzellen auch andere Plastiden vor.

Chloroplasten entwickeln sich bei Belichtung aus farblosen „Vorläufern". Darauf ist u. a. die Grünfärbung von Kartoffeltrieben oder Zwiebelschuppen zurückzuführen. Andererseits wandeln sich Chloroplasten bei der Reifung grüner Früchte und bei der herbstlichen Laubfärbung in gelb oder rot gefärbte Plastiden um.

Wilder Wein

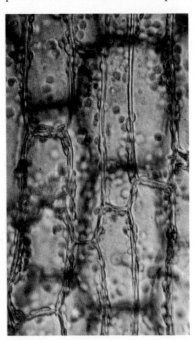

Blattzellen der Wasserpest

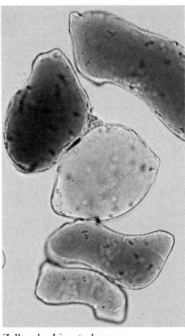

Zellen der Ligusterbeere

Herbstfärbung der Weinblätter

ROBERT BROWN (1773 bis 1850) entdeckte 1831 den Zellkern. Er ist das größte „Organell" einer Zelle. Der Zellkern ist von der Kernmembran umgeben. In ihm befinden sich in den fadenförmigen Chromosomen die Erbanlagen der Zelle. Sie steuern den Stoffwechsel und die Zellteilung.

Die grüne Färbung der Blätter und Sprossachsen wird durch die Chloroplasten im Zellplasma von Zellen hervorgerufen. Chloroplasten enthalten den Farbstoff Chlorophyll. In ihnen erfolgt der Aufbau organischer Stoffe durch die Fotosynthese. In älteren Pflanzenzellen bilden sich oft von einer Membran umgebene Zellsaftvakuolen aus. Im Wasser des Zellsafts können Stoffwechselendprodukte sowie gelöste Farbstoffe, Säuren, Mineralsalze und Zucker enthalten sein.

Die Zellen pflanzlicher Speicherorgane können z. B. Wasser, Eiweiße, Fetttröpfchen und Stärkekörner enthalten. Diese Reserven ermöglichen den Pflanzen das Überleben ungünstiger Bedingungen – wie beispielsweise Trockenheit oder Kälte – sowie schnelle Keimung und rasches Wachstum.

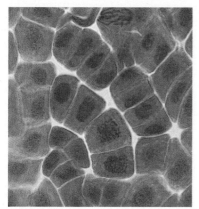

Mundschleimhautzellen (angefärbt)

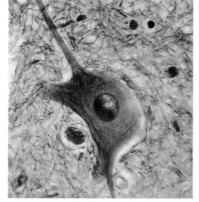

Nervenzelle (angefärbt)

## Schon gewusst?

Die farblosen, oft länglich-eiförmigen Mitochondrien sind kleiner als Chloroplasten und mit dem Schülermikroskop nicht zu sehen. In den Mitochondrien erfolgt unter Sauerstoffverbrauch der Abbau organischer Stoffe, die sogenannte Zellatmung. Dabei wird die notwendige Energie für Bewegungen, Stofftransport und Stoffumwandlungen frei. Muskelzellen, Leberzellen und Nervenzellen enthalten sehr viele Mitochondrien. In einer Leberzelle mit intensivem Stoffwechsel können bis zu 1000 vorkommen.

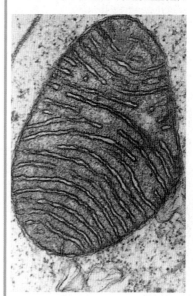

Mitochondrium

**Tierzellen.** So wie bei den Pflanzenzellen ist auch bei Tierzellen trotz großer Vielfalt ein einheitlicher Grundaufbau erkennbar. Sie sind stets von einer Zellmembran umgeben, haben jedoch keine Zellwand. Die Zellmembran vermittelt den Stoffaustausch zwischen den Zellen. Dadurch werden beispielsweise ihr Zusammenwirken in einem Gewebe sowie die Kontrolle des Wachstums und der Vermehrung der Zellen ermöglicht.

Der Zellkörper der Tierzellen besteht aus Zellplasma, in dem sich der Zellkern befindet. Speicherstoffe, zum Beispiel Fetttröpfchen und „tierische Stärke" (Glykogen), kommen auch in Tierzellen vor.

**Vergleich von Pflanzenzellen und Tierzellen.** Zellmembran, Zellplasma und Zellkern sind Bestandteile von Tierzellen und Pflanzenzellen. Auch ihre Funktionen in den Zellen sind gleich. Eine feste Zellwand, Chloroplasten sowie große Zellsaftvakuolen kommen nur bei Pflanzenzellen vor.

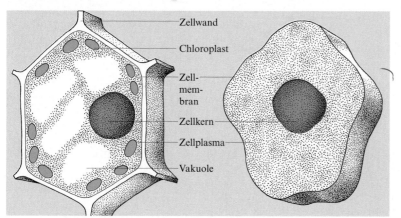

Pflanzenzelle und Tierzelle im Vergleich

## AUFGABEN

1. Vergleiche den Bau von Tierzellen und Pflanzenzellen. Stelle dazu eine Tabelle zusammen!
2. Stelle in einer Tabelle Speicherstoffe mit den Pflanzenorganen bzw. Pflanzen zusammen, in denen sie gespeichert werden!
3. Stelle ein Frischpräparat von Zellen einer Ligusterbeere her! Entnimm dazu mit der Präpariernadel etwas Gewebe unterhalb der Schale! Welche Zellbestandteile kannst du mit dem Mikroskop erkennen? Zeichne eine Zelle!

**Ernährung der Zellen.** Alle Zellen bauen aus aufgenommenen zellfremden Stoffen zelleigene organische Stoffe auf. Pflanzenzellen mit Chloroplasten nutzen dafür die Energie des Lichtes. Sie können in den Chloroplasten aus anorganischen Ausgangsstoffen (Kohlenstoffdioxid, Wasser und Nährsalzen) organische Stoffe (Zucker, Stärke) bilden (Fotosynthese). Dabei wird als Nebenprodukt Sauerstoff an die Umwelt abgegeben. Da diese Pflanzenzellen durch Fotosynthese selbstständig organische Stoffe bilden, bezeichnet man sie als autotroph. Zellen ohne Chloroplasten wie Tierzellen und Pilzzellen ernähren sich heterotroph: Sie nehmen zellfremde organische Stoffe auf und wandeln sie in eigene organische Stoffe um.
Ein Teil der in den Zellen gebildeten organischen Stoffe wird in den Mitochondrien zur Energiefreisetzung abgebaut. Andere werden als Speicherstoffe eingelagert oder als Zellmaterial beim Wachstum in Zellwände, Zellmembranen und Zellplasma eingebaut.

**Zellwachstum.** Vor allem bei jungen Pflanzenzellen und Tierzellen werden vermehrt organische Stoffe in das Zellplasma und die Zellmembran eingebaut. Durch dieses Plasmawachstum vergrößern sich die Zellen. Pflanzenzellen nehmen darüber hinaus bei ihrem sogenannten Streckungswachstum in kurzer Zeit sehr viel Wasser auf und bilden große Zellsaftvakuolen. Ihre Zellwände wachsen dabei mit. Junge, wachstums- und teilungsfähige Zellen befinden sich bei Samenpflanzen vor allem in den Spross- und Wurzelspitzen sowie in den Knospen. Beispielsweise ist die rasche Entfaltung von Blüten und Laubblättern aus den im Frühjahr aufplatzenden Knospen eine Folge des Streckungswachstums ihrer Zellen.

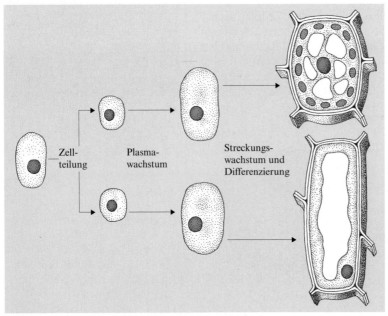

Wachstum und Differenzierung bei Pflanzenzellen

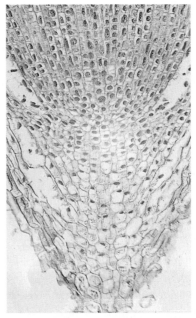

Wurzelspitze mit teilungsfähigen Zellen

Während ihrer Entwicklung wachsen die Zellen. Sie verändern ihre äußere Form, ihre stoffliche Zusammensetzung sowie den Zustand von Zellbestandteilen je nach ihren Funktionen im vielzelligen Organismus. Diese Veränderungen bezeichnet man als Differenzierung der Zellen. Differenzierte Zellen sind oft nicht mehr teilungsfähig.

**Zellteilung.** RUDOLF VIRCHOW (1821 bis 1902) hat seine Beobachtungen in dem Satz zusammengefasst: „Jede Zelle entsteht aus einer Zelle."

Vor jeder Zellteilung findet eine Kernteilung statt. Dazu verdoppelt sich das Erbmaterial des Zellkerns und die Chromosomen spalten sich in zwei völlig gleiche Längshälften. Danach beginnt die Teilung des Zellkerns, die bei Körperzellen als Mitose bezeichnet wird:

1. Die fadenförmigen Chromosomen verkürzen sich und werden dadurch sichtbar. Die Kernmembran löst sich auf.
2. Die Chromosomen ordnen sich in einer Ebene in der Zellmitte an. Durch Plasmafäden werden die zwei Längshälften jedes Chromosoms getrennt. Je eine davon wird zu einem der entgegengesetzten „Pole" der Zelle gezogen.
3. Dort bildet sich je eine neue Kernmembran. Die Chromosomenhälften entfalten sich wieder. – Später ergänzen sie sich zu vollständigen Chromosomen. Jeder der beiden neuen Zellkerne enthält genau die gleiche Chromosomenanzahl wie der Ausgangskern. Dadurch ist das Erbmaterial in den zwei neuen Körperzellen völlig gleich.

Im Anschluss an die Kernteilung schnürt sich bei Tierzellen die Mutterzelle von außen ein, so dass zwei Tochterzellen entstehen. In Pflanzenzellen bildet sich, von der Mitte ausgehend, eine Trennwand. Bei Tieren und Menschen bleibt die Teilungsfähigkeit der Zellen in fast allen Organen erhalten. Absterbende Zellen werden ständig durch neue ersetzt. Nach Verletzungen heilen Wunden durch Zellteilungen wieder zu. In Pflanzen finden sich teilungsfähige Zellen vor allem an den Spross- und Wurzelspitzen. Sie ermöglichen vielen Pflanzen ein sehr starkes Längenwachstum.

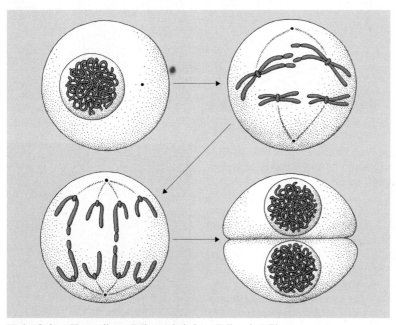

Verlauf einer Kernteilung (Mitose) bei einer Zelle mit 4 Chromosomen

> Das Leben eines vielzelligen Organismus beruht auf den Lebensvorgängen seiner Zellen. Ernährung, Wachstum und Teilung der Zellen sowie ihre Differenzierung und Funktionsteilung wirken dabei zusammen. Vor jeder Zellteilung findet eine Kernteilung statt. In den Chromosomen der Zellkerne befindet sich das Erbmaterial der Zellen.

## Schon gewusst?

Jede Tier- und Pflanzenart hat eine für sie kennzeichnende Anzahl von Chromosomen in den Zellkernen.

| Beispiele | |
|---|---|
| Chromosomen-anzahl | Art |
| 32 | Regenwurm |
| 8 | Taufliege |
| 104 | Karpfen |
| 66 | Pferd |
| 46 | Mensch |
| 28 | Kartoffel |
| 20 | Mais |
| 42 | Hafer |

Fehlende oder überzählige Chromosomen können schwere Krankheitsbilder verursachen.

Bei Pflanzen führt die Vervielfachung des Chromosomensatzes häufig zu größeren Wuchsformen und höheren Erträgen.Deshalb ist diese Vervielfachung eines der Ziele der Pflanzenzüchtung.

Neue Zellen entstehen nicht nur durch Zellteilung, sondern auch durch Zellverschmelzung (Zellfusion). So entsteht die befruchtete Eizelle (Zygote) durch die Verschmelzung von Fortpflanzungszellen (Eizelle und Samenzelle).

### AUFGABEN

1. Erläutere Gemeinsamkeiten und Unterschiede der autotrophen und heterotrophen Ernährungsweise von Zellen!
2. Die Schuppenwurz und der Fichtenspargel sind Pflanzen ohne Chloroplasten. Wie ernähren sie sich?
3. Im Dunkeln lagernde Zwiebeln verlieren an Gewicht. Leben die Zellen, aus denen sie bestehen? Überprüfe deine Vermutungen experimentell!

Projekt

# Zellmodelle und lebende Zellen

**Das Problem.** Wenn wir eine Pflanze oder ein Tier betrachten, können wir uns ihren zellulären Aufbau auf den ersten Blick nur schwer vorstellen. Die meisten Zellen sind so klein, dass wir sie nur mit einem Mikroskop sehen können. Das mikroskopische Bild vermittelt uns den Eindruck, die Zellen seien flächige Gebilde. In Wirklichkeit haben sie jedoch eine räumliche Gestalt, die Zellen sind z. B. kugelförmige oder zylindrische Körper. Eine weitere Schwierigkeit: An manchen Frisch- oder Dauerpräparaten von Pflanzenzellen konntest du die Zellwände gut sehen, an anderen die Zellkerne, Vakuolen mit Zellsaft oder die Chloroplasten. Wir haben aber kein Objekt gefunden, an dem alle Bestandteile einer Pflanzenzelle gleichermaßen gut erkennbar sind.

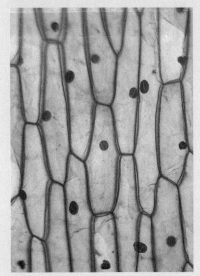
Zwiebelzellen (Zellkerne angefärbt)

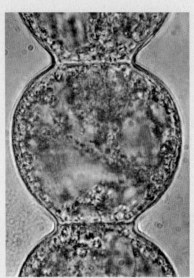
Zellen mit Vakuolen

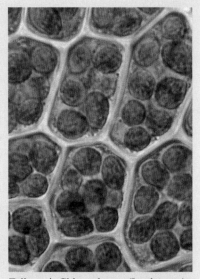
Zellen mit Chloroplasten (Laubmoos)

Wie würdest du einem Schüler, der noch nie mikroskopiert hat, den Bau von Zellen erklären? Welche Schwierigkeiten könnten dabei auftreten? Stelle deine Lösungsvorschläge zur Diskussion!

**Modellbau – Planung.** Lebensvorgänge und Besonderheiten des Körperbaus von Organismen, die wir mit unseren Sinnesorganen nicht direkt wahrnehmen können, werden oft mit Modellen veranschaulicht. Modelle sind aber keine genauen Abbilder der Wirklichkeit. Manches zeigen sie vergrößert und überdeutlich, anderes ist vernachlässigt oder wird ganz weggelassen. Meist versucht man, die wichtigsten, wesentlichen Eigenschaften und Kennzeichen eines Objekts oder eines Lebensvorgangs modellhaft darzustellen. Die Modellmethode kann auch in der wissenschaftlichen Forschung dazu beitragen, neue Erkenntnisse zu gewinnen.

Welche Materialien könnten geeignet sein, Zellen unterschiedlicher Größen und Formen nachzubilden?
Überlege, wie du Modelle von Pflanzen- und Tierzellen bauen könntest, in denen auch Zellbestandteile dargestellt sind!
Wie könnte man einen Verband von Zellen gleichen Baus (ein Gewebe) modellhaft darstellen? Plane und begründe deinen Vorschlag!

Schaum-Modell eines Gewebes

**Ein Modell des Holundermarkgewebes.** Fülle in einen Standzylinder oder in ein hohes Schraubglas etwas Wasser und einige Tropfen Spülmittel. Verschließe das Gefäß und schüttle kräftig!
Das Modell zeigt „Schaumzellen", die uns den räumlichen Aufbau eines lockeren Gewebes aus Zellen veranschaulichen.

**Zellgrößen und Zellformen im Modell.** Stelle eine Tabelle zusammen, in der du zu unterschiedlichen Tier-, Pflanzen- und Bakterienzellen die räumlichen Gestalten (z. B. Kugel, Zylinder, Würfel) und die Größen (z. B. Durchmesser und Längen in Mikrometern) einträgst.
Forme aus Knetmasse möglichst maßstabsgerechte und formgerechte Modelle dieser Zellen!
Auch aus Styroporplatten (z. B. Dämmmaterial vom Baumarkt) kannst du mit einer Feinsäge, einem Küchenmesser und grobem Sandpapier Modelle von Zellen bauen. Schulmalfarben geben diesen Modellen den „letzten Schliff". So kann man beispielsweise auf einer Schnittfläche Bestandteile einer Zelle aufmalen.

Zellmodelle (Bakterienzellen) aus Knetmasse

**Das Innenleben einer Pflanzenzelle.** Für dieses Zellmodell benötigst du einen größeren und einen kleineren durchsichtigen Plastikbeutel, Knetmasse in unterschiedlichen Farben, roten Fruchtsirup sowie zwei Päckchen farblosen Tortenguss.
Der Fruchtsirup wird in den kleinen Beutel gefüllt. Dieses Modell der Zellsaftvakuole verschließen wir mit Bindfaden oder schweißen es mit einem Folienschweißgerät zu.
Aus der Knetmasse werden nun der Zellkern, die Chloroplasten und die Mitochondrien möglichst maßstabgerecht modelliert.
Der nach Vorschrift gekochte farblose Tortenguss stellt das Zellplasma dar. Wenn er abgekühlt ist, wird er zusammen mit den anderen „Zellbestandteilen" in den großen Plastikbeutel gegeben. Anschließend wird dieser ebenfalls verschlossen.

**Ausstellung und Diskussion der Zellmodelle.** In einem Schaukasten könnt ihr mit euren Modellen eine Übersicht über die Vielfalt der Zellen und ihrer Lebensvorgänge bei Pflanzen, Tieren und Bakterien zusammenstellen: Diskutiert in der Klasse, welche Merkmale lebender Zellen durch ein Modell dargestellt werden können und welche nicht! – Die Modelle können im Biologieunterricht als Anschauungsmittel eingesetzt werden.

### Über das Verhältnis zwischen Modell und Wirklichkeit

In den Naturwissenschaften kann die Arbeit mit Modellen zu Erkenntnissen führen, die an den „wirklichen" Objekten oder Vorgängen in der Natur nicht oder nur schwer erreichbar sind. Nachbildungen von Naturobjekten sind im Verhältnis zum „Original" oft verkleinert oder vergrößert. Objekte, Funktionen und Vorgänge werden häufig vereinfacht dargestellt. Dabei hebt man Eigenschaften hervor, die in einem bestimmten Zusammenhang wichtig sind. Andere werden dagegen vernachlässigt. Bildhafte Modelle (z. B. ein Zellmodell), Funktionsmodelle (z. B. ein Modell der Lungenatmung), mathematische Modelle (z. B. für Schwankungen der Anzahlen von Raubtieren und ihren Beutetieren) sowie weitere Modellformen haben in der Biologie ebenfalls große Bedeutung. Im Biologieunterricht sind Modelle wichtige Anschauungsmittel, die das Lernen erleichtern.

Modell einer Pflanzenzelle

# Bakterien

**Geschichtliches.** Schon vor Jahrtausenden nutzten die Menschen Bakterien, ohne von deren Existenz zu wissen, zur Herstellung von Essig und Sauermilchprodukten. Erst 1683 berichtete der Holländer LEEUWENHOEK von „levende Dierkens" im Zahnbelag. Später wurde klar, dass seine Zeichnungen typische Bakterienformen darstellen.

LOUIS PASTEUR (1822 bis 1895) entdeckte 1857 die Milchsäurebakterien. ROBERT KOCH (1843 bis 1910) gelangen 20 Jahre später die ersten Mikrofotos von Bakterien. Er entdeckte 1882 die Tuberkelbazillen als Erreger der Tuberkulose und 1883 Vibrionen als Erreger der Cholera. Das war eine entscheidende Voraussetzung für den erfolgreichen Kampf gegen diese Infektionskrankheiten.

Heute sind wir durch vorbeugende Impfungen und wirksame Medikamente vor bakteriellen Erkrankungen relativ sicher. Aber immer noch erkranken jährlich Millionen Menschen an Tuberkulose, Cholera, Diphtherie sowie an Lebensmittelvergiftungen durch Salmonellen. Auch die durch säurebildende Bakterien ausgelöste Zahnkaries ist weltweit verbreitet.

Im Alltagsleben ist die Befolgung hygienischer Regeln zur Vermeidung von Infektionen oberstes Gebot.

Nur wenn man das Vorkommen, die Lebensweise und die Lebensbedingungen von Bakterien genau kennt, kann man sich einerseits wirksam schützen und andererseits ihre Stoffwechselleistungen effektiv nutzen.

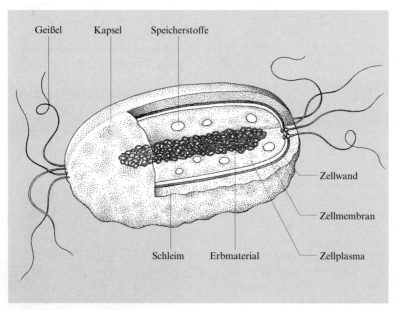

Bau einer Bakterienzelle

**Bau.** In einer Bakterienzelle ist das Erbmaterial nicht durch eine Kernmembran vom Zellplasma abgegrenzt. Die Bakterien werden deshalb als „Kernlose" den Organismen mit Zellkern gegenübergestellt. Sie haben weder Mitochondrien noch Chloroplasten. Einstülpungen der Zellmembran ins Zellinnere können Chlorophyll oder andere Farbstoffe enthalten. Im Zellplasma kommen als Speicherstoffe Stärke und Fette vor. Bei manchen Bakterienarten sind in der Zellmembran Geißeln verankert. Sie wirken im Wasser wie Schiffsschrauben oder Propeller. Die Zellwand ist bei vielen Formen zusätzlich von einer Schleimhülle oder Kapsel umgeben.

## Schon gewusst?

Bakterien kommen auf allen Erdteilen und in allen Weltmeeren, selbst in arktischer Kälte und in heißen Quellen vor. Manche leben auf der Körperoberfläche und im Inneren von Pflanzen, Tieren und Menschen.

Bakterienformen: Kokken mit 0,1 μm bis 1 μm Durchmesser und Stäbchen oder Vibrionen mit 2 μm bis 5 μm Länge sind noch viel kleiner als Tier- oder Pflanzenzellen.

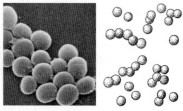

Kugelförmige Bakterien (Kokken)

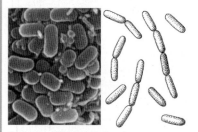

Stäbchenförmige Bakterien

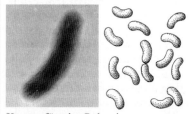

Kommaförmige Bakterien (Vibrionen)

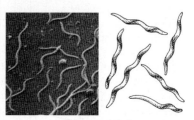

Schraubenförmige Bakterien (Spirillen)

**Spaltung.** Die Teilung einer Bakterienzelle bezeichnet man als Spaltung. Nach der Verdopplung des Erbmaterials streckt sich die Zelle und von außen beginnend bildet sich eine Trennwand. Damit sind zwei neue Zellen entstanden. Unter günstigen Bedingungen können im Abstand von je 20 bis 30 Minuten viele Spaltungen aufeinander folgen. Oft bleiben dabei so viele Bakterien durch Schleimhüllen verbunden, dass Kolonien entstehen, die mit bloßem Auge sichtbar sind.

**Dauersporen.** Stäbchenförmige Bakterien bilden bei Nährstoffmangel Dauersporen aus. Dabei wird der Wassergehalt des Zellplasmas stark verringert, es wird eine Sporenwand aus mehreren Hüllen gebildet. Nach dem Auskeimen einer Spore setzen die Lebensprozesse der Bakterienzelle wieder in vollem Umfang ein.

**Lebensbedingungen.** Alle Bakterien benötigen Nährstoffe, Wasser und bestimmte Temperaturen zum Leben. Der Temperaturbereich zwischen 20 °C und 40 °C ist für das Überleben vieler Bakterien optimal.
Während Heubazillen Sauerstoff benötigen, können sich Milchsäurebakterien unter Sauerstoffabschluss vermehren.
Manche Bakterien schädigen als krankheitserregende Parasiten andere Organismen. Andere leben als Fäulniserreger (Saprophyten) von den organischen Stoffen toter Organismen. Außer den heterotrophen Formen gibt es auch autotrophe Bakterien.

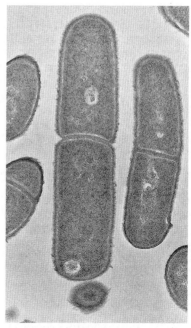

Spaltung von Bakterienzellen

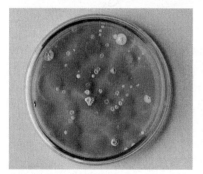

Bakterienkolonien auf einem Nährboden mit Geldstückabdrücken

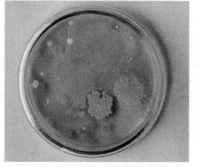

Bakterienkolonien auf einem Nährboden mit Fingerabdrücken

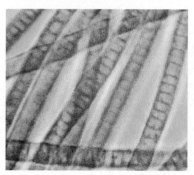

Fädige Cyanobakterien; außer Zellkolonien gibt es auch einzellige Formen.

**Cyanobakterien.** Cyanobakterien kommen im Süß- und Meerwasser, auf feuchtem Boden, auf Steinen und Baumrinden vor. Massenentwicklungen können in Gewässern zur „Wasserblüte" führen. Cyanobakterien enthalten Chlorophyll, sind also zur Fotosynthese fähig. Sie werden als Blaualgen bezeichnet, weil sie auch blaue Farbstoffe enthalten. Oft bilden sie Zellfäden oder Zellhaufen aus, die gleitend beweglich sind.

## Schon gewusst?

Im Experiment haben Bakteriensporen Tiefsttemperaturen von –253 °C sowie auch 30 Stunden in kochendem Wasser überstanden.

## AUFGABEN

1. Erläutere und begründe Vorbeugungsmaßnahmen gegen Zahnkaries!
2. Vergleiche den Bau von Bakterien- und Tierzellen!
3. Welche Formen der Begeißelung kommen bei Bakterien vor?
4. Beschreibe die abgebildeten Formen von Bakterienkolonien!
5. Vergleiche den Bau eines Bakteriums mit dem Bau einer Pflanzenzelle. Begründe, dass Bakterien keine Pflanzen sind!
6. Beim Konservieren von Lebensmitteln werden den Bakterien Lebensgrundlagen entzogen. Erläutere das an mehreren Beispielen!
7. Erläutere die Nutzung von Bakterien an Beispielen!

# Bakterien in Haushalt und Natur

### 1. Täglich frischer Jogurt

Fülle H-Milch in kleine Schraubgläser und gib je einen Teelöffel nicht pasteurisierten reinen Jogurt dazu! Lass die verschlossenen Gläser bei 30 °C bis 35 °C etwa 24 Stunden in Heizungsnähe stehen! Im Kühlschrank ist der fertige Jogurt einige Tage haltbar.

### 2. Milchsäurebakterien machen Weißkohl sauer

Schneide einen sauber geputzten Weißkohl auf dem Kraut- oder Gurkenhobel klein! Je Kilogramm Kohl mengst du 15 g Kochsalz unter. In einem Tontopf oder einem hohen Einkochglas wird der Kohl schichtweise eingestampft, danach abgedeckt und mit einem ausgekochten Stein beschwert. Um Sauerstoffabschluss zu gewährleisten, muss der gestampfte Kohl vom eigenen Saft bedeckt sein. Die Zugabe von einem Esslöffel nicht pasteurisierten reinen Jogurt startet die Milchsäuregärung. Der Topf bleibt kühl und dunkel etwa 14 Tage stehen. Danach ist das Sauerkraut fertig.

### 3. Bodenbakterien zersetzen Cellulose

Gartenerde, Lehmboden, Sand und Torf werden getrocknet. Wiege danach jeweils gleiche Mengen ab, gib sie getrennt in Petrischalen und gieße gleiche Mengen Wasser zu. Drücke ein Blatt Filterpapier auf die Bodenprobe, schließe die Petrischalen und verklebe die Ränder mit Klebefolie. Stelle die Schalen bei 35 °C bis 37 °C auf (Brutschrank oder Heizungsnähe)! Beobachte täglich und protokolliere! Untersuche bei neuen Versuchsansätzen die Wirkung von spülmittelhaltigem Wasser und Essigwasser auf die Bakterien! Vergleiche die Ergebnisse!

### 4. Der Kartoffelbazillus bildet Kolonien

Koche eine ungewaschene Kartoffel (mit Schale) etwa 20 Minuten. Schneide die heiße Kartoffel in etwa 1 cm dicke Scheiben, lege je eine Scheibe in eine sterilisierte Petrischale und verklebe diese mit Klebefolie. Stelle die Petrischalen im Kühlschrank (4 °C), im Zimmer (20 °C), in Heizungsnähe bei etwa 37 °C und direkt über der Heizung auf!
Beobachte die Entwicklung der Kolonien, protokolliere und vergleiche die Ergebnisse!
Erkläre die unterschiedliche Entwicklung der Kartoffelbazillen!

**Bakterien im Naturhaushalt.** Cyanobakterien sind „Produzenten", die durch Fotosynthese organische Stoffe aufbauen. Parasiten leben als „Konsumenten" von den organischen Stoffen der befallenen Lebewesen. Von besonderer Bedeutung sind jedoch die „Destruenten" unter den Bakterien, die organische Stoffe wieder zu Kohlenstoffdioxid, Wasser und Mineralsalzen abbauen. In Wäldern und Gärten (Komposthaufen!), auf Feldern und Wiesen, in Flüssen, Seen und Teichen, in allen Lebensräumen zersetzen sie Pflanzenreste und Tierkadaver.

Kompostbereitung im Garten

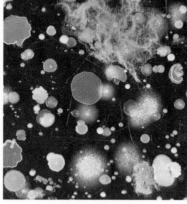

Kolonien von Bodenbakterien

**Lebensmittelherstellung mit Bakterien.** Bakterien haben große Bedeutung bei der Herstellung oder Konservierung von Nahrungsmitteln und Futtermitteln. Milchsäurebakterien wandeln unter Sauerstoffabschluss Zucker in Milchsäure um. Mit ihnen werden beispielsweise Sauermilchprodukte, Sauergemüse, Silofutter und Sauerteig hergestellt. In Reformgeschäften kann man gefriergetrocknete Bakterienkulturen kaufen und Sauermilch, Jogurt oder Sauerteig (zum Brotbacken) selbst bereiten. Essigsäurebakterien wandeln unter Sauerstoffzufuhr Alkohol in Essigsäure um. Ohne sie könnte zum Beispiel kein Weinessig hergestellt werden.

**Bakterien in Industrie, Landwirtschaft und Forschung.** Bei der biologischen Abwasserreinigung werden Bakterien zum Abbau organischer Verunreinigungen eingesetzt. In Biogasreaktoren wandeln Bakterien Gülle aus der Viehwirtschaft unter Luftabschluss bei einer Temperatur von etwa 35 °C in ein brennbares Gas (Biogas) um. Das gereinigte Biogas kann zur Wärmeerzeugung oder Stromerzeugung genutzt werden.
Bei der Metalllaugung werden mit Bakterien auch aus minderwertigen, auf Abraumhalden lagernden Erzen verwertbare Metalle gewonnen.
Bakterien sind wichtige Untersuchungsobjekte der Forschung in biologischen Laboratorien (z. B. bei der Aufklärung der Vererbungsvorgänge).

## Schon gewusst?

Die im Boden vorkommenden Knöllchenbakterien dringen in Wurzelzellen von Schmetterlingsblütengewächsen ein und vermehren sich dort. Sie wandeln Luftstickstoff so um, dass diese Pflanzen ihn aufnehmen und in ihrem Stoffwechsel nutzen können. Die Klee-, Lupinen-, Erbsenoder Bohnenpflanzen versorgen die Knöllchenbakterien mit organischen Stoffen. Solches gegenseitig nützliche Zusammenleben unterschiedlicher Organismen bezeichnet man als Symbiose.

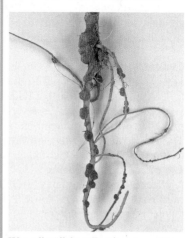

Wurzelknöllchen (Lupinenwurzel)

## AUFGABEN

1. Welche Abfälle gehören in eine Biotonne, welche nicht? Begründe!
2. Erläutere, wie ein Komposthaufen angelegt werden muss, damit ein möglichst schneller Abbau der Biomasse erfolgen kann!
3. Erkläre, was auf Feldern mit den als Gründüngung untergepflügten Pflanzen geschieht!
4. Sammle Blätter aus dem vergangenem Jahr, an denen man die Wirkung von Bakterien erkennt. Beschreibe ihre Funktion als Zersetzer!

**Bakterien als Krankheitserreger.** Die Übertragung der Erreger und ihr Eindringen in den Körper wird als Infektion (Ansteckung) bezeichnet. Über die äußere Haut, die Schleimhäute, durch Wunden, Bisse und Insektenstiche kann man sich infizieren.

Auch in jüngster Zeit treten Infektionskrankheiten wieder seuchenartig auf. Regionale Kriege, große Flüchtlingsströme, Mangel an sauberem Trinkwasser, an Nahrung und Medikamenten begünstigen ihre Ausbreitung. Zusätzlich können Unwissenheit, mangelhafter Impfschutz und Massentourismus die Infektionsgefahren erhöhen.

**Tuberkulose.** Gegenwärtig werden weltweit jährlich 12 Millionen bis 15 Millionen Neuerkrankungen und etwa 3 Millionen Todesfälle registriert. Die stäbchenförmigen Tuberkelbazillen werden mit Speichel, Stuhl oder Urin übertragen. Sie befallen die Haut, aber auch Atmungs-, Harn- und Geschlechtsorgane. Dort verursachen sie Knötchenbildungen (lat. Tuberculum – Knötchen), Geschwüre und Gewebszerstörungen.

Bei der Tuberkulinprobe, die mit Stoffwechselprodukten aus zerstörten Bakterien durchgeführt wird, zeigt die Rötung der getesteten Hautpartie an, dass der Mensch gegen Tuberkuloseerreger immun ist. Bei negativem Ausfall dieser Probe muss eine BCG-Schutzimpfung erfolgen.

**Cholera.** Die Infektion mit Cholera-Erregern erfolgt meist über verunreinigtes Trinkwasser. Beim Zerfall dieser Bakterien werden Gifte (Toxine) freigesetzt, die krampfartige Bauchschmerzen, Erbrechen und Durchfall verursachen. Der hohe Wasserverlust trocknet den Körper aus. Kreislauf- und Nierenversagen führen ohne ärztliche Hilfe meist zum Tode.

Trinkwasseraufbereitung, Abwasserklärung und das gründliche Abkochen von Speisen und Getränken verhindern Cholera-Infektionen.

Die wichtigsten Maßnahmen zur Behandlung von Cholera-Kranken sind reichliches Trinken und das Einflößen großer Mengen zucker- und mineralsalzhaltigen Wassers sowie Antibiotikagaben zur Bekämpfung der Cholera-Erreger im Körper.

ROBERT KOCH (1843 bis 1910) beschäftigte sich mit Forschungen an Bakterien, entdeckte 1882 den Tuberkuloseerreger und 1883 den Erreger der Cholera. Er wurde 1905 für seine Leistungen mit dem Nobelpreis geehrt.

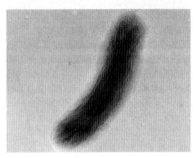

Cholerabakterium

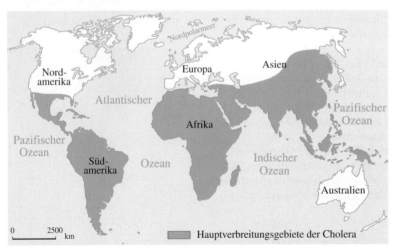

Infektionen mit Cholera-Erregern erfolgen meist durch verseuchtes Trinkwasser.

> Bakterien sind kernlose, einzellige Organismen. Sie sind von großer Bedeutung im Ablauf der Stoffkreisläufe in der Natur sowie für den Menschen im Gesundheitswesen, in der Industrie und im Haushalt.

AUFGABEN

1. Erläutere den Verlauf einer Infektionskrankheit! Gehe dabei auf Erreger, Infektion, Krankheitsbild, Vorbeugung und Behandlung ein!

2. Warum bedrohen Infektionskrankheiten auch im 21. Jahrhundert noch viele Menschen? Versuche, Wechselbeziehungen innerhalb des Ursachengefüges zu erläutern!

# Viren

**Was sind Viren?** Krankheitserregende Stoffe wurden früher als „Virus" (Gift) bezeichnet. Heute wird dieser Begriff für Krankheitserreger verwendet, deren Größe nur in Nanometern – 1 Nanometer ist der millionste Teil eines Millimeters – angegeben werden kann. Viren können Bakterien, Pflanzen (z. B. als Erreger der Tabakmosaikkrankheit), Tiere (z. B. Erreger der Schweinepest, Tollwut-Viren) und Menschen (z. B. als Erreger von Grippe, Röteln, Masern, Windpocken, Kinderlähmung, AIDS) befallen.

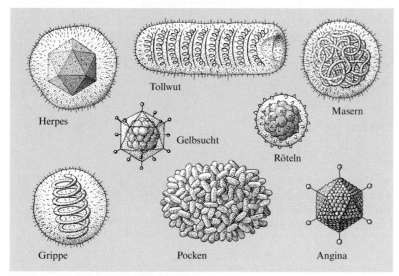

Erreger verschiedener Viruskrankheiten

**Bau und Vermehrung.** Ein Virusteilchen besteht aus Erbmaterial und einer Eiweißhülle. Manche Viren sind darüber hinaus noch von einer Hüllmembran umgeben. Alle Viren können sich nur in lebenden Wirtszellen vermehren. Dabei werden das Erbmaterial und die Eiweißhüllen für viele neue Viren gebildet, die Wirtszelle stirbt meist ab. Die Lebenserscheinungen Reizbarkeit, Wachstum und Bewegung kommen bei Viren nicht vor.

**AIDS.** Die erworbene Immunschwächekrankheit (**A**cquired **I**mmune **D**eficiency **S**yndrome) des Menschen wird von HI-Viren (HIV) ausgelöst. Sie befallen Blutzellen, die an der Antikörperbildung gegen Fremdstoffe beteiligt sind. Es kann bis zu zehn Jahren dauern, bis das Abwehrsystem des Menschen schließlich so geschädigt ist, dass sonst harmlose Infektionskrankheiten immer bedrohlicher werden und zum Tode führen.
Infektionen mit HIV sind nur möglich, wenn die Viren aus Blut, Samen- oder Scheidenflüssigkeit infizierter Personen durch Schleimhautverletzungen oder über mehrfach genutzte Spritzen Drogenabhängiger in das Blut eines anderen Menschen gelangen.
Die zur Zeit wirksamste Maßnahme zur Verhinderung von HIV-Infektionen ist die Benutzung von Kondomen beim Geschlechtsverkehr. Bei Blutübertragungen sind Kontrolluntersuchungen gesetzlich vorgeschrieben.

> Viren bestehen nur aus Erbsubstanz und Eiweißhülle und können sich nur in lebenden Zellen vermehren. In den von ihnen befallenen Organismen lösen manche Viren schwere Erkrankungen aus.

## Schon gewusst?

Von Schweinepest-Viren befallene Jungtiere reagieren nach ein bis zwei Wochen mit Fieber, Erbrechen, Durchfall und Hautblutungen. Oft tritt nach kurzer Zeit der Tod ein. Erkrankte Tiere müssen geschlachtet, die Kadaver vernichtet und die Ställe desinfiziert werden, um weitere Infektionen zu vermeiden. Es besteht Anzeigepflicht und meist werden Sperrgebiete festgelegt.

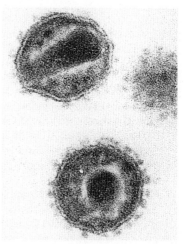

HI-Viren (wirkliche Größe: etwa 100 Nanometer bzw. 1/10 000 mm; elektronenmikroskopisches Foto)

## AUFGABEN

1. Entscheide und begründe, ob ein Virus-Teilchen als Lebewesen bezeichnet werden kann!
2. Erläutere Möglichkeiten der Vorbeugung vor Grippe, AIDS und Tollwut!

## ZUSAMMENFASSUNG

**Alle Lebewesen bestehen aus Zellen.** Bakterien, Pilze, Pflanzen und Tiere sind aus mindestens einer Zelle (Einzeller) oder aus sehr vielen Zellen aufgebaut. Der zelluläre Bau ist also ein allgemeines Merkmal der Lebewesen. Zellen sind die kleinsten lebensfähigen Einheiten.

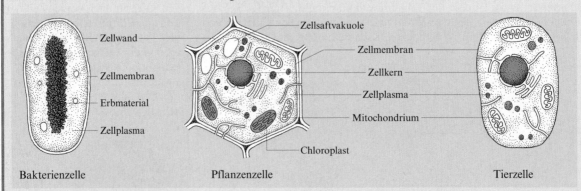

Bakterienzelle                    Pflanzenzelle                    Tierzelle

**Die Vielfalt der Zellen.** Zellen können die Form von Kugeln, Würfeln, Quadern, Zylindern, Spindeln oder auch ganz unregelmäßigen Körpern haben. Die durchschnittliche Größe von Tier- und Pflanzenzellen liegt zwischen 10 µm und 100 µm. Bakterienzellen sind wesentlich kleiner. Die Lebensdauer von Zellen kann von Minuten oder Stunden bis zu vielen Jahren betragen.

**Zellbestandteile.** Zellmembran, Zellplasma, Zellkern und Mitochondrien sind Bestandteile pflanzlicher und tierischer Zellen.
Zellwand, Plastiden (z. B. Chloroplasten) und Zellsaftvakuolen kommen nur bei Pflanzenzellen vor. Das Zusammenwirken der Zellbestandteile ermöglicht Lebensfunktionen wie den Stoffwechsel, das Wachstum, die Bewegung und die Vermehrung der Zellen.
Bakterienzellen haben keinen Zellkern, keine Plastiden und keine Mitochondrien. Deshalb sind die Bakterien als „Kernlose" eine eigenständige Gruppe unter den Organismen.

**Ernährung.** Zellen mit Chloroplasten bilden selbst organische Stoffe. Sie sind autotroph. Zellen ohne Chloroplasten müssen organische Stoffe (Zucker, Fette, Eiweiße) aufnehmen. Sie sind heterotroph.

**Zellwachstum.** Die Größenzunahme der Zellen erfolgt durch Plasmawachstum und Streckungswachstum. Das Streckungswachstum tritt nur bei Pflanzen- und Pilzzellen auf.

**Zellvermehrung.** Pflanzen-, Pilz- und Tierzellen vermehren sich durch Teilung. Vor einer Zellteilung erfolgen die Verdoppelung ihres Erbmaterials und die Teilung des Zellkerns.
Die Vermehrung der Bakterien wird als Spaltung bezeichnet.

**Funktionsteilung im Vielzeller.** Viele Zellen gleichen Baus und gleicher Funktion bilden ein Gewebe. Am Aufbau eines Organs sind meist mehrere Gewebe beteiligt. Die Organe üben im vielzelligen Organismus unterschiedliche Lebensfunktionen aus.

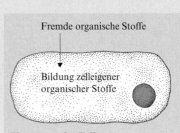

Heterotrophe Zelle

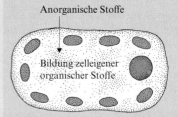

Autotrophe Zelle mit Chloroplasten

Plasmawachstum

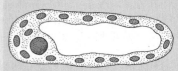

Zelle nach Streckungswachstum

# Bau und Leistungen des menschlichen Körpers

Wir halten es für selbstverständlich,
dass wir uns meistens auf unseren Körper verlassen können.
Ob wir schlafen, lernen, Sport treiben oder in der Disco tanzen,
jedes Mal bewältigt er ganz  unterschiedliche Anforderungen.
Vielleicht sollten wir uns dazu einmal einige Fragen stellen,
zum Beispiel: Welche Stoffe und wie viel Energie werden benötigt,
um diesen Anforderungen gerecht zu werden?
Woher kommen die vom Körper
benötigten Stoffe und wie gelangen sie in
die Zellen? Wie befreit sich unser Körper
von für ihn schädlichen Stoffen?
Wie wird das Zusammenwirken ganz
unterschiedlicher Organe in
biologisch sinnvoller
Weise gesteuert?

# Unser Körper nimmt ständig Stoffe auf und gibt Stoffe ab

**Stoff- und Energiewechsel.** Jedes Lebewesen muss Stoffe aufnehmen und auch abgeben, um leben, wachsen und sich entwickeln zu können. Dabei unterliegen seine Körperstoffe ständigen Austauschvorgängen. Beispielsweise werden im Verlauf eines Jahres etwa 90 % der Stoffe in unserem Körper erneuert. Alte Zellen sterben ab, neue werden gebildet. Verschiedene Zelltypen haben eine unterschiedliche Lebensdauer. So sind Hautzellen und rote Blutzellen sehr kurzlebig. Sie müssen ständig nachgebildet werden. Dafür und für alle weiteren Lebensfunktionen der Zellen ist eine regelmäßige Zufuhr von Stoffen aus der Umwelt erforderlich. In den Körperzellen erfolgt dann ein fortwährender Aufbau, Umbau und Abbau dieser Stoffe. Dabei wird Energie gebraucht. Quelle dieser Energie sind Stoffe, die als wesentliche Bestandteile in unserer Nahrung enthalten sind.

Auch wenn wir anscheinend gar nichts tun, benötigen wir Energie, denn Herzschlag, Verdauung und Atembewegungen sind Vorgänge, die nur unter Energiezufuhr ablaufen können.

Im Stoffwechsel entstehen Endprodukte, die aus den Zellen abtransportiert und zum Beispiel durch die Lunge (Kohlenstoffdioxid) oder die Nieren (Harnstoff) ausgeschieden werden .

Wie der Mensch nimmt jeder lebende Organismus aus der Umwelt Stoffe auf und verändert sie. Stoff- und Energiewechselprozesse sind ein wesentliches Merkmal aller Lebewesen. Diese Prozesse sind eng mit Energieumwandlungen (z. B. Umwandlung chemischer Energie in Bewegungsenergie) verknüpft. Energiequellen sind für Pflanzen das Sonnenlicht, für Tiere und Menschen die energiereichen Nährstoffe in ihrer Nahrung.

Der Energiewechsel umfasst den Energiebedarf eines Organismus, die Energieabgabe, die Energiefreisetzung aus den Nährstoffen und die dabei erzielte Energieausbeute.

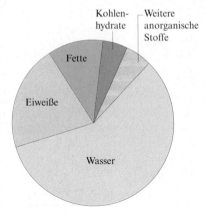

Stoffliche Zusammensetzung einer Tierzelle

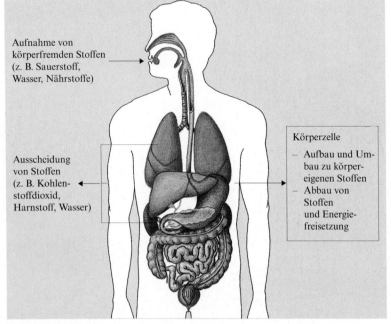

Aufnahme von körperfremden Stoffen (z. B. Sauerstoff, Wasser, Nährstoffe)

Ausscheidung von Stoffen (z. B. Kohlenstoffdioxid, Harnstoff, Wasser)

Körperzelle
– Aufbau und Umbau zu körpereigenen Stoffen
– Abbau von Stoffen und Energiefreisetzung

Stoff- und Energiewechselvorgänge im Menschen

Energiegehalt der Nährstoffe

1 g Kohlenhydrat enthält 17,0 kJ
1 g Eiweiß enthält 17,0 kJ
1 g Fett enthält 39,0 kJ

## Schon gewusst?

Energie ist das Arbeitsvermögen eines Systems. Alle Vorgänge in Natur und Technik sind mit Energieumwandlungen verbunden. Nach dem Satz von der Erhaltung der Energie bleibt bei diesen Vorgängen der Gesamtbetrag der Energie unverändert. Energie kann weder vernichtet werden noch neu entstehen.

**Stoffliche Zusammensetzung von Lebewesen.** Zellen und Gewebe können für wissenschaftliche Zwecke aus dem Körper entnommen und in einer Nährflüssigkeit lange Zeit am Leben erhalten und sogar vermehrt werden. An solchen Zell- und Gewebekulturen können Wissenschaftler den Zellstoffwechsel untersuchen und feststellen, welche Stoffe in welcher Menge und Zusammensetzung für das Leben dieser Zellen erforderlich sind.

Die meisten Stoffe werden mit der Nahrung aufgenommen. Unentbehrlich für jedes Lebewesen ist das Wasser. Es ist ein Hauptbestandteil aller lebenden Zellen. Der Mensch besteht zu etwa 60 % aus Wasser.

Zu den lebenswichtigsten organischen Stoffen zählen Eiweiße, Kohlenhydrate und Fette. Sie enthalten Kohlenstoff, Sauerstoff, Wasserstoff und andere Elemente, zum Beispiel Stickstoff und Schwefel.

Analysen haben ergeben, dass in den Zellen außerdem noch Kalium, Phosphor, Calcium, Magnesium und Eisen vorkommen.

In Spuren sind unter anderem auch noch Bor, Mangan, Kupfer, Molybdän, Zink, Silicium, Natrium und Chlor enthalten.

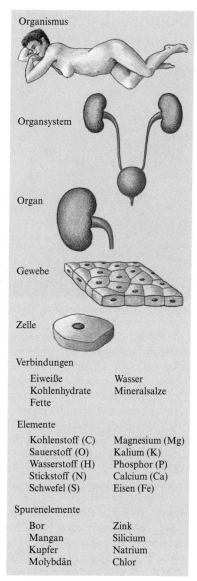

Organismus

Organsystem

Organ

Gewebe

Zelle

Verbindungen

| | |
|---|---|
| Eiweiße | Wasser |
| Kohlenhydrate | Mineralsalze |
| Fette | |

Elemente

| | |
|---|---|
| Kohlenstoff (C) | Magnesium (Mg) |
| Sauerstoff (O) | Kalium (K) |
| Wasserstoff (H) | Phosphor (P) |
| Stickstoff (N) | Calcium (Ca) |
| Schwefel (S) | Eisen (Fe) |

Spurenelemente

| | |
|---|---|
| Bor | Zink |
| Mangan | Silicium |
| Kupfer | Natrium |
| Molybdän | Chlor |

Bau und chemische Zusammensetzung des menschlichen Körpers

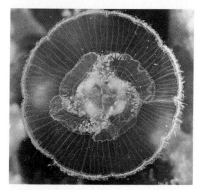

Der Körper einer Ohrenqualle besteht bis zu 99 % aus Wasser.

Reife Weizenkörner enthalten etwa 14 % Wasser.

Kartoffelknollen speichern den energiereichen organischen Stoff Stärke.

Früchte enthalten unter anderem auch Fruchtzucker und Traubenzucker.

Stoff- und Energiewechsel ist die Gesamtheit aller Lebensprozesse, in denen Stoffe auf-, um- oder abgebaut und Energieformen umgewandelt werden. Er ist ein grundlegendes Lebensmerkmal aller Bakterien, Pilze, Pflanzen, Tiere und Menschen.

## Schon gewusst?

Die am häufigsten in Lebewesen vorkommenden Elemente kann man sich mit Hilfe einer Eselsbrücke einprägen, wenn man dabei die chemischen Symbole der Elemente nutzt. Der Satz „Cohns Margarete kocht prima Cafe" enthält versteckt die Symbole für zehn wichtige Elemente (C, O, H, N, S, Mg, K, P, Ca, Fe).

# Welche Stoffe sind für unseren Körper unentbehrlich?

Muttermilch ist für den Säugling die beste Nahrung.

Milchprodukte enthalten viel Eiweiß.

Eine stillende Mutter gibt dem Säugling mit der Muttermilch alle benötigten Stoffe in einem sehr günstigen Mischungsverhältnis. In der Muttermilch befinden sich zum Beispiel Eiweiße, Kohlenhydrate, Fette, fast alle Vitamine, Mineralstoffe, Hormone und Abwehrstoffe gegen bestimmte Krankheitserreger. Säuglinge, die mit Muttermilch ernährt werden, erkranken seltener als andere Babys und sind auch nicht übergewichtig.

Aber nach einigen Jahren kann falsche Ernährung auch schon bei Kindern und Jugendlichen zu Krankheiten führen, die durch ein Zuviel oder Zuwenig lebensnotwendiger Stoffe verursacht werden.

Welche Stoffe müssen wir unbedingt mit der Nahrung aufnehmen, um gesund und leistungsfähig zu bleiben?

Gurken enthalten bis zu 95 % Wasser.

**Wasser.** Täglich werden durch Nieren, Haut und Atemluft etwa 2,5 Liter Flüssigkeit ausgeschieden. Diese Menge muss wieder ersetzt werden. Es ist lebenswichtig, dass der Anteil des Wassers an der Körpermasse konstant bleibt. Schon wenige Tage ohne Wasseraufnahme führen zu schweren körperlichen Schäden beziehungsweise zum Tod des Menschen. Wassermangel bewirkt, dass wichtige Stoff- und Energiewechselprozesse, die nur in wässriger Lösung ablaufen können, gestört werden. Durch Wassermangel verschlechtert sich auch die Fließfähigkeit des Blutes. Folglich kann auch kein geregelter Stofftransport mehr stattfinden.

**Nährstoffe.** Spätestens nach einer Hungerzeit von einer Woche treten durch Unterversorgung der Zellen mit Nährstoffen ernsthafte Schäden an den Organen auf. Unser Körper muss deshalb regelmäßig mit Nährstoffen versorgt werden. Die Menge und die Zusammensetzung der Nahrung richten sich beim gesunden Menschen vor allem nach dem Alter, dem Geschlecht und der ausgeübten Tätigkeit.

Unterschieden werden drei Nährstoffgruppen, die Kohlenhydrate, die Fette und die Eiweiße. Sie sind in fast allen Nahrungsmitteln, allerdings in recht unterschiedlichen Anteilen, vorhanden. Der Körper entnimmt den Nährstoffen die Energie und die Bestandteile, die er für Wachstum und Entwicklung sowie alle anderen Lebensvorgänge benötigt.

| Wassergehalt einiger Lebewesen bzw. ihrer Teile | |
|---|---|
| Algen | 98 % |
| Tomatenfrucht | 95 % |
| Karpfen | 83 % |
| Mensch | 60 % |
| Schwein | 55 % |
| Holz | 50 % |
| Maiskörner | 12 % |

| In 100 g sind enthalten | Wasser (in g) | Eiweiße (in g) | Kohlenhydrate (in g) | Fette (in g) | Energiegehalt (in kJ) |
|---|---|---|---|---|---|
| Vollmilch | 87,2 | 3,3 | 4,6 | 3,5 | 260 |
| Apfel | 84,0 | 0,3 | 12,0 | 0,4 | 210 |
| Möhre | 89.0 | 0,8 | 5,5 | 0,1 | 110 |
| Kartoffel | 77,8 | 1,6 | 5,0 | 0,1 | 290 |
| Butter | 15,0 | 1,2 | 0,5 | 74,0 | 2900 |
| Hühnerei | 74,0 | 13,0 | 0,7 | 11,0 | 710 |
| Schweinefleisch | 58,0 | 20,0 | – | 8,9 | 750 |

Zusammensetzung verschiedener Nahrungsmittel

Maiskolben enthalten viel Stärke.

Ölpalmenfrüchte enthalten 50 % Fett.

**Kohlenhydrate.** Diese Stoffgruppe lässt sich in zwei große Gruppen einteilen, die einfachen Zucker (Einfachzucker: Monosaccharide) und die zusammengesetzten Zucker (Zweifachzucker: Disaccharide; Vielfachzucker: Polysaccharide). Zusammengesetzte Zucker entstehen aus Einfachzuckern. Zu den Einfachzuckern gehören beispielsweise der Traubenzucker (Glucose) und der Fruchtzucker (Fructose).

Rohrzucker, Milchzucker und Malzzucker sind Zweifachzucker (Disaccharide). Sie werden unter Wasserabspaltung durch die Zusammenlagerung von zwei Einfachzuckermolekülen gebildet. Einfach- und Zweifachzucker sind wasserlöslich.

Zu den Vielfachzuckern gehören sowohl die Stärke und die Cellulose als auch das in der Leber gespeicherte Glykogen, welches auch als „tierische Stärke" bezeichnet wird.

Die meisten Vielfachzucker sind wasserunlöslich. Im Stoffwechsel werden die Kohlenhydrate zum Transport, zur Speicherung oder zum Verbrauch in die jeweils benötigte Form umgewandelt (z. B. Stärke in Glucose oder umgekehrt). Aus Kohlenhydraten wird im Körper Energie freigesetzt.

**Fette.** Fette sind in fast allen pflanzlichen und tierischen Zellen in unterschiedlichen Mengen enthalten. Der Körper nutzt sie als Energiequelle und Reservestoffe. Fettgewebe in der Haut vermindert die Wärmeabgabe. Ein Fettmolekül entsteht aus der Verbindung eines Glycerinmoleküls mit meist drei Fettsäuremolekülen. Glycerin, ein Alkohol, sowie manche Fettsäuren sind wasserlöslich. Fette sind wasserunlöslich.

Viele Fettsäuren kann unser Körper im Stoffwechsel selbst aufbauen. Einige wenige Fettsäuren müssen wir jedoch pflanzlichen Fetten in unserer Nahrung entnehmen. Diese werden als essentielle (lebensnotwendige) Fettsäuren bezeichnet. Bei normaler Ernährungsweise werden sie dem Körper in ausreichendem Maße zugeführt. Pflanzliche Fette sind für eine gesunde Ernährung meist günstiger als tierische.

## Schon gewusst?

Ein Mensch nimmt im Laufe seines Lebens schätzungsweise das Tausendfünfhundertfache seiner Körpermasse an Nahrung und etwa 60 000 Liter Flüssigkeit auf.

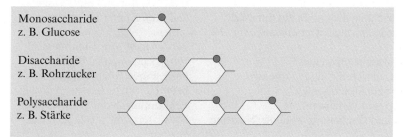

Monosaccharide
z. B. Glucose

Disaccharide
z. B. Rohrzucker

Polysaccharide
z. B. Stärke

Kohlenhydratmoleküle (Mono-, Di- und Polysaccharide, schematisch)

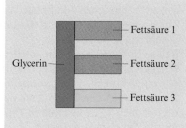

Glycerin — Fettsäure 1
Fettsäure 2
Fettsäure 3

Fettmolekül (schematisch)

# Schmackhaftes aus Brennnesseln

Wir sammeln Brennnesseln.

**Das Problem.** Im Unterricht ging es um Vitamine. Frau Nitschke, die Biologielehrerin, betont, dass frisches Obst und Gemüse besonders geeignet sind, den täglichen Bedarf an den meisten Vitaminen zu decken. Ralf bemerkt in diesem Zusammenhang, dass es bei ihm zu Hause schon seit vielen Jahren eine gesunde und preiswerte Form der Ernährung gibt. „Sobald sich im Frühjahr die ersten Blätter der Großen Brennnessel zeigen, werden diese gepflückt, gewaschen, klein geschnitten und zum Butterbrot gegessen. Andere machen das mit Schnittlauch und Petersilie, wir eben mit Brennnesseln. Meine Mutter kocht daraus sogar eine Art Spinat und verschiedene Suppen." Ralf wußte auch noch, dass gerade die Brennnessel besonders reich an Vitaminen und Mineralstoffen ist. „Und wie ist das mit dem Brennen?", wollte Angelika wissen. „Das verschwindet, wenn die Nessel gebrüht wird, auch klein geschnitten merkt man fast nie etwas", erwiderte Ralf. Während sich in der Klasse ein reges Gespräch entwickelt, kam Frau Nitschke die Idee, die Große Brennnessel genauer zu betrachten. Deshalb macht sie schließlich den Vorschlag, ihr demnächst einen ganzen Tag zu widmen. „Das braucht allerdings eine ganze Menge Vorbereitungszeit und gründliche Überlegungen."

**Die Planung.** Eine Woche später geht es dann richtig zur Sache. Das Projekt über die Große Brennnessel wird vorbereitet. Zunächst entsteht ein Katalog von Fragen:

An welchen Stellen wachsen bei uns diese Brennnesseln?
Welche botanischen Merkmale kennzeichnen die Große Brennnessel?
Welche Eigenschaften und Bestandteile machen Brennnesseln für die Ernährung so wertvoll?
Welche Speisen lassen sich aus Brennnesseln zubereiten?
Welche Rezepte aus Kochbüchern eignen sich für unser Projekt?
Wie lange brauchen Brennnesseln bis zum Weichwerden?
Wie kann man den Geschmack der Speisen verfeinern?
Was können wir von unseren Eltern und Großeltern über die Nutzung von Brennnesseln erfahren?
Wie präsentieren wir die Ergebnisse unserer Arbeit?

**Wissenswertes über Brennnesseln**

Heimisch sind vier Arten, die sich alle zur Zubereitung von Speisen eignen.

**Große Brennnessel:**
Stängel und Blätter sind mit Brennhaaren besetzt. Brechen diese durch Berühren, dann ergießt sich beim Einstechen Säure in die Haut und verursacht ein starkes Brennen.
*Standort:* Flussufer, Brachland, Weg-, Wald- und Feldränder.
*Stängel:* Aufrecht, vierkantig.
*Blätter:* Lang gestielt, gegenständig, länglich, grob gesägt, Blattgrund herzförmig.
*Blüten:* Gelbgrün, zu Rispen vereint. Blütenstand weiblicher Pflanzen hängend, männlicher Pflanzen aufrecht.
*Wurzelstock:* Kriechend, weit verzweigt.
*Inhaltsstoffe:* In 100 g Brennnessel sind 8 mg Vitamin A, 200 mg Vitamin C (2,5-mal mehr als in der Zitrone), die Vitamine B und K, an Mineralstoffen unter anderem Eisen (41 mg), Mangan (8,2 mg), Bor (4,3 mg), Titan (2,7 mg), Kupfer (1,3 mg) enthalten.
*Verwendung:* Aus Brennnesseln lassen sich Suppen, Salate, Aufläufe, Püree, Spätzle und Tee bereiten. Brennnesseltee hilft bei Erkrankungen der Harnwege, er entwässert und entschlackt den Körper.

Damit ist aber das Projekt noch lange nicht gelaufen. Raik soll sich informieren, inwieweit die Schulküche dafür genutzt werden kann. Gleichzeitig erklärt er sich bereit, mit zwei weiteren Schülern die Brennnesseln zu besorgen. Wichtig ist auch beim Umgang mit Lebensmitteln in der Küche die Einhaltung hygienischer Vorschriften. Darum will sich Ina kümmern.

**Die Arbeit beginnt.** Die Klasse wird in 5 Gruppen eingeteilt, die folgende Speisen zubereiten bzw. kochen:
- Belegte Brote mit Brennnesselgarnierung
- Brennnesselspinat
- Brennnesselsuppe
- Gebackene Brennnesselblätter
- Brennnesseltee

Jede Gruppe ist allein für die Organisation ihrer Arbeit verantwortlich. Das beginnt mit dem Einkaufen der notwendigen Zutaten und endet mit dem Servieren beim Verkosten.

**Die Präsentation.** „Wichtig ist, dass wir unsere Ergebnisse auch den anderen zeigen", meint Peter. „Wie könnten wir das organisieren?" Für Angelika ist das kein Problem. „Wir laden die Parallelklasse zur Verkostung ein." Lars meint: „Eine kleine Ausstellung auf dem Flur oder im Biologiefachraum über die Brennnessel und ihre Verwendung wäre eine Möglichkeit, möglichst viele mit unseren Ergebnissen vertraut zu machen. Diese Arbeit könnten Franziska und Jens übernehmen." Michaela erklärt sich bereit, die dafür erforderlichen Schilder mit ihrem Computer zu beschriften. Außerdem wird sie fotografieren und ein Poster anfertigen.

### Brennen Brennnesseln beim Essen?

Sie brennen nicht mehr, wenn sie mit heißem Wasser überbrüht oder in Öl gelegt werden. Sehr klein gehackt brennen sie kaum.

Butterbrot mit Brennnesseln

Brennnesseln sollte man mit Handschuhen ernten. Die beste Zeit ist das Frühjahr. Später verwendet man nur die oberen Triebspitzen.

### Gebackene Brennnesselblätter

Zutaten für 6 Personen:
Etwa 40 große Brennnesselblätter. Für den Bierteig: 125 g Mehl, $^1/_4$ Liter helles Bier, 1 Eigelb, 1 Eiklar, eine Prise Muskat, Salz, 1 Teelöffel Öl.
Zubereitung:
Aus Mehl, Bier, Eigelb, Salz und Muskat einen dickflüssigen Teig bereiten. Dann das Öl und das zu Schnee geschlagene Eiklar verrühren. Die gewaschenen Brennnesselblätter leicht salzen und nach einer halben Stunde in den Bierteig tauchen, bei 180 °C in Pflanzenöl goldbraun backen. Verwendung als Suppeneinlage oder als Vorspeise mit verschiedenen Soßen.

### Brennnesselspinat

Zutaten für 6 Personen:
800 g Brennnesseln, 0,5 Liter Milch, 3 Esslöffel Butter, 3 Esslöffel Mehl, Salz, Pfeffer, 6 Esslöffel süße Sahne, 1 mittlere Zwiebel.
Zubereitung:
Brennnesseln in Salzwasser kochen, abseihen und pürieren. Milch und Brennnesseln einer Mehlschwitze aus Butter, Mehl und feingeschnittener Zwiebel zugeben. Nach kurzem Aufkochen die Sahne unterrühren und mit Salz und Pfeffer abschmecken. Zu Kartoffeln mit Spiegelei servieren. Anstelle der Zwiebel kann auch eine Knoblauchzehe genommen werden.

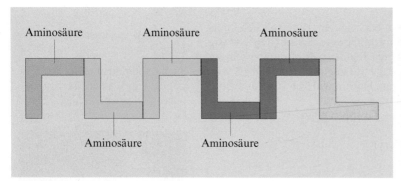

Teil eines Eiweißmoleküls (schematisch)

Hülsenfrüchte sind reich an Eiweiß.

**Eiweiße.** Eiweiße kommen in allen Zellen vor. Sie beeinflussen sämtliche Lebensfunktionen. Eiweiße bestehen aus fadenförmigen Kettenmolekülen. An ihrem Aufbau sind bis zu 20 verschiedene Aminosäuren beteiligt. Anteile und Abfolgen der Aminosäuren in den Eiweißmolekülen sind unterschiedlich und für jedes Eiweiß charakteristisch. Daher verfügt jedes Lebewesen über ganz individuelle körpereigene Eiweiße.

Die Bildung von Kettenmolekülen aus Aminosäuren geschieht unter Austritt von Wasser. Es können Ketten aus 100 bis 1 000 Aminosäuren entstehen. Struktur und Eigenschaften der Eiweiße sind von der Abfolge der Aminosäuren in der Kette abhängig. Die meisten Aminosäuren werden im Stoffwechsel gebildet. Einige Aminosäuren kann der menschliche Körper jedoch nicht selbst herstellen, er muss sie ständig mit der Nahrung aufnehmen. Die körpereigenen Eiweiße werden ständig abgebaut und wieder neu aufgebaut. Eiweiße sind wasserunlöslich, manche Aminosäuren lösen sich jedoch im Wasser.

**Vitamine.** Der Begriff „Vitamin" enthält das lateinische Wort „vita", zu deutsch „Leben". Vitamine sind lebensnotwendige Wirkstoffe, die bis auf wenige Ausnahmen vom menschlichen Körper nicht selbst aufgebaut und gespeichert werden können. Man unterscheidet wasserlösliche und fettlösliche Vitamine. Für viele Stoffwechselvorgänge und Organfunktionen sind sie unentbehrlich (vergleiche Tabelle).

## Schon gewusst?

Pflanzen und die meisten Tiere können Vitamin C selbst bilden. Nur Menschen, Affen und Meerschweinchen sind dazu nicht in der Lage.

Untersuchungen haben ergeben, dass sehr große Mengen an Vitamin C zu Durchfall und Nierensteinen führen können. Bisher gibt es noch keine gesicherten Erkenntnisse darüber, welche Mengen täglich erforderlich sind. Daraus ergeben sich unterschiedliche Empfehlungen der Gesundheitsbehörden verschiedener Staaten. In Deutschland sind es beispielsweise 75 mg, in den USA 65 mg, in Großbritannien 45 mg und in Ungarn 30 mg.

| Vorkommen, Eigenschaften und Wirkungen einiger Vitamine | | | |
|---|---|---|---|
| Vitamin | z. B. enthalten in | Eigenschaften | Bedeutung/Wirkung |
| A | Milch, Butter, Eigelb, Spinat, Möhren, Petersilie | fettlöslich sauerstoffempfindlich | beeinflusst das Wachstum, die Hautbildung und den Aufbau des Sehpurpurs |
| B | Milch, Eigelb, Leber, Fleisch, Fisch | wasserlöslich hitzebeständig | Bestandteil von Enzymen, beteiligt am Aufbau der roten Blutzellen |
| C | frischem Gemüse, Obst, Petersilie, Paprika, Kartoffeln, Zitrusfrüchten, Hagebutten | wasserlöslich sauerstoffempfindlich hitzeempfindlich | stärkt das Immunsystem, vermindert Zahnfleischbluten, wirkt auf Enzymbildung |

| Empfehlung für die durchschnittliche tägliche Vitaminaufnahme (Deutschland) | |
|---|---|
| Vitamin | mg je Tag |
| A | 1,5 |
| $B_{12}$ | 2 |
| C | 75 |
| D | 0,01 |
| E | 25 |

Obst und Gemüse sind Vitamin- und Mineralstoffspender.

Gewürzpflanzen wie die Petersilie verbessern den Geschmack der Speisen und regen die Verdauung an.

Besonders vitaminreich sind frisches Obst und Gemüse.
So lebensnotwendig Vitamine auch sind, es genügen schon winzige Mengen, um den Körper ausreichend zu versorgen.
Bisher wurden 15 verschiedene Vitamine entdeckt, ihre spezifische Wirkungsweise im menschlichen Organismus ist weitgehend erforscht.
B-Vitamine sind verschiedene, sehr ähnlich aufgebaute Verbindungen. Sie werden deshalb auch als Vitamin-B-Komplex zusammengefasst.

**Mineralstoffe.** Obwohl der Körper Mineralstoffe nur in kleinsten Mengen benötigt, treten bei Mineralstoffmangel erhebliche Störungen auf.
Eisen ist Bestandteil des roten Blutfarbstoffs und unentbehrlich für die Bindung des Sauerstoffs. Magnesium fördert die Energiebereitstellung für die Muskeln, Fluor ist im Zahnschmelz enthalten und Iod ist ein wesentlicher Bestandteil des Schilddrüsenhormons.
Mineralstoffe werden mit der Nahrung und mit dem Trinkwasser aufgenommen. Besonders reich an Mineralstoffen sind Getreideerzeugnisse, Hülsenfrüchte und Milch. Eine ausreichende und abwechslungsreiche Kost deckt normalerweise den Bedarf unseres Körpers an Mineralstoffen. Wichtigste Calciumlieferanten sind Milch und Milcherzeugnisse. Der tägliche Calciumbedarf eines Jugendlichen beträgt etwa 800 mg. Calcium ist am Aufbau der Knochen und Zähne beteiligt. Ein Liter Vollmilch enthält etwa 1 000 mg Calcium.

> Durch Kohlenhydrate, Fette und Eiweiße werden dem Organismus Energie und Baustoffe für alle Lebensvorgänge zugeführt.
> Vitamine und Mineralstoffe sind weitere lebensnotwendige Stoffe. Mangelerkrankungen können dann auftreten, wenn diese Stoffe über einen längeren Zeitraum in unzureichender Menge aufgenommen werden. Wasser ist als Lösungs- und Transportmittel im Stoffwechsel unentbehrlich.

## Schon gewusst?

Ballaststoffe sind Stoffe in der Nahrung (z. B. Cellulose), die nicht oder nur teilweise vom Körper verwertet werden können. Sie füllen Magen und Darm, machen satt und fördern die Darmbewegungen. Gemüse und Vollkornprodukte sind besonders reich an Ballaststoffen.

Bei starkem Schwitzen steigt unser Bedarf an Mineralstoffen. Erste Symptome für Mineralstoffmangel sind Muskelkrämpfe. Ursache dafür kann ein Mangel an Magnesium oder Calcium sein. Magnesium ist in Nüssen, Schokolade, Reis, Hülsenfrüchten, Teigwaren und Kartoffeln enthalten. Der Tagesbedarf eines Jugendlichen liegt bei etwa 300 bis 400 mg. Wichtigste Calciumlieferanten sind Milch und Milcherzeugnisse. Der Tagesbedarf eines Jugendlichen beträgt ungefähr 800 mg. Ein Liter Vollmilch enthält etwa 1 000 mg Calcium.

## AUFGABEN

1. Nenne je drei Nahrungsmittel, die besonders reich an Kohlenhydraten, Fetten und Eiweißen sind!
2. Begründe die Notwendigkeit von Mineralstoffen und Vitaminen für die Gesunderhaltung!
3. Beschreibe Möglichkeiten für eine vitaminschonende Zubereitung von Speisen!

4. Vergleiche die Nährstoffe nach den in ihnen enthaltenen Bausteinen! Fertige eine Tabelle nach folgendem Muster an:

| Nährstoff | Enthaltene Bausteine |
| --- | --- |
|  |  |

# Wir weisen Nährstoffe nach

**Überprüfe, ob in Lebensmitteln Glucose enthalten ist!**

*Material:* Schutzbrille, Reagenzgläser, Brenner, Reagenzglashalter, Reagenzglasständer, Tropfpipetten, destilliertes Wasser, Fehling'sche Lösungen I und II (Nachweismittel für Glucose), Glucose, Honig, süße Früchte, Tomate, Kartoffelstärke

*Durchführung:* Gib etwas Glucose in ein Reagenzglas und löse sie in 10 ml destilliertem Wasser! Fülle in ein weiteres Reagenzglas 20 ml Fehling'sche Lösungen I und II zu gleichen Teilen! Gib etwa 5 ml dieser Mischung in die Reagenzgläser mit der Glucoselösung! Schüttele die Lösung und erwärme sie vorsichtig (Schutzbrille aufsetzen)!
Eine ziegelrote bis rotbraune Färbung zeigt das Vorhandensein von Glucose an.
Führe den gleichen Versuch dann jeweils mit den genannten Lebensmitteln durch! Die Früchte müssen vorher gut zerkleinert, die lebensmittelhaltigen Flüssigkeiten evtl. filtriert werden.
(Der Glucose-Nachweis kann auch mit Glucoseteststreifen aus der Apotheke durchgeführt werden.)

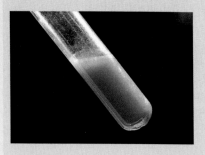

**Überprüfe, ob in Lebensmitteln Eiweiß enthalten ist!**

*Material:* Schutzbrille, Reagenzgläser, Reagenzglashalter, Reagenzglasständer, Tropfpipette, evtl. Brenner, Natriumhydroxidlösung (10 %ig), Kupfer(II)-sulfatlösung, Nahrungsmittel (gekochtes Eiklar, Speisequark, Kochwasser weißer Bohnen, Äpfel)

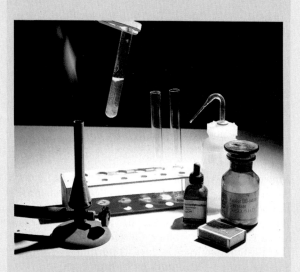

*Durchführung:* Gib eine kleine Menge Weißei vom gekochten Hühnerei (enthält Eiweiß) in ein Reagenzglas und setze die Schutzbrille auf! Fülle mit zehnprozentiger Natriumhydroxidlösung auf, bis das Weißei reichlich bedeckt ist! Bringe anschließend mit einer Pipette 3 bis 5 Tropfen zehnprozentige Kupfer(II)-sulfatlösung in das Reagenzglas und schüttele es kräftig!
Eine violette Färbung zeigt das Vorhandensein von Eiweiß an. Wenn die Reaktion nicht nach einigen Sekunden sichtbar wird, muss das Reagenzglas vorsichtig erwärmt werden.
Überprüfe dann in gleicher Weise die anderen oben genannten Lebensmittel auf das Vorhandensein von Eiweiß!

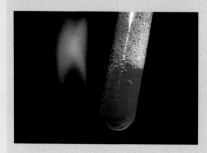

# Stoffwechselvorgänge bei der Verdauung

Unser Körper kann die Nahrung erst verwerten, wenn die resorbierten Nährstoffe vom Blut und der Körperflüssigkeit zu den Zellen transportiert wurden. Die großen, meist wasserunlöslichen Nährstoffmoleküle müssen vor der Resorption durch Verdauungsvorgänge in winzige, vom Blut transportierbare Teilchen zerlegt werden. Dies geschieht in zahlreichen Teilschritten bei der Verdauung. An der Aufspaltung der Nährstoffe sind verschiedene Enzyme beteiligt.

**Enzyme.** Enzyme sind Wirkstoffe, die alle Stoffwechselprozesse in Lebewesen beeinflussen. Sie werden auch als Biokatalysatoren bezeichnet. Sie sind hochmolekulare Eiweiße, die eine biochemische Reaktion auslösen oder beschleunigen, ohne sich dabei zu verändern oder zu verbrauchen. Biokatalysatoren ermöglichen den Ablauf von Stoffwechselprozessen bereits bei Körpertemperatur.
Die Namen der Enzyme enden häufig auf -ase (z. B. Maltase, Amylase im Mundspeichel), nur einige Verdauungsenzyme enden auf -in (z. B. das Pepsin des Magens).
Enzyme steuern in unserem Körper die Reaktionen von Stoffen miteinander, sie beschleunigen Abläufe und spalten Stoffe. Es wird angenommen, dass Tausende verschiedener Enzyme an der Aufrechterhaltung aller Lebensvorgänge unseres Körpers beteiligt sind.
Wie ist ihre Wirkungsweise zu erklären?
Jedes Enzymmolekül besitzt an einer bestimmten Stelle ein aktives Zentrum. Dort kann sich nur ein Stoff (Substrat) mit einer ganz bestimmten Struktur (z. B. ein Disaccharidmolekül) anlagern. Dabei entsteht ein Enzym-Substrat-Komplex. Im weiteren Verlauf der Reaktionen zerfällt dieser Komplex in die Reaktionsprodukte (zwei Monosaccharidmoleküle) und das unveränderte Enzym. Enzyme können immer nur mit einem ganz bestimmten Substrat reagieren, sie sind substratspezifisch. Man kann sich das so vorstellen, dass Substratmolekül und Enzymmolekül am aktiven Zentrum zusammenpassen wie der Schlüssel zum Schloss.

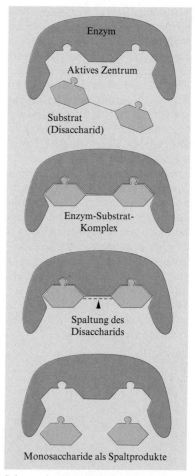

Schema der enzymatischen Spaltung des Disaccharids Maltose in Glucose

### Modellexperiment zur Enzymwirkung

*Material:* Brenner, Tiegelzange, Uhr, Würfelzucker, Zigarettenasche
*Durchführung:* Halte ein Stück Würfelzucker so lange über eine offene Flamme, bis es brennt!
Ermittle (z. B. mit einer Stoppuhr) die dafür erforderliche Zeit!
Beobachte den Würfelzucker nach dem Entfernen aus der Flamme!
Wiederhole das Experiment mit einem Stück Würfelzucker, das du in etwas Zigarettenasche getaucht hast!
Ermittle wiederum die erforderliche Zeit!
Beobachte den Würfelzucker nach dem Entfernen aus der Flamme!
*Beobachtung:* Du kannst feststellen, dass der mit Zigarettenasche versetzte Zucker nach kürzerer Zeit brennt und die Energiezufuhr eher unterbrochen werden kann. Der Verbrennungsprozess dauert außerhalb der Flamme weiter an!
*Auswertung:* Um die Reaktion einzuleiten, ist in beiden Fällen die Zufuhr von Energie notwendig. Beim Verbrennen von einem Stück Würfelzucker mit Zigarettenasche war die dafür erforderliche Energie jedoch geringer als im Experiment ohne Zigarettenasche. Die Zigarettenasche muss also Stoffe enthalten, die die Oxidation begünstigen. Diese Stoffe wirken im Experiment wie die Enzyme in unserem Körper, sie sind Katalysatoren.

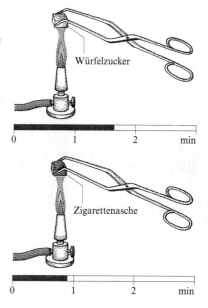

**Verdauung.** Bei der Verdauung wird die Nahrung durch mechanische und biochemische Prozesse in vom Körper verwertbare Bausteine zerlegt. Die Steuerung der Verdauung erfolgt durch das Nervensystem und durch vom Körper gebildete Wirkstoffe (Hormone, z. B. Insulin).

Die Verdauungsprozesse beginnen bereits in der Mundhöhle. Zähne, Zunge und Kaumuskulatur zerkleinern die Nahrung mechanisch. Dabei wird die Nahrung mit Speichel durchmischt. Außer Schleim und Salzen enthält der Speichel insbesondere das Enzym Amylase. Es bewirkt den beginnenden Abbau der Stärkemoleküle.

Durch Muskelbewegungen (Peristaltik) gelangt der Nahrungsbrei über die Speiseröhre in den Magen. Peristaltik ist das wellenförmige Sichzusammenziehen der Muskulatur mancher Hohlorgane (z. B. Speiseröhre).

Im Magen sondern Schleimhautdrüsen den Magensaft ab. Dieser besteht aus Schleimstoffen, Enzymen und einer 0,2- bis 0,5 %igen Salzsäure. Durch die Salzsäure wird ein saures Milieu geschaffen. Unter diesen Bedingungen zerlegt das wichtigste Enzym des Magensaftes, das Pepsin, Eiweiße in kleinere Einheiten, die Peptide.

An den Verdauungsprozessen im Dünndarm sind neben den Enzymen aus den Drüsen der Darmwand auch Enzyme aus der Bauchspeicheldrüse und der Gallensaft beteiligt.

Die chemische Umwandlung aller Nährstoffe wird hier abgeschlossen. Es entstehen die löslichen Nährstoffbausteine Glucose, Aminosäuren, Glycerin und Fettsäuren.

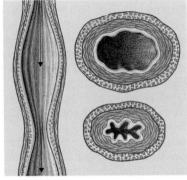

Peristaltik

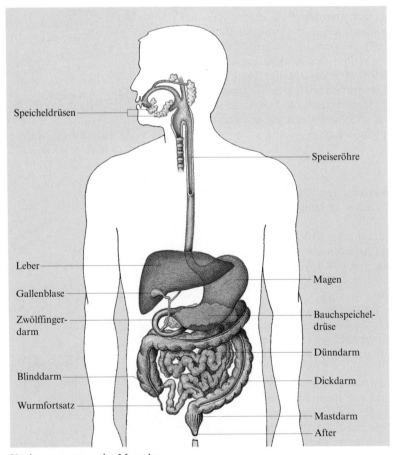

Verdauungssystem des Menschen

| Beispiele für Verdauungsenzyme | | |
|---|---|---|
| Enzym | Vorkommen | Spaltet |
| Amylase | Mundspeichel, Bauchspeichel | Stärke |
| Pepsin | Magensaft | Eiweiße |
| Trypsin | Bauchspeichel | Eiweiße |
| Lipase | Bauchspeichel | Fette |
| Peptidasen | Darmsaft | Eiweiße |

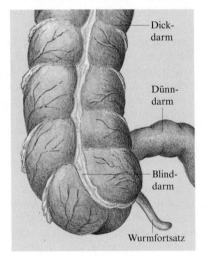

Wurmfortsatz am Blinddarm

# Die Resorption der Nährstoffe

Resorption ist die Aufnahme gelöster Nährstoffe durch die Zellmembran der Dünndarmzellen hindurch in das Blut bzw. die Lymphe, eine dem Blutserum ähnliche gelbliche Flüssigkeit. Die stark gefaltete Schleimhaut des Dünndarms ermöglicht eine wirkungsvolle Stoffaufnahme. Sie hat zahlreiche Ausstülpungen, die Darmzotten. 1 cm$^2$ Schleimhaut kann bis zu 3 000 Darmzotten aufweisen. Insgesamt beträgt dadurch die Oberfläche für die Stoffaufnahme etwa 130 m$^2$.

Nach einer Mahlzeit besteht ein Konzentrationsgefälle zwischen dem Darminhalt und der Blutflüssigkeit. Dadurch können die Nährstoffmoleküle die Darmzellen passieren und gelangen so in die Körperflüssigkeit. Dieser Vorgang beruht auf der Eigenbewegung der Teilchen und wird Diffusion genannt. Der größere Teil der Nährstoffmoleküle gelangt aber auch dann ins Blut, wenn deren Konzentration dort angestiegen ist. Dieser aktive Transport erfolgt durch Trägersubstanzen der Darmwandzellen, an die sich die Nährstoffmoleküle für kurze Zeit anheften. Hierfür benötigen die Darmzellen sehr viel Energie. Jede der 1 mm langen Dünndarmzotten enthält feine Blutgefäße (Kapillaren), die Aminosäuren und Glucose aufnehmen und ein Lymphgefäß, welches Fett abtransportiert. Nervenzellen und glatte Muskelzellen bewirken ein Zusammenziehen und Erschlaffen der Darmzotten, wodurch die Kapillaren immer wieder leergepumpt und mit neuer, nährstoffarmer Körperflüssigkeit gefüllt werden.

## Schon gewusst?

Die durchschnittliche Verweildauer von Speisen im Magen beträgt 3 bis 4 Stunden. Bei fetten Speisen kann sie sich verdoppeln. Für die Verdauung der gleichen Mahlzeit im Dünndarm werden 4 bis 5 Stunden benötigt.

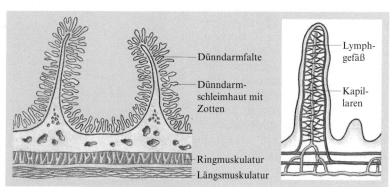

Aufbau des Dünndarms und einer Dünndarmzotte

- Dünndarmfalte
- Dünndarmschleimhaut mit Zotten
- Ringmuskulatur
- Längsmuskulatur
- Lymphgefäß
- Kapillaren

Bei der Verdauung werden in den Verdauungsorganen die großen, wasserunlöslichen Nährstoffmoleküle der Kohlenhydrate, Fette und Eiweiße in kleinere, resorbierbare Moleküle zerlegt. Dabei haben spezifisch wirkende Verdauungsenzyme entscheidenden Einfluss. Glucose, Aminosäuren, Fette und ihre Spaltprodukte werden vom Blut bzw. der Lymphe in alle Teile des Körpers transportiert.

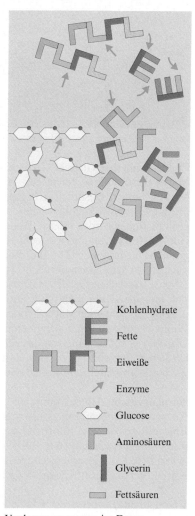

Verdauungsprozesse im Darm

- Kohlenhydrate
- Fette
- Eiweiße
- Enzyme
- Glucose
- Aminosäuren
- Glycerin
- Fettsäuren

## AUFGABEN

1. Erläutere die Verdauungsvorgänge in der Mundhöhle, im Magen und im Dünndarm!
2. Wie gelangen die Nährstoffmoleküle aus dem Dünndarminhalt bis in die Körperzellen?
3. Erkläre die Wirkungsweise von Enzymen am Beispiel des Abbaus von Kohlenhydraten!
4. Betrachte ein Dauerpräparat von Dünndarmzotten mit einem Mikroskop! Vergleiche das mikroskopische Bild mit der Abbildung auf dieser Seite!
5. Welche Stoffe aus der Nahrung dürften im Stuhl eines gesunden Menschen kaum noch enthalten sein?

# Essen, um leistungsfähig und gesund zu sein

Wenn es aber immer so gut schmeckt

Die Waage ist unbestechlich.

| Höhe in cm | BMI | Gewicht in kg |
|---|---|---|
| 125 | | 150 |
| | | 140 |
| 130 | | 130 |
| | 70 | 120 |
| 135 | 60 | 110 |
| 140 | 50 | 100 |
| | | 95 |
| 145 | | 90 |
| | 40 | 85 |
| 150 | | 80 |
| | | 75 |
| 155 | 30 | 70 |
| 160 | | 65 |
| | | 60 |
| 165 | 20 | 55 |
| 170 | | 50 |
| 175 | 15 | 45 |
| 180 | | 40 |
| 185 | | |
| 190 | 10 | 35 |
| 195 | | |
| 200 | | 30 |
| 205 | | |
| 210 | | 25 |

**Probleme mit dem Gewicht.** Zu dick, zu dünn, Übergewicht, Fettleibigkeit, Magersucht, Bulimie, Idealfigur – alles Begriffe, die uns fast täglich in den Medien und in Gesprächen begegnen. Häufig macht uns das unsicher: „Ernähre ich mich richtig, wiege ich zu viel oder zu wenig?" Auf diese Fragen erhalten wir trotz Spiegel, Waage und Zentimetermaß keine allgemein gültigen Antworten. So wie jeder von uns seine ganz individuelle Körpergröße, Haarfarbe oder Hautbeschaffenheit hat, verfügt er auch über Erbanlagen für sein Normalgewicht. Es kann durchaus über oder unter dem durchschnittlichen Gewicht Gleichaltriger oder Gleichgroßer liegen. Wer sich in seiner Haut wohlfühlt, aktiv und lebensfroh ist, sollte sich nicht durch superschlanke Mager-Models in den Medien verunsichern lassen. Einige Pfunde mehr zu akzeptieren, gehört auch zum Selbstbewusstsein. Um aber sicher zu sein, dass das persönliche „Wohlfühlgewicht" etwa den ärztlichen Empfehlungen entspricht, können sich Jugendliche und Erwachsene an Durchschnittswerten orientieren.

**Normalgewicht.** Am bekanntesten ist die Berechnung nach der Formel: Körpergröße (in cm) minus 100 = Normalgewicht in kg.
Eine differenziertere Information über sein Körpergewicht erhält man durch die Berechnung des Body-Mass-Index (BMI). Im Vergleich zur ersten Berechnung berücksichtigen die ermittelten Werte den individuellen Körperbau des betreffenden Menschen.

**Übergewicht.** Immer mehr Kinder und Jugendliche leiden unter starkem Übergewicht von 20 bis 30 % über dem Normalgewicht. Einige wiegen noch viel mehr. Meist wird zu viel, zu süß, zu fett, zu salzig und zu unregelmäßig gegessen. Pommes frites mit Majonäse, Hamburger, Pizza und Näschereien werden zu häufig verzehrt. Bewegungsmangel kommt noch hinzu. Wenn dem Körper aber ständig mehr Nahrung angeboten wird, als er verbrauchen kann, dann legt er Fettdepots an.
Wenn Betroffene von Schulkameraden wegen ihrer Körperfülle mitunter drastisch gehänselt werden, ziehen sie sich oft aus der Gemeinschaft zurück. Die Lösung bei der Suche nach einem Ausweg scheint dann nicht selten eine schnell wirkende Diät zu sein. Häufig wird aber gerade diese zum Auslöser folgenschwerer Essstörungen.

Lege zur Ermittlung deines BMI ein Lineal links am Wert für die Körpergröße an und verbinde ihn mit deinem Körpergewicht auf der Skala rechts. In der Mitte kannst du den BMI ablesen.

Ermitteln und Bewerten des BMI:

$$\frac{\text{Körpergewicht (kg)}}{\text{Körperhöhe (m) x Körperhöhe (m)}}$$

| BMI unter 18: | Untergewicht |
|---|---|
| BMI 18 bis 25: | Normalgewicht |
| BMI 26 bis 30: | Übergewicht |
| BMI über 30: | Starkes Übergewicht |

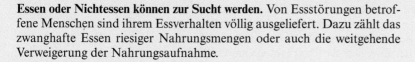
Gewicht und Größe sind auch bei Gleichaltrigen von Natur aus sehr variabel.

Selbsttäuschung vor dem Spiegel

**Essen oder Nichtessen können zur Sucht werden.** Von Essstörungen betroffene Menschen sind ihrem Essverhalten völlig ausgeliefert. Dazu zählt das zwanghafte Essen riesiger Nahrungsmengen oder auch die weitgehende Verweigerung der Nahrungsaufnahme.

**Fettsucht.** Andreas leidet an Fettsucht. Im letzten Jahr nahm er 20 kg zu. Zwanghaft beschäftigen sich seine Gedanken mit dem Essen. Übermäßiges Essen scheint für ihn die einzige Möglichkeit zu sein, Sorgen und Ängste zu bewältigen. Er isst nicht aus Hunger, sondern aus Frust. Bei solchen Essanfällen stopft er gleich 10 Stück Kuchen und mehrere Tafeln Schokolade in sich hinein. Er kann seine Nahrungsaufnahme nicht mehr steuern. Um aus dieser Situation wieder herauszukommen, wird sich Andreas einer Langzeittherapie unterziehen müssen. Denn über längere Zeiträume kann starkes Übergewicht zu schweren Krankheiten wie Herz- und Kreislauferkrankungen, Diabetes, Gelenkveränderungen und Karies führen.

**Magersucht.** Jana ist wie etwa eine halbe Million Mädchen und Frauen in Deutschland magersüchtig. Sie fühlt sich auch bei einem Untergewicht von 20 % noch zu dick. Ständig versucht sie, ihr Hungergefühl zu unterdrücken. Begonnen hat ihre Essstörung mit einer Diät. Dann fing sie an, Mahlzeiten auszulassen und später auch tagelang gar nichts zu essen. Zusätzlich joggte sie täglich bis zur Erschöpfung. In solchen Augenblicken erlebte sie eine Art Rauschzustand. Sie hatte verlernt, die Signale ihres Körpers richtig wahrzunehmen und zu deuten. Etwa 10 % der Magersüchtigen sterben an ihrer Sucht. Bei den meisten kann während eines Klinikaufenthaltes das Schlimmste gerade noch abgewendet werden. Die gesundheitlichen Folgen sind Stoffwechselstörungen, Herzschäden und Störungen des Menstruationszyklus.

**Bulimie (Ess-Brechsucht).** Bei etwa der Hälfte der Magersüchtigen ist es nur eine Frage der Zeit, bis sie ihren Heißhunger mit großen Nahrungsmengen stillen müssen. Schon während dieser Anfälle befällt sie Scham, voller Ekel wollen sie die Speisen durch erzwungenes Erbrechen und Einnahme von Abführmitteln wieder loswerden. Bulimie und andere Essstörungen müssen medizinisch behandelt werden.

Für 1 kg Gewichtsabnahme müsstest du etwa:

15 Stunden Rad fahren
35 Stunden Erde umgraben
20 Stunden tanzen
20 Stunden schnell laufen

## AUFGABEN

1. Sammle Informationen über Essstörungen und gestalte damit ein Poster!
2. Essstörungen sind auch Reaktionen auf aktuelle „gesellschaftliche Normen". Begründe diese Aussage!
3. Nenne Beispiele für Lebenssituationen, die zu Essstörungen führen können!
4. Was versteht man in der Medizin unter starkem Übergewicht?
5. Wie kann man Klassenkameraden helfen, die an Essstörungen leiden?

**Essen und Trinken – wieviel und was?** Wer möchte sich nicht wohl fühlen, gesund und leistungsfähig sein? Wichtige Voraussetzung dafür ist die kontinuierliche und ausreichende Aufnahme von Stoffen, die für die Erhaltung aller Lebensfunktionen, für Wachstum und Entwicklung unentbehrlich sind. Diese Stoffe sind Eiweiße, Kohlenhydrate, Vitamine, Mineralstoffe, Ballaststoffe und Wasser. Außerdem benötigen wir für alle biochemischen Prozesse, für Muskelbewegungen und für den Erhalt der Körpertemperatur die in der Nahrung enthaltene Energie.

**Energiegehalt.** Der Energiegehalt (Nährwert, Brennwert) der Nährstoffe wird in Kilojoule (kJ) angegeben (veraltet auch in kcal, 1 kcal = 4,2 kJ). Er entspricht der Energiemenge, die bei der biologischen Oxidation des betreffenden Nährstoffes im Körper freigesetzt wird.

**Energiebedarf.** Beim Energiebedarf des Körpers wird zwischen Grund- und Leistungsbedarf unterschieden. Der Grundbedarf (Grundumsatz) ist die Menge an Energie, die für die Aufrechterhaltung aller Lebensfunktionen im Ruhezustand verbraucht wird. Der Grundumsatz hängt vom Geschlecht und Alter, aber auch von der Körpergröße, dem Körpergewicht und der Umgebungstemperatur ab. Männer haben je Kilogramm Körpergewicht einen etwas höheren Grundumsatz als Frauen. Der Grundumsatz eines Erwachsenen beträgt je Kilogramm Körpergewicht etwa 100 kJ am Tag. Bei Kindern und Jugendlichen liegt er wegen des Wachstums höher. Durch körperliche Betätigung steigt der Energiebedarf beträchtlich an. Er wird dann als Leistungsumsatz bezeichnet. Der Leistungsumsatz wird ermittelt, indem man den errechneten Grundumsatz vom gesamten Energieumsatz abzieht.

Außergewöhnliche Leistungen erfordern außergewöhnliche Ernährung. Die Teilnehmer der Tour de France benötigen für eine Bergetappe zwischen 46 000 und 50 400 kJ. Ein Erwachsener hingegen verbraucht normalerweise nur etwa 8 400 bis 10 100 kJ am Tag.

Bereits zum ersten Frühstück nehmen die Radprofis bis zu 10 500 kJ auf. Da sie während der Etappe keine riesigen Nahrungsportionen verspeisen können, wird ein Teil der Energiespender den Getränken in den Trinkflaschen beigemischt. Die Getränke enthalten dann bis zu 10 % Glucose. Je nach Bedarf bekommen die Fahrer zusätzlich auch spezielle Glucosebeutel, die ihnen zur rechten Zeit einen konzentrierten Energieschub liefern.

Bei einem Radrennen benötigen vor allem Leistungssportler sehr viel Energie.

**Energiegehalt der Nährstoffe je 1 g**

| | |
|---|---|
| Kohlenhydrate | 17 kJ |
| Eiweiße | 17 kJ |
| Fette | 39 kJ |

Bei anhaltendem Hunger kann der Grundumsatz bis auf 30 % absinken. Diesen Minimalumsatz kann der Mensch nur kurzzeitig ohne ernsthafte gesundheitliche Schäden überstehen.

**Durchschnittlicher Tagesbedarf an Energie für Jugendliche (Richtwerte)**

| Geschlecht | Alter | Energiemenge |
|---|---|---|
| Jungen | 12 bis 14 Jahre | 10 800 kJ |
| | 15 bis 18 Jahre | 12 000 kJ |
| Mädchen | 12 bis 14 Jahre | 10 000 kJ |
| | 15 bis 18 Jahre | 9 600 kJ |

**Zutaten:**
Mais, Zucker, Salz, Malz, Vitamine (Niacin, Vitamin E, Pantothensäure, Vitamin B6, Vitamin B2, Vitamin B1, Folsäure, Vitamin B12).

**Nährwertinformationen:**

| Nährwerte je 100 g | |
|---|---|
| Brennwert | 1550 kJ/ 365 kcal |
| Eiweiß | 8,0 g |
| Kohlenhydrate | 82,0 g |
| Fett | 0,6 g |

| Vitamine je 100 g | | Deckung des Tagesbedarfs je 100 g in % |
|---|---|---|
| Niacin | 19,0 mg | 106 |
| Vitamin E | 12,0 mg | 120 |
| Pantothensäure | 8,0 mg | 133 |
| Vitamin B6 | 2,0 mg | 100 |
| Vitamin B2 | 1,6 mg | 100 |
| Vitamin B1 | 1,4 mg | 100 |
| Folsäure | 160,0 µg | 80 |
| Vitamin B12 | 1,0 µg | 100 |

Nährwert von Cornflakes

Auswahl von Nahrungsmitteln, die sich für eine gesunde Ernährung eignen

| Durchschnittlicher Energiegehalt einiger Nahrungsmittel (in je 100 g) | |
| --- | --- |
| Butter | 3 500 kJ |
| Majonäse | 3 200 kJ |
| Knäckebrot | 1 400 kJ |
| Brötchen | 1 060 kJ |
| Pommes frites | 950 kJ |
| Speisequark, mager | 320 kJ |
| Milch, fettarm | 200 kJ |
| Möhren | 120 kJ |
| Sauerkraut | 55 kJ |
| Gurke | 50 kJ |

**Ernährungstipps:**

– Verteile die Tagesenergiemenge auf fünf kleinere Mahlzeiten!
– Strebe ein Gleichgewicht zwischen Energieaufnahme und Energieverbrauch an!
– Bevorzuge zucker- und fettarme Lebensmittel!
– Iss täglich rohes Obst und Gemüse!
– Wähle Nahrungsmittel mit hohen Anteilen an Vitaminen, Mineralstoffen und Ballaststoffen (z. B. Obst, Gemüse, Vollkornerzeugnisse, Kartoffeln)!
– Reduziere den Genuss von Fleisch und Eiern auf 2 bis 3 Mahlzeiten in der Woche, iss dafür mehr Fisch und Milchprodukte!
– Trinke täglich 1,5 l zuckerarme Flüssigkeit, darunter etwa 0,5 l Milch!
– Würze viel mit Kräutern, aber nur mit wenig Salz!

| Prozentuale Aufteilung der täglichen Nahrung auf fünf Mahlzeiten | |
| --- | --- |
| 1. Frühstück | 25 % |
| 2. Frühstück | 10 % |
| Mittagessen | 30 % |
| Vesper | 10 % |
| Abendbrot | 25 % |

## AUFGABEN

1. Notiere möglichst exakt die Mengen aller Getränke und Nahrungsmittel, die du an einem gewöhnlichen Tag dieser Woche zu dir nimmst! Entnimm dem Aufdruck der Verpackungen oder einer Nährwerttabelle den Gehalt an Energie (kJ), Nährstoffen, Vitaminen und Mineralstoffen! Notiere die Angaben und berechne den Anteil dieser Stoffe in der von dir aufgenommenen Nahrung! Ermittle die Summe der insgesamt an diesem Tag aufgenommenen Energie (kJ)! Vergleiche mit dem Normwert der Tabelle auf der vorigen Seite! Überprüfe, ob dein Ess- und Trinkverhalten an dem betreffenden Tag den Regeln einer gesunden Ernährung entsprochen hat! Welche Schlussfolgerungen ziehst du daraus?

2. Worauf beruht der etwas geringere tägliche Gesamtenergiebedarf von Mädchen gegenüber gleichaltrigen Jungen?

3. Stelle Getränke und Nahrungsmittel für ein gesundes Frühstück zusammen und begründe deine Auswahl! Beziehe auch die Angaben zur Verteilung der Tagesenergiemenge auf dieser Seite mit ein!

4. Begründe, warum besonders Kinder, Jugendliche und alte Menschen Nahrungsmittel zu sich nehmen sollten, die viel Calcium enthalten!

5. Bewerte die nachstehend beschriebenen Mahlzeiten aus ernährungswissenschaftlicher Sicht!
   *Erstes Frühstück*
   a) 3 Mohnbrötchen, 30 g Butter, 30 g Honig, Kräutertee
   b) 2 Scheiben Vollkornbrot, 20 g Butter, 2 Scheiben Wurst, 10 g Honig, ein Glas Milch
   *Zweites Frühstück*
   a) eine Packung Butterkeks, Cola
   b) 2 Scheiben Vollkornbrot, 10 g Magarine, 50 g Käse, eine Kiwi, eine Banane
   *Mittagessen*
   a) 200 g Pommes frites, 150 g Schweinefleisch, 100 g gekochter Mais, 1 Glas Fruchtsaft
   b) 200 g Nudeln, Tomatensoße mit 100 g Jagdwurst, Salatteller mit Tomaten, Gurken, Blattsalat, Schafskäse, Kräutern und Olivenöl, 1 Glas Fruchtsaft

# Unser Blut – viel mehr als ein Transportmittel

**Zusammensetzung des Blutes.** „Rettet Leben – spendet Blut!", so könnte eine Aufforderung des Deutschen Roten Kreuzes lauten. Woraus besteht unser Blut? Durch welche besonderen Eigenschaften wird es zum bisher durch nichts zu ersetzenden „Lebenssaft"?

Betrachtet man Blut mit einem Mikroskop, so wird deutlich, dass in der Flüssigkeit auch geformte Bestandteile enthalten sind. Bei etwa 1000-facher Vergrößerung lassen sich diese Bestandteile identifizieren, es sind die Blutzellen. Mehr als 5 Millionen Blutzellen können in einem einzigen Kubikmillimeter Blut vorhanden sein. Vor allem an diese Blutzellen sind die spezifischen Funktionen des Blutes gekoppelt.

Insgesamt besteht das Blut zu 56 % aus der Blutflüssigkeit, dem Blutplasma, und etwa zu 44 % aus Blutzellen.

Man unterscheidet rote Blutzellen (Erythrozyten), weiße Blutzellen (Leukozyten) und Blutplättchen (Thrombozyten). Die Anzahl der verschiedenen Blutzellen in einer bestimmten Blutmenge ist kennzeichnend für den Gesundheitszustand eines Menschen. Zum Beispiel erhöht sich die Anzahl der weißen Blutzellen bei Infektionskrankheiten.

## Schon gewusst?

Abhängig von Geschlecht, Körpergröße und Körpermasse besitzt der Mensch etwa 4 bis 6 Liter Blut. Jeder gesunde Erwachsene kann ohne Schaden für seine Gesundheit mehrmals im Jahr Blut spenden. Die gespendete Blutmenge wird vom Körper innerhalb weniger Tage vollständig ersetzt. Zum Beispiel können in einem Zeitraum von nur einer Sekunde mehr als 2 Millionen rote Blutzellen im roten Knochenmark gebildet werden.

Alle roten Blutzellen eines Menschen würden aneinandergereiht eine Strecke ergeben, die dem fünffachen Erdumfang entspricht.

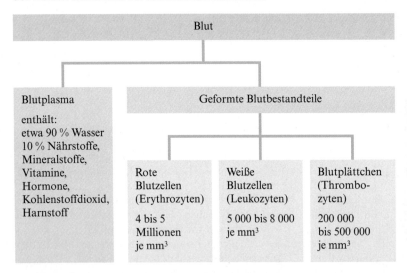

Blut

| Blutplasma | Geformte Blutbestandteile | | |
|---|---|---|---|
| enthält:<br>etwa 90 % Wasser<br>10 % Nährstoffe,<br>Mineralstoffe,<br>Vitamine,<br>Hormone,<br>Kohlenstoffdioxid,<br>Harnstoff | Rote Blutzellen (Erythrozyten)<br><br>4 bis 5 Millionen je mm³ | Weiße Blutzellen (Leukozyten)<br><br>5 000 bis 8 000 je mm³ | Blutplättchen (Thrombozyten)<br><br>200 000 bis 500 000 je mm³ |

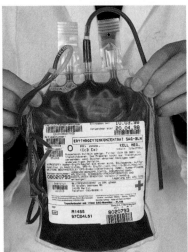

Blutkonserve (Lagerung unter –30 °C)

**Blut als Transportmittel.** Durch das weitverzweigte Netz der Blutgefäße gelangt das Blut in die unmittelbare Nähe einer jeden Körperzelle. Nährstoffe, Sauerstoff, Hormone und auch Wärme werden im Körper verteilt, Abfallstoffe zu den Ausscheidungsorganen transportiert.

Der Transport des Sauerstoffs erfolgt durch die roten Blutzellen. Sie enthalten den roten Blutfarbstoff Hämoglobin, eine eisenhaltige Eiweißverbindung, die mit Sauerstoff eine lockere Bindung eingeht. An Hämoglobin gebunden kann der Sauerstoff bis in alle Teile des Körpers gelangen.

Die Lebensdauer ausgereifter roter Blutzellen beträgt etwa vier Monate. Sie werden im roten Knochenmark ständig nachgebildet. Ihre Form gleicht einer beiderseits nach innen gewölbten (bikonkaven) Scheibe. Durch diese Form haben rote Blutzellen eine relativ große Oberfläche.

Würde man die Oberflächen aller roten Blutzellen eines Menschen addieren, dann ergäbe dies die erstaunliche Fläche von 3 500 m², was etwa der halben Größe eines Fußballfelds entspricht.

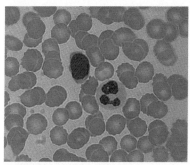

Blutausstrich

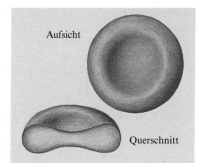

Aufsicht

Querschnitt

Rote Blutzellen

**Sauerstofftransport durch rote Blutkörperchen.** Im Verlauf eines Tages nimmt der Mensch mit der Atemluft etwa 600 Liter Sauerstoff auf, bei starker körperlicher Belastung noch weit mehr. Dies lässt ahnen, mit welch hoher Geschwindigkeit und Effektivität die Aufnahme und der Transport des Sauerstoffs erfolgen. Während des kurzen Augenblicks der Einatmung ist die Sauerstoffkonzentration in den Lungenbläschen höher als im Blut. Durch Diffusion bewegen sich die Sauerstoffmoleküle aus Bereichen hoher Konzentration in solche niedrigerer Konzentration. Dort werden sie vom eisenhaltigen Blutfarbstoff, dem Hämoglobin, sofort gebunden und mit dem Blutstrom weitertransportiert. Bruchteile einer Sekunde reichen aus, um den Sauerstoffgehalt des Blutes um 25 % zu erhöhen. Das Hämoglobin verändert sich dabei zu Oxyhämoglobin.

Hämoglobin + Sauerstoff $\rightleftharpoons$ Oxyhämoglobin

Der Sauerstoff wird für die Zellatmung in allen Organen benötigt. Etwa 45 % des bei der Zellatmung gebildeten Kohlenstoffdioxids übernehmen die roten Blutzellen aus den Gewebszellen und bringen es zur Lunge, wo es ausgeatmet wird.

**Stofftransport durch das Blutplasma.** Weitere 45 % des Kohlenstoffdioxids werden für den Transport zur Lunge chemisch im Blutplasma gebunden, die restlichen 10 % werden im Blutplasma gelöst transportiert.
Das Blutplasma besteht zu etwa 90 % aus Wasser und zu 10 % aus gelösten Stoffen. Die Anteile von Wasser und gelösten Stoffen werden durch Wasseraufnahme und Wasserabgabe des Körpers relativ konstant gehalten.
Das Blutplasma ist maßgeblich am Transport von Stoffen beteiligt. Es befördert unter anderem Nährstoffe, Salze, Vitamine, Enzyme, Hormone, Kohlenstoffdioxid und Harnstoff, die im Blutplasma gelöst sind.

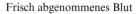

Frisch abgenommenes Blut

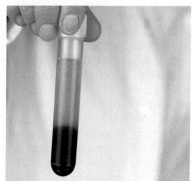

Zentrifugiertes Blut

## Schon gewusst?

Im Vergleich zu anderen Körperzellen sind die roten Blutzellen kernlos und sehr klein:
Durchmesser 0,008 mm
Dicke 0,002 mm.
Dadurch können sie ihre Form verändern und auch die dünnsten Kapillaren passieren.

Erstickungsgefahr droht, wenn wir uns in Räumen mit erhöhtem Anteil von Kohlenstoffmonooxid aufhalten. Aber welche Rolle spielt dabei das Blut? Hämoglobin hat im Vergleich zu Sauerstoff gegenüber Kohlenstoffmonooxid eine festere Bindungsfähigkeit. Dadurch wird der Sauerstofftransport eingeschränkt und es kommt zu einer Kohlenstoffmonooxidvergiftung.
Kohlenstoffmonooxid entsteht beispielsweise durch unvollständige Verbrennung von Kraftstoff in Verbrennungsmotoren, durch Schwelbrände oder wird durch defekte Gasanlagen freigesetzt.

### AUFGABEN

1. Erläutere den Transport von Sauerstoff und Kohlenstoffdioxid durch das Blut!
2. Welche Nährstoffmoleküle werden im Dünndarm vom Blutplasma aufgenommen?
3. Bei längerem Aufenthalt in sauerstoffärmerer Luft (z. B. im Hochgebirge) nimmt die Anzahl der roten Blutzellen im Blut zu. Versuche dafür eine Erklärung zu finden!

**Blutgerinnung.** Noch kleiner als die roten Blutzellen sind die Blutplättchen (Thrombozyten). Ihre Lebensdauer beträgt nur wenige Tage. Sie werden im Knochenmark ständig neu gebildet und tragen zur Blutgerinnung bei. Wenn Blut aus einer Wunde austritt, zerplatzen die Blutplättchen. Dabei wird ein Enzym freigesetzt, das den Blutgerinnungsprozess auslöst und zum Wundverschluss beiträgt.

**Abwehr von Krankheiten.** In unserer Umgebung befinden sich ständig Krankheitserreger (z. B. Viren, Bakterien). Aber nicht jede Infektion führt zum Ausbruch einer Krankheit. Unser Körper kann also Krankheitserreger erfolgreich abwehren, immun gegen diese sein. Es gibt eine angeborene und eine erworbene Widerstandsfähigkeit. Die allgemeine Widerstandsfähigkeit (Resistenz) gegen sehr viele Bakterien- und Virusarten aus unserer Umwelt, zum Beispiel auch gegen solche, die ausschließlich Pflanzen- und Tierkrankheiten hervorrufen, ist angeboren. Die andere Reaktionsart auf Krankheitserreger ist der Erwerb einer spezifischen Immunität gegen einen ganz bestimmten Erreger im Verlauf des Lebens.

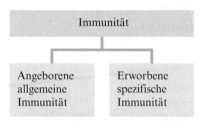

**Weiße Blutzellen.** Das Zentrum unseres Abwehrsystems sind die weißen Blutzellen, die hauptsächlich im Knochenmark und in den Lymphdrüsen gebildet werden. Sie sind größer als die roten Blutzellen, enthalten einen Zellkern und können sich aktiv auch gegen den Blutstrom fortbewegen und sogar die Blutgefäße verlassen. Ermöglicht wird ihnen das durch ihre dünne, sehr elastische Zellmembran. Wie die Amöben bilden die weißen Blutzellen Plasmaausstülpungen, mit denen sie sich in alle Richtungen fortbewegen können. Es gibt verschiedene Typen weißer Blutzellen, die jeweils spezifische Funktionen ausüben.
Etwa ein Viertel der weißen Blutzellen sind Lymphozyten, die wiederum in vielen Unterformen vorkommen. Sie bekämpfen Krankheitserreger mit Abwehrstoffen. Andere weiße Blutzellen werden als Fresszellen bezeichnet, da sie die Erreger in ihr Zellplasma aufnehmen und verdauen.

**Antigene.** Verfolgen wir einmal die Reaktion unseres Körpers nach dem Kontakt mit Krankheitserregern, die als Viren, Bakterien oder deren Ausscheidungsprodukte insgesamt als Antigene bezeichnet werden. Diese können durch die Haut oder über die Atmungs- und Verdauungsorgane in den Körper gelangen und sich dort rasch vermehren. Häufig scheiden sie dabei giftige Stoffe (Toxine) aus. Unser Körper ist infiziert und nach einigen Tagen oder Wochen kommt es zum Ausbruch der Krankheit.

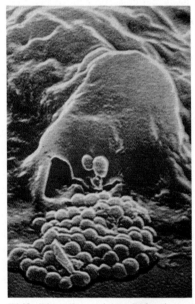

Weiße Blutzelle vernichtet Bakterien.

**Antikörper.** Kurz nach dem Eindringen eines Erregers „erkennen" ihn Lymphozyten als „fremd" und veranlassen andere Lymphozyten zur Bildung von Abwehrstoffen, die ausschließlich auf diesen Erregertyp wirken. Diese Abwehrstoffe sind Eiweißverbindungen, die Antikörper. Ihre Reaktion mit dem Antigen führt zur Verklumpung und später zur Abtötung der Krankheitserreger. Die Antikörper befinden sich meist im Blutplasma oder in der Lymphe. Nach der Vernichtung der spezifischen Krankheitserreger nimmt die Anzahl der Antikörper wieder ab. Zurück bleibt aber in einigen Lymphozyten eine „Erinnerung" an das betreffende Antigen. Diese Lymphozyten werden deshalb als Gedächtniszellen bezeichnet. Bei erneuter Infektion mit demselben Erreger kommt es daher viel schneller zur Produktion spezifischer Antikörper und somit zu einem nur leichten Verlauf der Krankheit. Es entstehen dann überhaupt keine Krankheitssymptome mehr, der Körper ist auf natürliche Weise gegen diesen Erreger immun geworden.

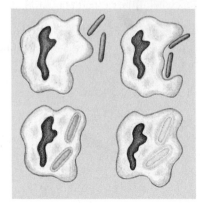

Fresszelle nimmt Bakterien auf.

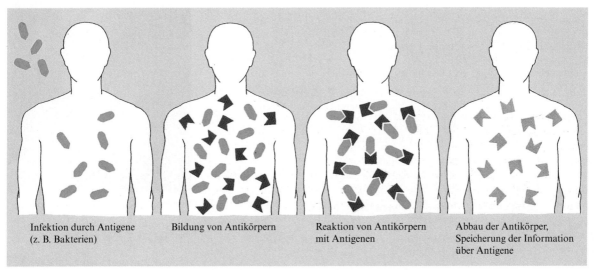

| Infektion durch Antigene (z. B. Bakterien) | Bildung von Antikörpern | Reaktion von Antikörpern mit Antigenen | Abbau der Antikörper, Speicherung der Information über Antigene |

Durch Überstehen einer Krankheit erworbene Immunität

**Immunisierung.** Die Fähigkeit unseres Abwehrsystems, bei Kontakt mit Krankheitserregern Immunität zu erwerben, wird bei Schutzimpfungen genutzt. Grundsätzlich gibt es zwei Möglichkeiten, Immunität gegen eine Krankheit zu erlangen, ohne dabei selbst zu erkranken.

**Aktive Immunisierung.** Der Arzt injiziert abgetötete oder abgeschwächte Krankheitserreger, die die Lymphozyten zur Bildung von Antikörpern veranlassen. Ein Teil dieser Lymphozyten speichert als Gedächtniszellen chemisch die „Erinnerung" an dieses Antigen. Dadurch wird ein längerer oder auch lebenslänglicher Schutz erreicht. Es dauert jedoch einige Zeit, bis sich so viele Antikörper gebildet haben, wie für einen ausreichenden Schutz erforderlich sind. Bei einigen Krankheiten genügt ein einmaliges Impfen, bei anderen sind Wiederholungsimpfungen erforderlich.
Bei der aktiven Immunisierung wird Immunität erreicht, ohne dass eine Krankheit überstanden werden muss. Das ist ein wesentlicher Vorteil. Eine aktive Immunisierung darf nur dann erfolgen, wenn der Betreffende in guter gesundheitlicher Verfassung ist.

**Passive Immunisierung.** Durch passive Immunisierung wird der Heilungsprozess bei bereits ausgebrochenen Infektionskrankheiten unterstützt. Dabei wird dem Erkrankten ein Serum gespritzt, das bereits spezielle Antikörper enthält. Diese fremden Antikörper schützen den Erkrankten sofort. Sie wirken insbesondere in dem Zeitraum, den der Körper benötigt, um genügend eigene Antikörper zu bilden. Die Schutzwirkung einer passiven Immunisierung hält nur einige Wochen an.

| Erreger und Inkubationszeiten verschiedener Krankheiten | | |
| --- | --- | --- |
| Krankheit | Erreger | Inkubationszeit |
| Tetanus | Bakterien | 2 bis 15 Tage |
| Tuberkulose | Bakterien | mehrere Wochen oder Monate |
| Keuchhusten | Bakterien | 6 bis 14 Tage |
| Virus-Grippe | Viren | 1 bis 3 Tage |
| Mumps | Viren | 12 bis 20 Tage |

## Schon gewusst?

Die aktive Immunisierung wird in Deutschland von der ständigen Impfkommission nur dann dringend empfohlen, wenn es sich um den Schutz gegen eine Krankheit mit hoher Ansteckungsgefahr handelt und der Krankheitsverlauf zu schweren gesundheitlichen Schäden oder gar zum Tod führen könnte. Das trifft für die im Impfkalender auf Seite 54 aufgeführten Infektionskrankheiten ausnahmslos zu. Deshalb sollte jeder die Möglichkeit zur Schutzimpfung nutzen.

Hepatitis B ist eine durch Viren verursachte Infektionskrankheit der Leber. Das Virus kann durch Blut, Speichel oder auch bei sexuellen Kontakten auf andere Personen übertragen werden. Etwa 50 000 Personen werden jährlich in Deutschland mit Hepatitis B infiziert. Besonders die Leber wird dabei stark geschädigt.
Als Spätfolgen können sogar Leberzirrhose (Schrumpfleber) und Leberkrebs auftreten. Deshalb empfiehlt die ständige Impfkommission, alle Kinder und Jugendlichen gegen Hepatitis B aktiv zu immunisieren.

| Impfkalender für Kinder, Jugendliche und Erwachsene im Freistaat Sachsen | |
| --- | --- |
| Lebensalter | Impfung gegen |
| ab 1. Lebenstag | Tuberkulose (BCG) |
| ab 3. Lebensmonat | Diphtherie-Keuchhusten-Tetanus (DPT) 3-mal im Abstand von mindestens 4 Wochen |
| | Haemophilus-influenzae-Typ-B-Infektion (HIB) 2-mal im Abstand von mindestens 6 Wochen |
| | Kinderlähmung (Poliomyelitis) 2-mal trivalente Schluckimpfung im Abstand von mindestens 6 Wochen |
| ab 15. Lebensmonat | Masern-Mumps-Röteln (MMR) Kombinationsimpfung |
| | Diphtherie-Keuchhusten-Tetanus (DPT) 4. Injektion |
| | Haemophilus-influenzae-Typ-B-Infektion (HIB) 3. Injektion |
| | Kinderlähmung (Poliomyelitis) 3. trivalente Schluckimpfung |
| ab 6. Lebensjahr | Tetanus-Diphtherie (Td) Auffrischungsimpfung |
| ab 10. Lebensjahr | Kinderlähmung (Poliomyelitis) trivalente Schluckimpfung, Auffrischungsimpfung |
| 11. bis 15. Lebensjahr | Masern-Mumps-Röteln (MMR) Auffrischungsimpfung |
| | Tetanus-Diphtherie (TD) Auffrischungsimpfung |
| alle 10 Jahre | Tetanus-Diphtherie (Td) Auffrischungsimpfung |
| | Kinderlähmung (Poliomyelitis) trivalente Schluckimpfung, Auffrischungsimpfung |

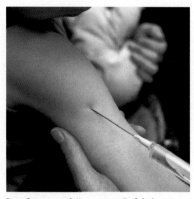

Impfungen schützen vor Infektionen.

## Schon gewusst?

Erkältung und Grippe „liegen bei feuchtem und kaltem Wetter in der Luft". Etwa zu 90 % sind es Viren und nicht kalte Füße, die die Krankheiten auslösen. Die Viren werden von bereits infizierten Personen durch Tröpfcheninfektion auf gesunde übertragen. Die Anfangssymptome einer Erkältung und einer Echten Grippe (Influenza) sind fast identisch. Mattigkeit, Gliederschmerzen und Entzündungen der Atemwege können auftreten. Kommen Fieber sowie Kopfschmerzen hinzu und verstärken sich die anderen Symptome, dann kann der Betreffende an einer schweren Virus-Grippe erkrankt sein. Bettruhe und Arztbesuch sind unbedingt erforderlich. Vor der Virus-Grippe kann man sich schützen. Grippeviren sind aber äußerst wandlungsfähig. Deshalb muss die Immunisierung ständig aufgefrischt werden. Die Impfung erfolgt meist im Herbst und schützt etwa 6 Monate lang.

Die Abwehr von Krankheitserregern ist eine wichtige Funktion des Blutes. Neben der angeborenen Immunität verfügt unser Immunsystem über die Fähigkeit, Immunität gegen ganz bestimmte Erregertypen zu erwerben. Möglich ist dies durch das Überstehen einer Infektionskrankheit, durch aktive Immunisierung oder eingeschränkt durch passive Immunisierung. Für die erworbene Immunität ist kennzeichnend, dass sich im Blut spezifische Antikörper bilden, die ausschließlich einen ganz bestimmten Erreger (Antigen) vernichten können. Sie bleiben für längere Zeit wirksam.

## AUFGABEN

1. Erkläre am Beispiel der Virus-Grippe, was man unter einer Infektion versteht!
2. Wie reagiert der Körper auf das Eindringen von Antigenen?
3. Berichte an einem Beispiel über Ziel und Verlauf der aktiven Immunisierung!
4. Stelle mithilfe des Impfkalenders fest, welche Impfungen du noch erhalten musst!
5. Erkläre, warum man an einigen Infektionskrankheiten nur einmal im Leben erkrankt!
6. Erläutere, was Inkubationszeiten sind und nenne zwei Beispiele dafür!

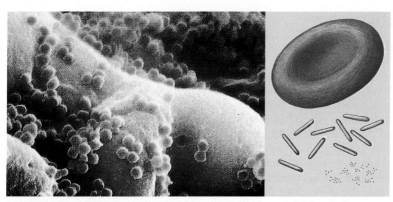

Links HI-Viren auf einer weißen Blutzelle, rechts Größenvergleich zwischen roter Blutzelle, Tuberkuloseerregern und HI-Viren

**AIDS.** Erkrankt unser Immunsystem, kann das zu folgenschweren gesundheitlichen Schäden führen. Die Immunschwächekrankheit AIDS (englisch: Acquired Immunodeficiency Syndrome) wird durch das HI-Virus (englisch: Human Immuno-Deficiency Virus, HIV) hervorgerufen. Dieses Virus hat sich in zwei Jahrzehnten von Afrika aus über die gesamte Erde ausgebreitet. Die Viren befallen vor allem Lymphozyten, die Antikörper produzieren. Die Infektion kann Monate oder auch Jahre bestehen, ohne dass Krankheitssymptome auftreten.

Während dieser Zeit findet eine starke Vermehrung der Viren statt, wodurch die weißen Blutzellen nach und nach zerstört werden. Die Antikörperbildung des Immunsystems wird somit immer mehr eingeschränkt und fällt schließlich völlig aus. Dann ist der Körper vielen Infektionen, die bei einem gesunden Menschen harmlos verlaufen würden, wehrlos ausgesetzt. Wenn dieser Zustand eintritt, kommt es zum Ausbruch von AIDS. Normalerweise harmlose Infektionen können jetzt zum Tod des Erkrankten führen. Der Verlauf der Krankheit ist sehr unterschiedlich. Zu den ersten Symptomen gehören häufig lang anhaltende Lymphknotenschwellungen. Später treten schwere Darmentzündungen, Lungenentzündungen, Hautgeschwüre und Fieber auf, die zu rascher Gewichtsabnahme und Schwächung des Körpers führen. Noch ist nicht bekannt, welche Umstände den Zeitpunkt des Ausbruchs der Krankheit bestimmen.

**Schutz vor HI-Viren.** Die HI-Viren befinden sich in den Körperflüssigkeiten (Blut, Lymphe, Samenflüssigkeit, Scheidenflüssigkeit, Muttermilch) von Infizierten. Ein Gesunder kann sich nur infizieren, wenn HI-Viren über kleine Wunden direkt in sein Blut gelangen. Häufig nimmt der frisch Infizierte lange Zeit keinerlei Krankheitsanzeichen wahr, er kann jedoch die Erreger übertragen. Das geschieht vor allem über Schleimhautverletzungen bei Sexualkontakten. Der beste Schutz besteht in der Verwendung von Kondomen und in festen Partnerbeziehungen.

Außerhalb des menschlichen Körpers stirbt das Virus sehr schnell ab. Deshalb ist nicht zu befürchten, dass man sich durch gemeinsamen Gebrauch von Gegenständen oder Umarmung mit Infizierten ansteckt.

Infizierte benötigen unsere Hilfe und dürfen nicht ausgegrenzt werden. Trotz umfangreicher Forschungsarbeiten ist eine Heilung von HIV-Infizierten gegenwärtig nicht möglich. Für viele Erkrankte gibt es inzwischen wirksame Behandlungsmethoden, die den Krankheitsverlauf mildern und verzögern. Jeder von uns trägt die Verantwortung, sich selbst und andere vor Ansteckung mit HIV zu schützen.

## Positive Frauen

Wenn sie lächelt, strahlt ihr ganzes Gesicht. Dann springt etwas hinüber, ein Funke – ja, Lebensfreude. Ihr Lächeln ist wie ein Geschenk für diese Welt. Doch die Menschen nehmen es nicht wahr. Brigitte ist HIV-positiv. Sie steht im Abseits und lächelt unserer Welt nur von weitem zu.

Wie ihr ergeht es über 12 700 Frauen, die laut Statistik mit einem positiven Testergebnis in der Bundesrepublik leben. Während die Zahl der Neuinfektionen insgesamt zurückgegangen ist, steigt das HIV-Risiko für Frauen weiter an. 21 % aller Neuinfizierten sind Frauen.

Etwa ein Drittel von ihnen hat sich den Virus geholt, als sie mit einem Mann schliefen.

Das Wissen um Schutzmöglichkeiten ist in der Regel vorhanden. Aber oft fällt es schwer, „nein" zu sagen, auch wenn er das Kondom ablehnt.

„Du glaubst doch nicht, dass ich so was habe", lautet immer wieder ein Vorwurf, wenn Frauen um Sicherheit bitten.

Zu sehr wurde von Risikogruppen anstatt von Risikoverhalten gesprochen.

1985 erfuhr Brigitte von ihrem Testergebnis. Höchstens noch 5 Jahre, hieß es damals. Der Weltuntergang.

Als ich vor neun Jahren nach Berlin kam, erzählt sie, habe ich viele Betroffene kennengelernt, mittlerweile sind sie alle gestorben.

„Positiv denken, Ziele setzen", sagt sie sich. „Das wirkt auch auf das Immunsystem."

(Sabine Schanzmann, LVZ, 24./25. Mai 1997)

# Blut- und Lymphgefäßsystem

**Herz und Blutkreislauf.** Wir haben einen geschlossenen Blutkreislauf aus Blutgefäßen und dem Herzen. Das Herz des Menschen ist ein faustgroßer kegelförmiger Hohlmuskel, der wie eine Pumpe funktioniert. Eine muskulöse Längsscheidewand trennt das Herz in die linke und rechte Hälfte. Jede Hälfte besteht aus einer dünnwandigen Vorkammer und einer dickwandigen Herzkammer, die durch Segelklappen miteinander in Verbindung stehen. Segelklappen sind sehnige Häutchen, deren Ränder mit feinen Fäden an der Herzkammerwand ansitzen. Sie verhindern das Zurückfließen des Blutes aus den Herzkammern in die Vorkammern.

Aus der linken Herzkammer wird das Blut über die Körperarterie (Aorta) in den Körperkreislauf gepumpt. Das Blut aus der rechten Herzkammer gelangt über die Lungenarterie in den Lungenkreislauf. Taschenklappen verhindern, dass das Blut aus den Arterien wieder in die Herzkammern zurückströmen kann.

Bei durchschnittlicher Belastung schlägt das Herz eines Erwachsenen 65- bis 75-mal in einer Minute. Das sind am Tag rund 100 000 Herzschläge, die unser Blut ständig durch den Körper treiben. Diese ungeheure Arbeit kann das Herz nur leisten, weil sich die Muskulatur der Vorkammern und Herzkammern in einem aufeinander exakt abgestimmten Rhythmus zusammenzieht und wieder erschlafft. Das Zusammenziehen, die Kontraktion, wird als Systole, das darauffolgende Erschlaffen als Diastole bezeichnet. Dazwischen liegt eine Herzpause, die kurze Erholungsphase für den Herzmuskel. Systole und Diastole erfolgen aber nicht gleichzeitig. Die Kontraktion beginnt bei den mit Blut gefüllten Vorkammern, wodurch das Blut durch die Segelklappen in die erschlaffte Herzkammer gepresst wird. Anschließend zieht sich die Muskulatur der Herzkammern zusammen, die Segelklappen schließen sich und das Blut strömt durch die Taschenklappen in die Arterien.

Von der Aorta zweigen unmittelbar nach Austritt aus der linken Herzkammer Herzkranzgefäße ab, die das Herz mit Sauerstoff und Nährstoffen versorgen. Etwa 10 % der ausströmenden Blutmenge gelangen in die Herzkranzgefäße.

Während der Erschlaffungsphase der Vorkammern saugt das Herz das Blut aus den Venen an.

**Arterien.** Arterien leiten das Blut vom Herzen weg, Venen führen es zum Herzen hin. Die Wände der Blutgefäße werden von drei Schichten gebildet. Bei den Arterien ist die Mittelschicht sehr stark mit Muskelzellen durchsetzt. Dadurch können sich die Arterien bei jedem Blutstoß aus den Herzkammern elastisch erweitern und danach wieder verengen. Auf diese Art und Weise wird der Blutfluss unterstützt. Die dabei entstehende Druckwelle können wir als Puls besonders deutlich am Handgelenk, am Hals und an den Schläfen spüren.

Mit zunehmender Entfernung vom Herzen verzweigen sich die Arterien immer mehr und der Druck des Blutes nimmt allmählich ab.

**Kapillaren.** In den zahlreichen Kapillaren ist der Blutdruck so gering, dass bei Verletzungen das Blut gleichförmig ausfließt, während es aus größeren Arterien entsprechend der rhythmischen Bewegungen des Herzens stoßweise hervorquillt. Die Wand der Kapillaren besteht nur aus einer einzigen Zellschicht. Sie ermöglicht den Stoffaustausch zwischen dem Blut und den Körperzellen. Die Kapillaren vereinigen sich wieder zu größeren Blutgefäßen, den Venen.

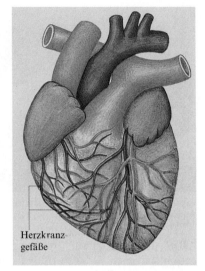

Herzkranzgefäße

Herz mit Kranzgefäßen

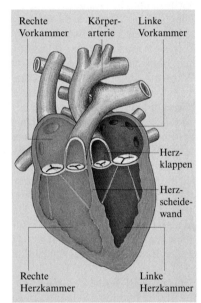

Rechte Vorkammer — Körperarterie — Linke Vorkammer

Herzklappen

Herzscheidewand

Rechte Herzkammer — Linke Herzkammer

Herz im Längsschnitt

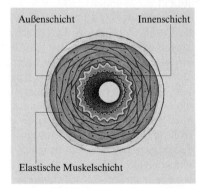

Außenschicht — Innenschicht

Elastische Muskelschicht

Arterie im Querschnitt

**Venen.** In den Venen ist der Blutdruck noch geringer als in den Kapillaren. Ihre Wände sind sehr dünn und dehnbar, die Muskulatur ist nur schwach ausgebildet. Das Blut wird durch den wechselnden Druck der benachbarten Skelett- oder Organmuskulatur auf die Venenwand transportiert. Außerdem unterstützt die Pulswelle nahe liegender Arterien den Blutrückfluss zum Herzen.

Und noch eine Besonderheit weisen die Venen auf. In ihren Wänden befinden sich in Abständen von wenigen Zentimetern taschenartige Klappen, die ein Zurückfließen des Blutes verhindern.

**Lymphgefäße und Lymphe.** Zwischen dem Blutgefäßsystem und dem Lymphgefäßsystem findet besonders im Bereich der Kapillaren ein ständiger Stoffaustausch statt. Ein Teil der Blutflüssigkeit verlässt die Kapillaren und durchströmt die Zwischenräume der Zellen und Gewebe. Da die Kapillaren nicht jede Zelle berühren, ist es nur auf diese Weise möglich, alle Zellen mit den erforderlichen Stoffen zu versorgen.

Nicht die gesamte aus den Kapillaren ausgetretene Blutflüssigkeit wird von den Blutkapillaren wieder aufgenommen. Ein Teil dieser Flüssigkeit, die Lymphe, erreicht über Lymphkapillaren größere Lymphgefäße, die in einem Hauptlymphgefäß, dem Lymphbrustgang, zusammentreffen. Dieser mündet im Schulterbereich in die Körpervene.

Sehr wichtige Bestandteile des Lymphgefäßsystems sind die Lymphknoten, die als Filterstationen wirken. Sie halten Krankheitserreger zurück, die dann von Lymphozyten vernichtet werden. Deshalb können bei Infektionen Schwellungen und Schmerzen im Bereich der Lymphknoten auftreten. Bis 1 000 Lymphknoten sind über die gesamten Lymphbahnen verteilt. Besonders viele befinden sich im Bereich des Halses, der Leistengegend und in den Achselhöhlen. Die weißliche bis gelbliche Lymphflüssigkeit enthält unter anderem Lymphozyten, Nährstoffe (z. B. Fett) und Abwehrstoffe. Die Lymphe wird langsam und in ähnlicher Weise wie das venöse Blut transportiert.

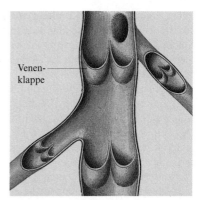

Geöffnete Venen

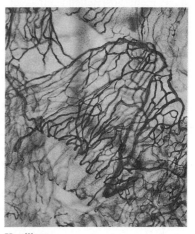

Kapillaren

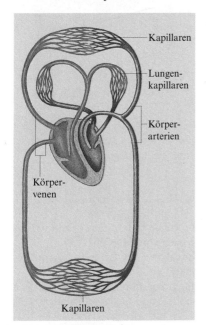

Schema des Blutgefäßsystems mit Körper- und Lungenkreislauf

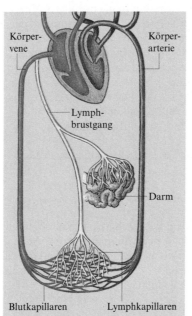

Verbindung von Blutgefäßsystem und Lymphgefäßsystem

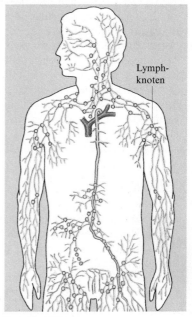

Lymphgefäßsystem

**Herz- und Kreislauferkrankungen.** Der Alltag stellt hohe Anforderungen an die Anpassungsfähigkeit des Herz- und Kreislaufsystems. Ruhephasen wechseln mit Belastungsphasen wie körperliche Arbeit, Sport und Treppensteigen. Bei körperlicher Anstrengung ist der Sauerstoff- und Nährstoffverbrauch wesentlich höher als in der Ruhephase. Die inneren Organe und Muskeln werden besser durchblutet, das Herz schlägt schneller, die Kapillaren erweitern sich. An der Zunahme der Pulsschläge und einer verstärkten Hautrötung ist das leicht feststellbar.

Nur ein gesundes und trainiertes Gefäßsystem kann diesen Ansprüchen gerecht werden. Bewegungsmangel, ungesunde Ernährung und Missbrauch von Genussmitteln führen bei vielen Menschen zu krankhaften Veränderungen der Arterien. Ablagerungen von Fetten und Mineralien an den Gefäßwänden verengen die Arterien. Gleichzeitig verlieren sie ihre Elastizität. Dadurch können sie sich dem Blutstrom und dem Blutdruck nicht mehr ausreichend anpassen. Gefäßverkalkungen, Bluthochdruck, Schlaganfall und Herzinfarkt treten dann besonders häufig auf.

Das Risiko einer Arterienerkrankung kann jedoch durch regelmäßige körperliche Aktivität sowie fettarme und vitaminreiche Kost vermindert werden.Häufig kann bei verengten Herzkranzgefäßen nur noch durch einen operativen Eingriff geholfen werden.

**Blutgruppen.** Beim Menschen sind über 20 verschiedene Blutgruppensysteme bekannt. Für die Bluttransfusion ist das AB0-System mit den vier Blutgruppen A, B, AB und Null besonders wichtig. Sie unterscheiden sich voneinander durch das Vorhandensein unverträglicher Stoffe, die sich auf der Oberfläche der roten Blutzellen und im Blutplasma befinden. Wird einem Empfänger blutgruppenfremdes Blut übertragen, kann es zur Verklumpung der roten Blutzellen kommen. Das kann lebensgefährlich sein. Deshalb muss vor einer Übertragung genau untersucht werden, ob das Spenderblut für den Empfänger verträglich ist.

> Menschen haben einen geschlossenen Blutkreislauf, der aus Körper- und Lungenkreislauf besteht. Durch das Pumpen des Herzens wird der Blutstrom zeitlebens angetrieben. Arterien, Venen und Kapillaren sind Blutgefäße mit unterschiedlichem Bau und spezifischen Funktionen.
> Kontinuierliche körperliche Aktivität trainiert das Herz-Kreislaufsystem und erhält seine Leistungsfähigkeit.
> Die Lymphe entsteht im Bereich der Blutkapillaren. Sie bewirkt den Stofftransport zwischen Körperzellen und Kapillaren.
> Lymphknoten filtern Antigene aus der Lymphflüssigkeit heraus und machen sie unschädlich.

## Schon gewusst?

Der Puls entspricht der Schlagfolge des Herzens (der Herzfrequenz). Beim Neugeborenen beträgt sie etwa 130 bis 140 Schläge in der Minute, beim Kind 90, beim Erwachsenen etwa 60 bis 80. Werte von 200 und mehr Schlägen je Minute können bei sportlichen Höchstleistungen und schweren körperlichen Anstrengungen gemessen werden.

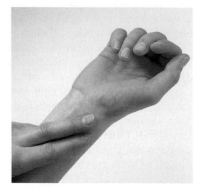

Pulsfühlen am Handgelenk

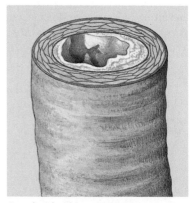

Arterie mit Ablagerungen

## AUFGABEN

1. Zähle eine Minute lang die Anzahl deiner Pulsschläge bei Körperruhe! Hüpfe anschließend eine Minute auf der Stelle und überprüfe den Puls nochmals! Vergleiche und erläutere die Ergebnisse!
   Vergleiche auch mit dem Wert, den du nach 10 Minuten Körperruhe ermittelst!
2. Beschreibe die Veränderungen einer roten Blutzelle auf ihrem Weg von der Lungenvene bis zu einer Beinkapillare und zurück bis in die Lungenarterie!
3. Durch welche Merkmale in Bau und Funktion unterscheiden sich Venen von Arterien?
4. Erläutere die Aufgaben von Lymphe, Lymphgefäßen und Lymphknoten!
5. Schlage Maßnahmen vor, durch die das Risiko von Herz- und Kreislauferkrankungen vermindert werden kann!
6. Zeichne einen Längsschnitt durch das menschliche Herz, beschrifte die Herzabschnitte und Blutgefäße!

# In unseren Zellen werden Stoffe auf- und abgebaut

**Zellen sind Reaktionsräume.** Der menschliche Körper besteht aus rund 50 Billionen mikroskopisch kleiner Zellen. Ein kleines Gewebestück von der Größe eines Würfelzuckers besteht aus etwa 250 Millionen Zellen. Ihre Gestalt ist – entsprechend ihren jeweiligen Funktionen – sehr unterschiedlich, trotzdem gibt es Merkmale, die allen gemeinsam sind.

Alle Lebensvorgänge vollziehen sich in diesen Zellen, den kleinsten funktionellen Einheiten der Gewebe und Organe. Jede Zelle verfügt über mehrere Reaktionsräume, sodass zur gleichen Zeit verschiedene biochemische Vorgänge räumlich isoliert ablaufen können.

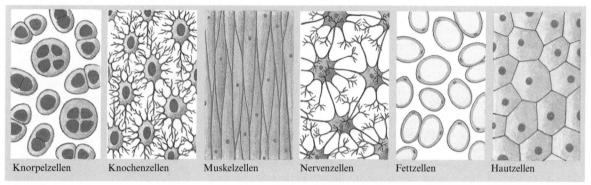

| Knorpelzellen | Knochenzellen | Muskelzellen | Nervenzellen | Fettzellen | Hautzellen |

Menschliche Zellen

**Aufbau körpereigener Stoffe (Assimilation).** Durch Transportsysteme gelangen körperfremde Bestandteile aus der Nahrung zu den Zellen. Daraus entstehen durch Stoffwechselprozesse körpereigene Kohlenhydrate, Fette und Eiweiße. Diese Prozesse werden von Enzymen gesteuert.

Für den Stoffaufbau ist Energie erforderlich, die in den „Kraftwerken" der Zellen, den Mitochondrien, aus energiereichen Stoffen freigesetzt wird. Die Mitochondrien sind kleine abgeschlossene Reaktionsräume, die ganz spezifische Aufgaben in der Zelle erfüllen.

Jeder einzelne Teilschritt des Aufbaus körpereigener Stoffe kann nur unter Energiezufuhr vollzogen werden. Die gebildeten körpereigenen Stoffe sind daher energiereicher als ihre Bausteine. Über verschiedene Zwischenstufen können so in den Zellen aus vielen Glucosemolekülen energiereichere Kohlenhydrate aufgebaut werden.

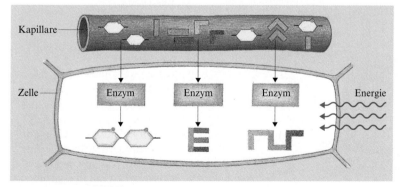

Bildung körpereigener Stoffe (Assimilation)

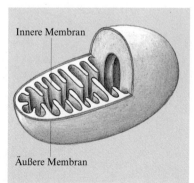

Mitochondrium

Aus Aminosäuren bilden Zellen ihre eigenen Eiweiße und aus Glycerin und Fettsäuren eigene Fette. Die Gesamtheit dieser Aufbauprozesse wird als Assimilation bezeichnet.

Werden, wie bei Tieren und Menschen, organische Stoffe als Nahrung aufgenommen und in körpereigene umgewandelt (assimiliert), dann spricht man von heterotropher Assimilation. Pflanzen hingegen nehmen bei der autotrophen Assimilation anorganische Stoffe und Lichtenergie auf.

Die vom Körper gebildeten Kohlenhydrate, Fette und Eiweiße unterscheiden sich im Molekülaufbau meist wesentlich von den in der Nahrung enthaltenen Nährstoffen. In den Zellstoffwechsel werden sie sehr unterschiedlich eingepasst. Eiweiße sind hauptsächlich für den Aufbau von Zellbestandteilen und zur Bildung neuer Zellen erforderlich. Täglich werden zum Beispiel Millionen roter Blutzellen gebildet, die zu einem großen Anteil aus Eiweiß bestehen.

**Speicherstoffe.** Kohlenhydrate und Fette sind besonders energiereich und dienen deshalb als Energielieferanten. Wenn der Körper die Stoffe nicht sofort verbrauchen kann, lagert er sie als Speicherstoffe ein. Sie sind dann bei Bedarf verfügbar. Ein Reservekohlenhydrat der Tiere und des Menschen ist das Glykogen. Es wird in der Muskulatur und in der Leber gespeichert. Für den Aufbau eines einzigen Glykogenmoleküls werden etwa 10 000 Glucosemoleküle als Bausteine benötigt. Weil das Glykogen in seinem Grundaufbau der pflanzlichen Stärke sehr ähnlich ist, wird es auch als „tierische Stärke" bezeichnet. Glykogen kann durch Enzyme in Glucose zerlegt und so in den Energiestoffwechsel einbezogen werden. Manche Zellen sind in der Lage, aus Kohlenhydraten Fette aufzubauen.

**Abbau körpereigener Stoffe (Dissimilation).** Parallel zum Aufbau von Stoffen finden in der Zelle auch ständig Abbauprozesse statt. Insbesondere Kohlenhydrate und Fette werden unter Mitwirkung von Enzymen und Bindung von Sauerstoff in vielen aufeinander folgenden Teilreaktionen in den Mitochondrien abgebaut.

Mitochondrien sind ovale Zellbestandteile (Zellorganellen) mit zwei Membranen. Die innere Membran bildet durch Faltung und Einstülpungen eine große Oberfläche, was für die Wirksamkeit der ablaufenden Reaktionen günstig ist. In ihr befinden sich auch die Enzyme.

Der Sauerstoff reagiert nicht direkt mit den Kohlenhydraten und Fetten. Diese werden zuvor schrittweise in ihre Bausteine zerlegt (z. B. Stärke in Glucose). Der Abbau der Glucose erfolgt dann ebenfalls in mehreren Teilreaktionen, wobei die Energie nach und nach freigesetzt wird.

Skelettmuskulatur (quergestreifte Muskulatur). In Muskeln wird chemische Energie in Bewegungsenergie umgewandelt.

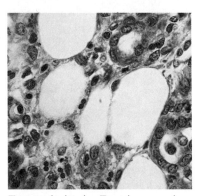

Fettgewebe ist eine Energiereserve des Körpers und schützt vor Wärmeverlust.

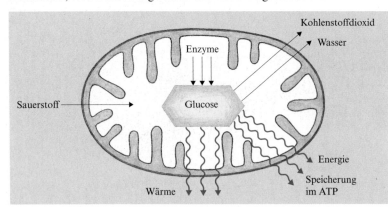

Schema der Energiefreisetzung in einem Mitochondrium

## AUFGABEN

1. Vergleiche den Stoffaufbau und den Stoffabbau in Form einer Tabelle!
2. Erläutere die Bedeutung von Speicherstoffen für Lebewesen und nenne dafür Beispiele aus dem Tier- und Pflanzenreich!
3. Warum können Ausdauersportarten zur Gewichtsregulierung beitragen? Was geschieht bei der Muskelarbeit mit den körpereigenen Stoffen?

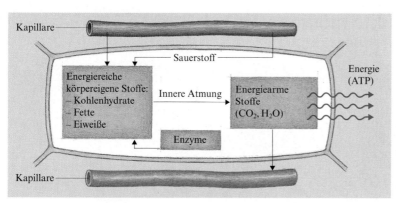

Schema des Abbaus körpereigener Stoffe (Dissimilation)

Da die Steuerung dieser Oxidationsprozesse durch Enzyme erfolgt, können sie sogar bei den in Zellen herrschenden niedrigen Temperaturen optimal ablaufen. Außerdem regulieren Enzyme die Oxidation so, dass die Energie nicht plötzlich, sondern allmählich freigesetzt wird. Am Abbau der Glucose in den Zellen sind 15 verschiedene Enzyme beteiligt. Jedes dieser Enzyme greift an einer ganz bestimmten Stelle in den Abbauprozess ein. Die Oxidationsprozesse in den Zellen werden auch als innere Atmung (biologische Oxidation) bezeichnet.

Endprodukte der inneren Atmung sind neben der Energie die energiearmen Stoffe Wasser und Kohlenstoffdioxid, die mit dem Blut zu den Ausscheidungsorganen gelangen. Nur ein Teil der freigesetzten Energie kann in den Zellen von einem organischen Stoff, dem ATP, gespeichert werden, ein anderer Teil wird als Wärme an die Umwelt abgegeben. ATP ist die Abkürzung für eine Phosphatverbindung, das Adenosintriphosphat. Dieser Stoff vermag die Energie nicht nur zu speichern, sondern kann sie auch für andere Prozesse (z. B. Stoffaufbau, Muskelarbeit) freisetzen.

Beim Abbau von Eiweißen, zum Beispiel aus den überalterten roten Blutzellen, fällt neben geringeren Energiemengen auch das Zellgift Ammoniak an. Es wird von der Leber in weniger schädlichen Harnstoff umgewandelt und zum größten Teil mit dem Urin ausgeschieden.

**Zusammenhang von Stoffaufbau und Stoffabbau.** Wenn wir die täglichen Nahrungsmengen den Belastungen des Körpers anpassen, dann würde unser Gewicht über lange Zeit mehr oder weniger konstant bleiben. Wer beispielsweise zu viel isst oder gerne nascht, muss sich mehr bewegen, um überschüssige Stoffe bei der Energiefreisetzung abzubauen. Sonst können sie in Form von Fettgewebe zum Problem werden (Übergewicht). Wenn wir uns bewegen, arbeiten unsere Skelettmuskeln. Sie ziehen sich zusammen und verkürzen sich. Während dieser Arbeitsleistung wird die chemische Energie aus organischen Stoffen in Bewegungsenergie und Wärme umgewandelt. Wie in jeder Körperzelle erfolgt auch in den Muskelzellen die Energieumwandlung durch innere Atmung. Hauptenergielieferant im Muskel ist das stärkeähnliche Kohlenhydrat Glykogen. Es wird zu Glucose aufgespalten, die unter Zufuhr von Sauerstoff zu Kohlenstoffdioxid und Wasser abgebaut wird.

Die beim Glucoseabbau frei werdende Energie nutzt die Zelle zunächst zum Aufbau des energiereichen ATP. Erst durch weitere Stoffwechselprozesse können etwa 30 % dieser Energie in Muskelarbeit umgesetzt werden. Der größere Teil der Energie dient der Erhaltung der Körpertemperatur oder wird als Wärme an die Umgebung abgegeben.

## Schon gewusst?

Eine Besonderheit der Oxidationsprozesse kann bei einigen Tieren, Pilzen und Bakterien beobachtet werden. Durch die Reaktion von Leuchtstoffen (Luciferine) mit Sauerstoff unter Mitwirkung des Enzyms Luciferase und von ATP kommt es zum Leuchten.
Bekannt ist dies unter anderem vom Glühwürmchen, einem Leuchtkäfer. Die 5,5 bis 18 mm großen Tiere haben Leuchtorgane. Zur Fortpflanzungszeit locken die Weibchen mit dem grünlichen Licht die Männchen an.

Leuchtkäferweibchen

Im Meer leben Leuchtbakterien frei oder in Symbiose mit Kopffüßern und Tiefseefischen in deren Leuchtorganen.

Sportler benötigen viel Energie.

# Stoffwechselendprodukte müssen vom Körper abgegeben werden

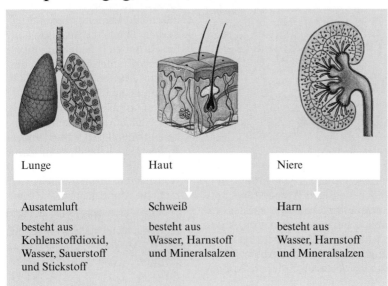

| Lunge | Haut | Niere |
|---|---|---|
| Ausatemluft | Schweiß | Harn |
| besteht aus Kohlenstoffdioxid, Wasser, Sauerstoff und Stickstoff | besteht aus Wasser, Harnstoff und Mineralsalzen | besteht aus Wasser, Harnstoff und Mineralsalzen |

Übersicht zur Ausscheidung von Stoffwechselendprodukten

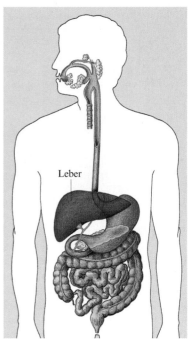

Bauchraum des Menschen mit Leber und anderen inneren Organen

**Stoffwechselendprodukte.** Durch den Stoff- und Energiewechsel entstehen in den Zellen auch Stoffe, die für den Körper nicht nutzbar bzw. in bestimmten Mengen sogar giftig sind. Zu solchen Stoffwechselendprodukten gehören beispielsweise Kohlenstoffdioxid, Harnstoff und verschiedene Salze. Bei Anreicherung dieser Stoffe in den Zellen würde sich die Zusammensetzung des Zellinhaltes verändern, eine Störung des Zellstoffwechsels wäre dann unvermeidbar.

Die Lebensfunktionen können nur dann geregelt ablaufen, wenn nicht verwertbare Stoffwechselendprodukte aus den Zellen entfernt werden. Durch die Oxidation der Kohlenhydrate und Fette fallen in den Zellen kontinuierlich Kohlenstoffdioxid und Wasser als Abfallprodukte an. Der größte Teil des Kohlenstoffdioxids verlässt den Körper über die Atmungsorgane. Die Abbauprodukte von Eiweißen können jedoch schädlich auf die Zellen einwirken. Neben Kohlenstoffdioxid und Wasser entsteht beim Eiweißabbau in geringer Menge das Zellgift Ammoniak. Es wird sehr rasch von den Zellen an das Blut bzw. an die Lymphe abgegeben und zur Leber transportiert. Dort wird es in eine ungiftige Verbindung umgewandelt.

**Entgiftungs- und Speicherorgan Leber.** Die Leber liegt unter dem Zwerchfell im rechten oberen Bauchraum. Sie ist mit einer Masse von etwa 1,5 kg die größte Drüse des Menschen. In diesem Entgiftungsorgan wird Ammoniak zu Harnstoff umgewandelt, der dann ebenfalls in die Blutbahn gelangt. Auch andere für den Körper giftige Stoffe (z. B. Alkohol, Medikamente) werden durch die Leber aus dem Blut entfernt. Wenn die Leber mit solchen für sie schädlichen Stoffen überlastet wird, kann dies zu schweren Erkrankungen (z. B. Schrumpfleber) führen.

Die Leber baut die nicht mehr funktionstüchtigen roten Blutzellen ab und bildet den für die Fettverdauung wichtigen Gallensaft. Außerdem werden in der Leber Monosaccharide in Glykogen umgewandelt, das als Reservestoff in diesem Organ gespeichert wird.

## Schon gewusst?

Pflanzen scheiden in viel geringerem Maße als Tiere und Menschen Stoffwechselendprodukte aus. So sind sie beispielsweise in der Lage, einen Teil des bei der Atmung entstehenden Kohlenstoffdioxids wieder zu verwenden. Andere Stoffe lagern sie in ihren Geweben ab.

Darüber hinaus besitzen die Pflanzen vieler Arten Drüsen, durch die sie zum Beispiel Wasser oder auch Nektar (einen zuckerhaltigen Saft) ausscheiden.

**Nieren.** Die paarigen Nieren liegen rechts und links unterhalb der Lendenwirbelsäule. Sie sind sehr leistungsfähige Organe. Unser gesamtes Blut durchfließt täglich etwa dreihundertmal die Nieren, das entspricht einem Volumen von etwa 1700 Litern. Im Verlauf der Harnbildung wird das Blut in den Nieren von schädlichen Stoffwechselendprodukten, darunter besonders vom Harnstoff, befreit. Außerdem regulieren die Nieren die Konzentration von Stoffen im Blut. Da sie Stoffe ausscheiden, die bei ihrem Verbleib den Körper vergiften würden, führte noch vor wenigen Jahrzehnten der Ausfall der Nieren zum Tod des Erkrankten.

**Bau der Harnorgane.** Zu den Harnorganen gehören außerdem zwei an den Nieren ansetzende Harnleiter, eine Harnblase zur Harnspeicherung und eine nach außen mündende Harnröhre.
Eine gesunde Niere hat eine Masse von 120 bis 200 g. Sie ist etwa 12 cm lang, 6 cm breit und 3 bis 4 cm dick. Im Längsschnitt erkennt man deutlich einen Hohlraum, das Nierenbecken. Dort wird der Harn gesammelt und kontinuierlich an den Harnleiter abgegeben. Eine Niere enthält etwa eine Million winziger Nierenkörperchen. Jedes Nierenkörperchen mündet in ein Nierenkanälchen.

**Harnbildung.** In den Nierenkörperchen und Nierenkanälchen erfolgt die Harnbildung. Zu jeder Niere führt ein starkes Blutgefäß, die Nierenarterie, die sich in den Nierenkörperchen zu feinsten Kapillaren aufspaltet und auch als Kapillarnetz die Nierenkanälchen umspinnt.
Aus den Kapillaren dringt Wasser mit darin gelösten Stoffen durch die Poren der dünnen Wände und die Wand des Nierenkörperchens – ähnlich wie durch einen Filter – in die Nierenkanälchen. In der Flüssigkeit befinden sich Glucose, Harnstoff, Vitamine, Mineralsalz-Ionen und andere Stoffe. Die Eiweiße werden jedoch im Blut zurückgehalten. Täglich werden in den Nieren bis zu 200 l Filtrat, der Primärharn, gebildet.
Durch Wiederaufnahme von Stoffen in das Blut wird der Primärharn auf dem Weg durch die Nierenkanälchen verändert. Ein Großteil des Wassers und der für die Erhaltung des Körpers wichtigen Stoffe (z. B. Glucose, viele Mineralsalz-Ionen) wird wieder zurückgewonnen. So entstehen in 24 Stunden allmählich 1,5 bis 2 l konzentrierter Endharn. Auf die täglich ausgeschiedene Gesamtmenge bezogen enthält er etwa 30 bis 40 g Harnstoff und 8 g Mineralsalze. Außerdem können geringe Mengen anderer Stoffe (z. B. Medikamente) enthalten sein.

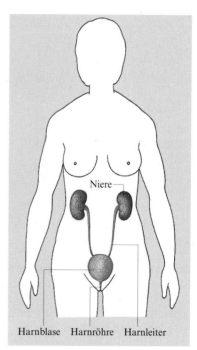

Lage der Harnorgane

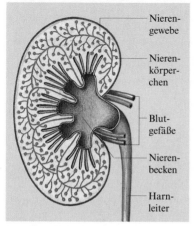

Bau der Niere

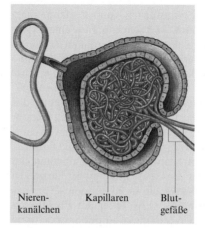

Bau eines Nierenkörperchens

## Schon gewusst?

Die Tagesmenge der Harnabsonderung richtet sich nach der aufgenommenen Flüssigkeitsmenge, der Zusammensetzung der Nahrung, der Bewegung und der Schweißabsonderung.
Beim Menschen beträgt sie 1,5 bis 2 l, beim Pferd 5 bis 10 l, beim Schwein 3 bis 7 l, beim Rind 10 bis 20 l.

Der Harn der Vögel besteht fast nur aus Harnsäure, die im Kot als weißliche Masse sichtbar ist.

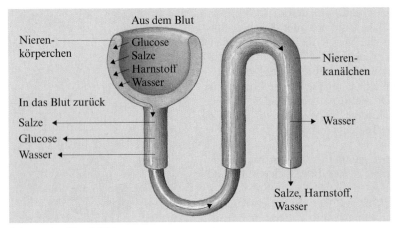

Schema der Harnbildung

**Erkrankungen der Harnorgane.** Anormale Verfärbung des Harns ist meist, Blut im Harn dagegen immer Anzeichen einer ernsthaften Erkrankung der Harnorgane, die vom Arzt behandelt werden muss. Harnanalysen geben Auskunft über den Gesundheitszustand eines Menschen, beispielsweise über Entzündungen oder das Vorliegen einer Zuckerkrankheit (Diabetes mellitus). Als Folge von Unterkühlungen oder schweren Erkältungskrankheiten treten häufig schmerzhafte Entzündungen der Harnorgane auf. Sie müssen ärztlich behandelt werden, da sonst schwere Schädigungen der Nieren zurückbleiben können.

Sehr starke krampfartige Schmerzen können durch Nierensteine verursacht werden. Diese entstehen völlig unbemerkt über einen langen Zeitraum aus Salzen, die normalerweise im Harn gelöst sind, aber auch Kristalle bilden können. Bleiben Nierensteine bei der Ausscheidung des Harns beispielsweise im Harnleiter stecken, dann lösen sie quälende Koliken aus. Nur in Einzelfällen ist eine Operation notwendig. Die Mehrzahl der Steine kann mit Unterstützung von harntreibenden Medikamenten, reichlicher Flüssigkeitszuführung und speziellen Bewegungsübungen ausgeschieden werden. Möglich ist auch eine Zertrümmerung großer Steine mittels Stoßwellen. Die kleineren Bruchstücke gelangen dann mit dem Harn über den Harnleiter und die Blase nach außen.

**Dialyse und Nierentransplantation.** Sollte durch Erkrankung doch einmal eine Niere ihre Funktionen nicht mehr ausführen können, dann übernimmt die andere Niere ihre Aufgaben mit. Menschen mit nur einer Niere können durchaus ein normales Leben führen. Lebensbedrohlich ist jedoch der Ausfall beider Nieren. Der Erkrankte muss dann an eine künstliche Niere angeschlossen werden. In einer Dialysestation oder mit einem transportablen Gerät werden die Stoffwechselendprodukte mehrmals wöchentlich aus seinem Blut herausgefiltert. Die künstliche Reinigung des Blutes wird als Dialyse bezeichnet. Die Behandlung ist sehr aufwendig und belastet den Patienten sehr. Deshalb wird immer häufiger versucht, dem Kranken durch das Verpflanzen einer fremden Niere (Nierentransplantation) zu helfen. Bei der Nierentransplantation wird operativ die Niere eines Spenders in den Körper des Patienten eingepflanzt. In Deutschland und auch anderswo sind Nieren die am häufigsten verpflanzten Organe. Nicht selten spendet ein naher Verwandter des Erkrankten eine seiner Nieren, weil dann eine hohe Verträglichkeit der Spenderniere mit dem Körper des Empfängers gegeben ist.

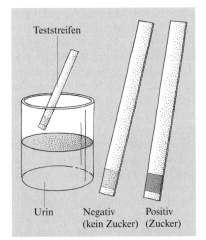

Test zur Früherkennung der Zuckerkrankheit

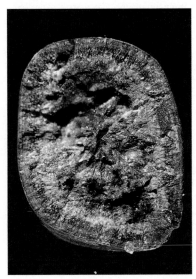

Inneres eines Nierensteins

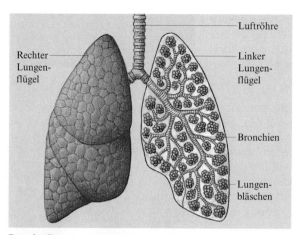

Bau der Lunge

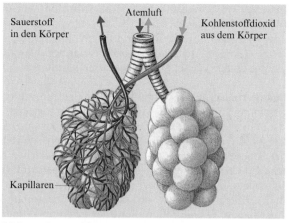

Mehrere Lungenbläschen mit Blutkapillaren

**Ausscheidungsorgan Lunge.** Beim Abbau energiereicher körpereigener Stoffe fallen für den Körper schädliche Stoffwechselendprodukte an, die ständig an die Umwelt abgegeben werden müssen. Zu diesen Stoffen gehört auch das Gas Kohlenstoffdioxid. Es wird von der Lunge zusammen mit der ausgeatmeten Luft ausgeschieden.

**Äußere Atmung.** In einer Stunde holen wir durchschnittlich 900-mal Luft. Im Ruhezustand werden während eines einzigen Atemzuges 0,5 l Luft ein- bzw. ausgeatmet. Bei maximaler Atmung kann das Volumen auf 2,5 l erhöht sein. Das maximale Atemvolumen ist die Vitalkapazität.
Gesteuert wird die Atmung durch Atemzentren, die im Hirnstamm und im verlängerten Mark liegen. Sie werden besonders von der Höhe des Kohlenstoffdioxidgehaltes im Blut beeinflusst. In der Lunge erfolgt die äußere Atmung, die Aufnahme von Sauerstoff aus der eingeatmeten Luft und die Abgabe von Kohlenstoffdioxid an die Ausatemluft.
Die eingeatmete Luft enthält etwa 21 % Sauerstoff, 0,03 % Kohlenstoffdioxid und 78 % Stickstoff. Die Ausatemluft enthält nur noch 16 bis 17 % Sauerstoff, aber rund 3,5 % Kohlenstoffdioxid. Der Anteil an Stickstoff bleibt weitgehend konstant.
Wie erfolgt nun der Gasaustausch in den Lungenbläschen? Die sehr dünnen Wände der Lungenbläschen sind sehr eng mit einem weit verzweigten Netz von Kapillaren umsponnen. Die Gesamtlänge dieser Kapillaren wird auf etwa 2 000 km geschätzt.
Eine ausreichende Sauerstoffaufnahme in der Lunge ist gesichert, weil das Blut mit einer großen Lungenfläche in Kontakt treten kann. Das wird durch die etwa 400 bis 500 Millionen Lungenbläschen erreicht, die insgesamt eine Oberfläche von mehr als 100 m² haben. Außerdem ist im Vergleich zu den großen Arterien die Strömungsgeschwindigkeit der roten Blutzellen in den Kapillaren sehr stark herabgesetzt. Dadurch ist ein längerer Kontakt mit den Lungenbläschen (etwa 0,4 s) möglich. Der Sauerstoff diffundiert nun durch die feuchten dünnen Wände der Lungenbläschen und Kapillaren in das Blut, weil dort die Sauerstoffkonzentration beträchtlich niedriger als in der eingeatmeten Luft ist. Ebenfalls durch Diffusion gelangt Kohlenstoffdioxid aus dem Blutplasma in die Lungenbläschen. Bei der Diffusion bewegen sich die Gase stets vom Ort der höheren zum Ort der niedrigeren Konzentration. Die Diffusionsgeschwindigkeit der Gase ist relativ gering. Auch deshalb ist die große Lungenoberfläche für eine ausreichende Sauerstoffaufnahme wichtig.

| Menge der von einem Menschen je Minute eingeatmeten Luft | |
|---|---|
| Tätigkeit | Liter |
| In Ruhe | 5 bis 8 |
| Beim Wandern | 14 bis 18 |
| Beim Sportwettkampf | 50 bis 100 |

## AUFGABEN

1. Erläutere die Bildung des Harns in den Nierenkörperchen und Nierenkanälchen!
2. Worüber können Harnuntersuchungen Auskunft geben?
3. Schneide eine Schweineniere längs auf und vergleiche mit der Abbildung auf Seite 61!
4. Die Organentnahme zur Transplantation kurz nach dem Hirntod eines Menschen wirft viele ethische Fragen auf. Diskutiere mit deinen Mitschülern über diese Problematik und bilde dir einen eigenen Standpunkt! Sprich darüber auch mit Familienangehörigen!

Eine weitere Voraussetzung für die Diffusion sind die feuchten Wandflächen der Lungenbläschen. Der Feuchtigkeitsfilm wird ständig von aus dem Blut stammendem Wasser erneuert. Ein Teil des Wassers diffundiert in die Lungenbläschen und wird ausgeatmet. Deshalb enthält die Ausatemluft mehr Wasser als die eingeatmete Luft.

**Innere Atmung.** Der Sauerstoff wird in den roten Blutzellen vom Hämoglobin gebunden. Dieses wird so zu Oxyhämoglobin, das mit dem Blutstrom in alle Körperteile gelangt. Für die Lebensprozesse wird in den Zellen ständig Energie benötigt. Durch biochemische Reaktionen, an denen der Sauerstoff beteiligt ist, wird in den energiereichen Nährstoffen enthaltene Energie freigesetzt. Dabei entsteht Kohlenstoffdioxid, das mit dem Blut zur Lunge transportiert und ausgeatmet wird. Da die innere Atmung in den Zellen stattfindet, wird sie auch als Zellatmung bezeichnet. Ausgangsstoffe und Endprodukte der innereren Atmung:

$$\text{Glucose + Sauerstoff} \longrightarrow \text{Kohlenstoffdioxid + Wasser + Energie}$$

**Erste Hilfe bei Atemstillstand.** Durch Unfälle oder bestimmte Erkrankungen kann ein plötzlicher Atemstillstand eintreten. In solchen Situationen muss ganz schnell gehandelt werden, denn schon ein Sauerstoffmangel von wenigen Minuten führt oft zu schweren Hirnschäden.
Die wirksamste Methode gegen Atemstillstand ist die Atemspende. Dabei wird dem Erkrankten über die Mund-zu-Mund-Beatmung oder die Mund-zu-Nase-Beatmung die Ausatemluft des Helfenden eingeblasen. Da die Ausatemluft noch etwa 16 bis 17,5 % Sauerstoff enthält, kann durch diese Methode der Notbeatmung die Zeit bis zum Eintreffen des Arztes lebensrettend überbrückt werden.

Abgabe von Wasserdampf beim Ausatmen

1. Wenn erforderlich, den Verletzten in die stabile Seitenlage bringen und mit einem Tuch oder den Fingern vorsichtig die Atemwege von Erbrochenem befreien!

2. Bei Atemstillstand (keine Bewegungen des Brustkorbes spürbar) den Verletzten dann in die Rückenlage bringen und den Kopf vorsichtig in Richtung Nacken dehnen!

3. Durch die Nase Luft einpressen, sodass sich der Brustkorb gleichmäßig hebt und senkt. Dabei den Mund des Verletzten mit einer Hand verschließen! Das Einpressen der Luft wird 15- bis 20-mal je Minute rhythmisch wiederholt. Der Helfer hebt dabei seinen Mund an und atmet selbst tief ein, erst dann erfolgt die Beatmung des Verletzten.

## AUFGABEN

1. Erläutere den Vorgang der äußeren Atmung!
2. Erkläre den Zusammenhang zwischen der Größe der Lungenoberfläche und der Intensität des Gasaustausches!
3. Was geschieht mit dem Sauerstoff in den Körperzellen?
4. Vergleiche äußere und innere Atmung!
5. Welche Maßnahmen zur ersten Hilfe sind bei Atemstillstand erforderlich?

# Wir weisen Sauerstoff und Kohlenstoffdioxid in der Luft nach

**Weise den unterschiedlichen Gehalt an Sauerstoff in frischer und ausgeatmeter Luft nach!**

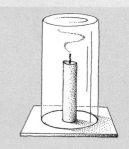

1. Befestige eine Kerze auf einer Unterlage und zünde sie an! Stülpe ein Becherglas über die Kerze! Die Kerze erlischt, wenn der Sauerstoff im Becherglas verbraucht ist.

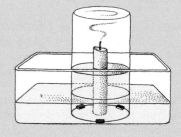

2. Befestige eine brennende Kerze in einem Glasgefäß mit angefärbtem Wasser und stülpe ein Becherglas darüber. Die Kerze erlischt, wenn der Sauerstoff im Becherglas verbraucht ist. Es steigt so viel Wasser in das Becherglas, wie vorher Sauerstoff darin enthalten war. Berechne den prozentualen Anteil des Wassers im Becherglas und vergleiche mit dem Anteil des Sauerstoffs in der Luft!

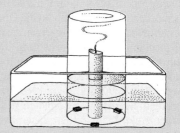

3. Ein Becherglas wird in einer pneumatischen Wanne mit ausgeatmeter Luft gefüllt, mit einer Glasscheibe verschlossen und rasch über eine brennende Kerze gestülpt.
   Nach dem Erlöschen der Kerze steigt das Wasser in dem Becherglas nicht so hoch wie im Versuch mit der unverbrauchten Luft.
   Erkläre diese Erscheinung!

**Weise Kohlenstoffdioxid in ausgeatmeter Luft nach!**

1. Blase langsam und vorsichtig Ausatemluft in ein Reagenzglas mit etwas klarem Kalkwasser! Danach ist ein weißer Niederschlag zu beobachten. Kohlenstoffdioxid hat mit dem Kalkwasser zu Calciumcarbonat reagiert.
   Kohlenstoffdioxid kann demnach mit Kalkwasser (wässrige Calciumhydroxidlösung) nachgewiesen werden.

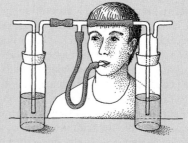

2. Atme entsprechend der abgebildeten Versuchsanordnung durch das Mundstück langsam und vorsichtig (keine Lösung dabei ansaugen!) so ein und aus, dass durch die linke Gaswaschflasche die einzuatmende Luft (dabei die rechte Flasche verschließen), durch die rechte Gaswaschflasche die ausgeatmete Luft strömt (dabei die linke Flasche verschließen). In beiden Gefäßen befindet sich frisches Kalkwasser. Beobachte und erkläre die unterschiedlich starke Trübung der Lösungen in den Gaswaschflaschen!

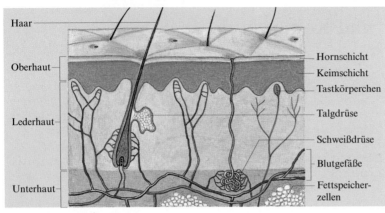

Bau der menschlichen Haut

Schleimhaut (innere Haut)

**Ausscheidungsorgan Haut.** Die Haut ist nicht nur eine strapazierfähige lebende Hülle, die unseren Körper nach außen hin umgibt, sich ständig selbst erneuert und trotzdem allmählich altert. Sie ist auch ein Ausscheidungsorgan und hat noch mehrere weitere Funktionen.

**Äußere Haut.** Beim Erwachsenen beträgt die Oberfläche der äußeren Haut etwa 2 m². Sie besteht aus drei Schichten. Die äußere Schicht, die Oberhaut, besteht aus der Keimschicht und der darüber liegenden Hornschicht. Sie ist etwa 1 mm stark. In der Keimschicht entstehen ständig neue Zellen, die allmählich an die Oberfläche gelangen, absterben und verhornen. Nach und nach ersetzen sie die Zellen der Hornschicht, die durch die mechanische Beanspruchung unserer Haut abgenutzt wurden. Die Keimschicht bildet auch die Hautpigmente, die unseren Körper vor zu starker Sonneneinstrahlung, insbesondere der ultravioletten Strahlung im Sonnenlicht schützen. Beim Menschen besteht das Hautpigment aus dem Farbstoff Melanin. In Gebieten mit stärkerer Sonneneinstrahlung (z. B. Afrika, Australien) enthält die Haut der einheimischen Bevölkerung einen höheren Anteil an Hautpigmenten. Dies bedingt einen besseren Sonnenschutz und auch eine dunklere Hautfarbe.

Die mittlere Schicht, die Lederhaut, besteht aus netzartig verbundenen Bindegewebsfasern. Sie machen die Haut fest und elastisch. Die Lederhaut ist von zahlreichen Blutgefäßen durchzogen, die über kleine kegelförmige Hautpapillen Kontakt zur Oberhaut halten und diese mit Sauerstoff und Nährstoffen versorgen. Unter der Lederhaut befindet sich die Unterhaut. Das in der Unterhaut enthaltene Fett schützt die darunter liegenden Muskeln und Organe vor Stoßverletzungen. Außerdem bildet es eine Fettreserve und einen Wärmeschutz. Da Fett die Wärme schlecht leitet, verringert es die Wärmeabgabe des Körpers an die Umgebung.

**Innere Haut.** An den Körperöffnungen geht die äußere Haut in eine innere Haut, die Schleimhaut, über. Die dünnen feuchten Schleimhäute bedecken und schützen die Innenräume zum Beispiel des Magen-Darm-Kanals, der Atmungsorgane und der Fortpflanzungsorgane. Im Vergleich zur äußeren Haut sind Schleimhäute wesentlich einfacher gebaut.

Wie der Name schon vermuten lässt, befinden sich in den Schleimhäuten zahlreiche Schleimdrüsen. Der von ihnen gebildete Schleim wirkt als Gleitmittel, zum Beispiel für den Transport des Nahrungsbreis. Außerdem schützt er die Schleimhäute vor aggressiven Stoffen und mechanischen Verletzungen. Schleimhäute werden durch Zellteilungen schnell erneuert.

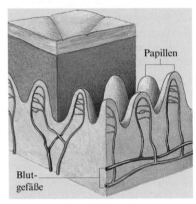

Hautpapillen der Lederhaut

## Schon gewusst?

Alkohol, Nikotin, zu kalte oder zu heiße Speisen und Getränke können Entzündungen, Geschwüre oder auch Krebserkrankungen der Schleimhäute verursachen.

Sommersprossen entstehen durch ungleichmäßige Verteilung von Hautpigmenten.

Da die Schleimhäute für gelöste Stoffe durchlässig sind, finden über sie die Aufnahme und der Austausch von Nährstoffen, Wasser, Atemgasen, Mineralsalzen und anderen Stoffen statt. In den Schleimhäuten können sich auch Sinneszellen befinden, die auf Geruchs- und Geschmacksstoffe reagieren sowie auch Temperatur- und Schmerzreize aufnehmen.

**Regulierung der Körpertemperatur.** Die Haut hat einen wesentlichen Anteil an unserer Körpertemperatur von etwa 37 °C. Steigt die Körpertemperatur zum Beispiel durch hohe Außentemperaturen oder Muskelarbeit über 37 °C, dann weiten sich die Blutgefäße der Haut. So kann eine größere Menge Blut in die Haut einströmen und Wärme an die Umgebung abgeben. Beim Absinken der Körpertemperatur verengen sich die Blutgefäße. Die Durchblutung und damit auch die Wärmeabgabe werden reduziert. Außerdem wird die innere Atmung gesteigert und so zusätzliche Wärme bereitgestellt. Die Steuerung dieser Prozesse erfolgt durch das Nervensystem. Temperatursinneszellen der Haut nehmen Kälte- und Wärmereize auf und leiten Erregungen über Nervenbahnen zum Zwischenhirn. Dort werden die Erregungen verarbeitet, andere Nervenbahnen lösen die Erweiterung oder Verengung der Blutgefäße in der Haut aus. So wird erreicht, dass ein Normalwert von etwa 37 °C eingehalten wird.

In die Temperaturregulierung werden auch die Schweißdrüsen einbezogen. In der Haut des Menschen befinden sich ungefähr 2 Millionen Schweißdrüsen, die in unterschiedlicher Dichte über den gesamten Körper verteilt sind. An einigen Stellen des Körpers, zum Beispiel in den Achselhöhlen, kann ein Quadratzentimeter Haut Hunderte von Schweißdrüsen enthalten. Auch wenn wir nicht merklich schwitzen, geben unsere Schweißdrüsen täglich etwa 1/4 l bis 1 l Schweiß ab. Bei sehr hohen Außentemperaturen oder starker körperlicher Betätigung können sogar bis zu 10 l Schweiß ausgeschieden werden. Der Schweiß verdunstet auf der Haut. Dabei wird dem Körper Wärme entzogen. Deshalb trägt die Verdunstung von Schweiß zur Abkühlung des Körpers bei. Gleichzeitig geben auch die erweiterten Blutgefäße Wärme ab.

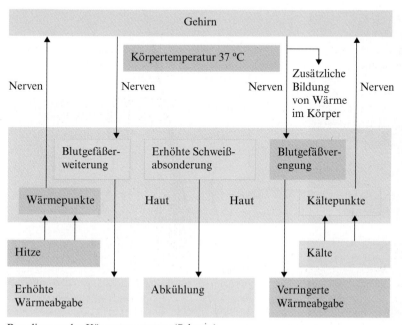

Regulierung der Körpertemperatur (Schema)

Haare sind Hornbildungen der Haut. Das Haarkleid der Säuger vermindert stark die Wärmeabgabe. Das Kopfhaar des Menschen ist – als modisch gestaltete Frisur – wohl eher Ausdruck der Persönlichkeit als Kälteschutz. Rund 150 000 Haare befinden sich auf der Kopfhaut. Das Kopfhaar wächst meist nicht mehr als einen Zentimeter im Monat. Die Lebensdauer eines Einzelhaares kann bis zu vier Jahre betragen. Die verschiedenen natürlichen Haarfarben des Menschen beruhen auf dem unterschiedlichen Gehalt an Farbpigmenten im Haarmark. Durch richtige Ernährung und Haarpflege kann die Schönheit des Haares erhalten und verbessert werden.

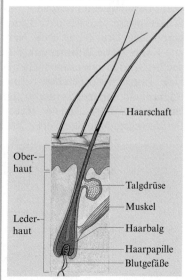

Haar des Menschen (Längsschnitt)

Eine besondere Form der Atmung ist die Hautatmung. Der Gasaustausch wird direkt durch die feuchte Haut vollzogen.
Bei einigen kleineren Tieren, wie dem Regenwurm, reicht das aus, um den Körper mit Sauerstoff zu versorgen.
An der Atmung des Menschen hat die Hautatmung jedoch nur den geringen Anteil von 1,5 %.

Mit dem Schweiß werden neben Wasser auch Salze, Harnstoff und Geruchsstoffe abgesondert. Einige dieser Stoffe können nach ihrer bakteriellen Zersetzung zu sehr unangenehmen Körpergerüchen führen.

Die Zusammensetzung der Geruchsstoffe eines Menschen ist fast so einmalig wie seine Fingerabdrücke. Das wird genutzt, indem man Spürhunde vor der Aufnahme der Spur an Gegenständen mit dem individuellen Geruch des Gesuchten Witterung aufnehmen lässt. Der Schweiß hat eine ähnliche Zusammensetzung wie der Harn. Auch dies kennzeichnet die Haut als Ausscheidungsorgan.

**Haut als Sinnesorgan.** Besonders in der Lederhaut befinden sich zahlreiche kleine Sinneskörperchen mit Sinneszellen.

Stellen wir uns vor, unsere Augen wären verbunden und eine andere Person legt uns ein frisch gekochtes Hühnerei in die Hand. Welche Informationen vermittelt uns dazu die Haut? Können wir das Ei ertasten und erkennen? Wir ertasten die Form, die Größe sowie die Beschaffenheit der Oberfläche. Wir erfassen ebenso den Druck, der durch das Gewicht des Eies auf unsere Haut ausgeübt wird. Auch die Temperatur wird uns bewusst, bei einem heißen Ei sogar als Schmerzempfindung. In diesem Fall würden wir sehr schnell reagieren und das Ei vielleicht fallen lassen.

Wie wir aus eigenen Erfahrungen wissen, reagiert die Haut auf eine Vielzahl verschiedener Reize, die von unterschiedlichen Sinneskörperchen oder auch freien Nervenendigungen registriert und als Erregung zum Gehirn weitergeleitet werden.

Beispielsweise vermitteln Tastsinneskörperchen Berührungsreize, Druckkörperchen Druckreize, freie Nervenendigungen Schmerzempfindungen und Kälte- sowie Wärmepunkte Temperaturunterschiede. Die Sinneskörperchen sind in unterschiedlicher Dichte über die Haut verteilt. Besonders viele Tastsinneskörperchen befinden sich in den Fingerspitzen, in der Rückenhaut kommen sie nur in geringer Anzahl vor. Im Durchschnitt enthält ein Quadratzentimeter Haut 2 Wärme-, 13 Kälte-, 25 Druck- und Berührungspunkte sowie etwa 200 Schmerzpunkte.

## Schon gewusst?

An jedem Haar sind Muskelfasern befestigt, die von einer Seite des Haarbalges schräg zur Oberhaut verlaufen. Durch das Zusammenziehen dieser Muskeln – meist als Reaktion auf einen Kältereiz – werden die Haare aufgerichtet. Dabei kommen die „Gänsehaut" und auch das Haaresträuben zustande.

Katzen haben lange Tasthaare.

Lesen der Blindenschrift mit den Fingerkuppen

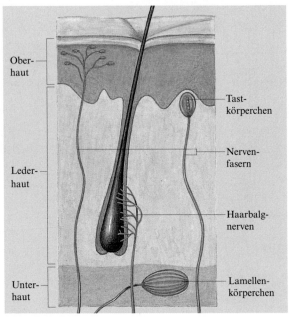

Tastsinnesorgane der Haut

**Schutz und Pflege der Haut.** Die Hautpflege beinhaltet vor allem die regelmäßige Reinigung. Dabei sollten möglichst milde und neutral reagierende Mittel verwendet werden, um den natürlichen Schutzmantel der Haut gegen das Eindringen von Krankheitserregern nicht zu zerstören.

Bei übermäßiger Sonneneinstrahlung reichen die natürlichen Schutzeinrichtungen der Haut nicht mehr aus. Der ultraviolette Anteil der Sonnenstrahlen kann die Haut stark schädigen und sogar zu Hautkrebs führen. Der Eigenschutz der ungebräunten Haut wirkt je nach Bewölkung nur etwa 5 bis 30 Minuten. Deshalb soll die Haut mit Sonnenschutzmitteln geschützt werden, die ähnlich wie weiße Kleidung Strahlen reflektieren oder sie vor dem Eindringen in die Haut abschwächen. Um einen sofortigen Schutz zu erreichen, müssen Sonnenschutzmittel etwa 30 Minuten vor dem Aufenthalt in der Sonne aufgetragen werden.

Erhält die Haut zu viel Sonne, dann treten starke Rötungen oder sogar Blasen auf. Das könnten schon Verbrennungen zweiten Grades sein, die unbedingt ärztlich behandelt werden müssen. Ärztliche Behandlung ist ebenfalls erforderlich, wenn es zu schweren Verbrennungen der Haut durch Verbrühungen, heißen Dampf oder heiße Gegenstände gekommen ist. Brandwunden müssen möglichst keimfrei abgedeckt und der Verletzte muss umgehend zum Arzt gebracht werden. Bei harmlosen kleinflächigen Verbrennungen reicht häufig die Kühlung mit sauberem Wasser aus.

Durch Einwirkungen von Chemikalien (z. B. Säuren, Laugen) können Verätzungen der Haut auftreten. Verätzte Hautstellen müssen sofort unter fließendem Wasser gründlich abgespült werden. Anschließend wird eine sterile Abdeckung aufgelegt und ärztliche Hilfe in Anspruch genommen.

Die Widerstandsfähigkeit des Körpers gegen Krankheitserreger kann durch Abhärtung gesteigert werden. Abhärtung führt zu einer besseren Regulierung der Hautdurchblutung. Diese wird zum Beispiel durch Bewegung im Freien, durch Schwimmen, kalte Waschungen und Wechselduschen, aber auch durch das Bürsten und Frottieren der Haut erreicht.

> Im Stoffwechsel entstehen für den Körper auch schädliche Stoffe. Diese Abfallstoffe werden von den Ausscheidungsorganen an die Umwelt abgegeben. Harnorgane und äußere Haut scheiden Harnstoff und Mineralsalze ab. Von der Lunge wird das beim Stoffabbau gebildete Kohlenstoffdioxid abgegeben und der für die innere Atmung unentbehrliche Sauerstoff aufgenommen.
>
> Die äußere Haut schützt den Körper. Ihre Blutgefäße und Schweißdrüsen sind an der Regulierung von Körpertemperatur und Wasserhaushalt beteiligt. Sinneskörperchen der Haut nehmen mechanische und Temperaturreize auf. Die innere Haut (Schleimhaut) dient vor allem dem Stoffaustausch (Lunge) bzw. der Stoffaufnahme (Darm).

## Schon gewusst?

Während der Pubertät bilden sich häufig aufgrund von Schwankungen der Hormonkonzentrationen im Gesicht und auch auf dem Rücken Pickel, die sich entzünden und eitern (Akne).

Ausgelöst wird die Akne durch das Auftreten von Mitessern. Das ist eine Verstopfung der Talgdrüsenausgänge mit überschüssigem Hautfett und Hautschuppen.

Dringen in diese Mitesser Bakterien ein, folgen Entzündungen und Eiterungsprozesse.

Akne ist bei Jugendlichen eine sehr häufige Hautkrankheit und sollte von einem Hautarzt behandelt werden.

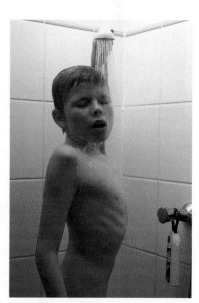

Hautpflege durch Duschen

## AUFGABEN

1. Begründe, weshalb die Haut dem Ausscheidungssystem zugeordnet werden kann!
2. Warum schwitzt du bei sportlicher Betätigung und warum läuft dein Gesicht bei körperlicher Anstrengung rot an?
3. Erkläre, warum Sportler während oder nach einem anstrengenden Training oder Wettkampf mineralstoffhaltige Getränke aufnehmen!
4. Erläutere Sonnenschutzmaßnahmen für die Haut!
5. Über die Haut erhalten wir wichtige Signale aus der Umwelt. Begründe diese Feststellung und nenne Beispiele!
6. Welche Abhärtungsmaßnahmen führst du durch und was willst du mit ihnen erreichen?
7. Erläutere die Stoffaufnahme durch die Schleimhaut des Dünndarms!

# Funktionen unserer Haut im Experiment

## Die Haut als Ausscheidungsorgan

1. Stecke eine Hand mehrere Minuten in eine durchsichtige Plastiktüte! Dichte am Handgelenk gut ab! Erkläre die Veränderungen an den Innenwänden der Plastiktüte!
2. Entnimm danach mit einem Objektträger etwas Schweiß von der Haut und lasse ihn durch Erhitzen verdunsten! Betrachte den Rückstand mit einem Mikroskop und deute das Ergebnis!

Nachweis der Wasserabgabe durch die Haut

## Die Haut als Temperaturregler

Halte etwa 3 bis 5 Minuten lang die eine Hand in sehr kaltes Wasser und die andere in sehr warmes Wasser! Vergleiche danach die Farbe beider Hände und erläutere die Ursachen des Ergebnisses!

## Die Haut als Sinnesorgan

1. Verbinde einem Mitschüler die Augen und gib ihm nach und nach unterschiedliche Gegenstände in die Hände! Lass ihn tastend erraten, um welche Gegenstände es sich handelt! Erkläre das Ergebnis!
2. Markiere auf dem Handrücken ein Quadrat von etwa 2 cm²! Erwärme eine mit einem Korken zum Anfassen versehene Metallstricknadel in heißem Wasser auf etwa 40 bis 45 °C! Suche durch Berührung der Haut die Punkte, die auf Wärme reagieren! Kühle die Stricknadel in Eiswasser ab und ertaste die Kältepunkte! Gibt es mehr Kälte- oder mehr Wärmepunkte in deiner Haut?

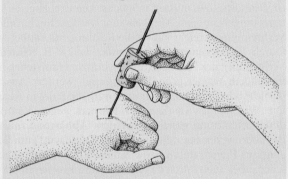

Kälte- und Wärmepunkte

3. Überprüfe die unterschiedliche Wahrnehmung von Druckreizen durch die Haut!
   Verbinde dazu einem Mitschüler die Augen!
   a) Stelle die Spitzen eines Stechzirkels auf 2 mm ein! Berühre mit beiden Zirkelspitzen sehr vorsichtig, aber gleichzeitig die Haut der Versuchsperson am Unterarm, am Oberarm, am Handrücken, an der Innenfläche einer Hand sowie an den Fingerspitzen! Die Versuchsperson soll sich bei jeder Berührung darüber äußern, ob sie einen Reiz oder zwei getrennte Reize wahrgenommen hat.
   b) Überprüfe mit einer Zirkelöffnung von 30, 50 und 60 mm die Wahrnehmung des Druckreizes am Oberarm!
   Welche Schlussfolgerungen ziehst du aus den Ergebnissen?

# Sinne und Nerven – Reizbarkeit und Informationsübertragung

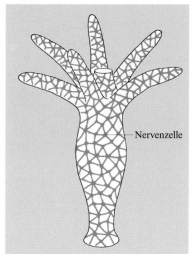

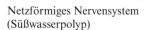

Netzförmiges Nervensystem
(Süßwasserpolyp)

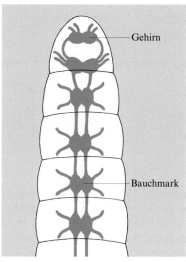

Strickleiternervensystem
(Regenwurm)

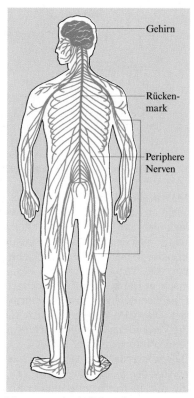

Nervensystem des Menschen

**Nervensysteme im Vergleich.** Berührt man einen Süßwasserpolypen, so zieht sich sein Körper kugelförmig zusammen. Grundlage dieser Reaktion ist ein Nervensystem, das aus Nervenzellen besteht, die so ähnlich wie die Knoten eines Einkaufsnetzes miteinander verbunden sind. Nervensysteme höher entwickelter Tiere sind dagegen zunehmend zentralisiert: Gliedertiere wie Regenwürmer und Insekten haben ein Strickleiternervensystem. Es liegt auf ihrer Bauchseite. In den Körpersegmenten sind Nervenzellknoten ausgebildet. Besonders viele enthält der Kopf, sie bilden hier das Gehirn. Wirbeltiere haben ein zentrales Nervensystem, das aus einem wesentlich komplizierter gebauten Gehirn und dem Rückenmark besteht. Vom Zentralnervensystem gehen einzelne Nervenstränge ab, verzweigen sich und reichen bis in die äußersten Körperteile.

**Das Nervensystem des Menschen im Überblick.** Jede Bewegung, die wir ausführen, unser Fühlen und Denken, auch unsere Träume hängen vom Funktionieren des Nervensystems ab. Das Gehirn und das Rückenmark steuern als zentrales Nervensystem (ZNS) die Organsysteme des Körpers und ihr Zusammenwirken. Informationen aus der Umwelt und von den inneren Organen kommen hier an. Sie werden verarbeitet und durch das ZNS „beantwortet". Im Gehirn entstehen auch Gefühle und Gedanken.
Am Rückenmark treten zwischen den einzelnen Wirbeln paarweise Nerven aus. Sie bestehen aus vielen Nervenfasern, die von Sinneszellen in der Peripherie des Körpers kommen oder zu Muskeln bzw. Drüsen hinziehen. Dieser Bereich wird deshalb peripheres Nervensystem genannt. Nervenfasern haben Durchmesser von 1/100 mm bis 1/10 000 mm und können einige Millimeter, aber auch bis zu einem Meter lang sein.
Das vegetative Nervensystem besteht aus zwei Hauptnervensträngen, dem Sympathicus und dem Parasympathicus. Als „Gegenspieler" regulieren sie Ruhe und Aktivität, die Herzschlagrate, den Blutdruck, die Atmung sowie Magen- und Darmfunktionen. Sie liegen außerhalb der Wirbelsäule und sind über das ZNS mit dem peripheren Nervensystem verbunden.

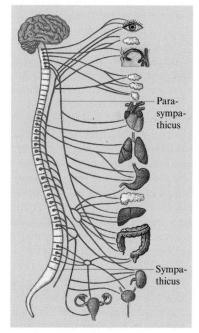

Vegetatives Nervensystem

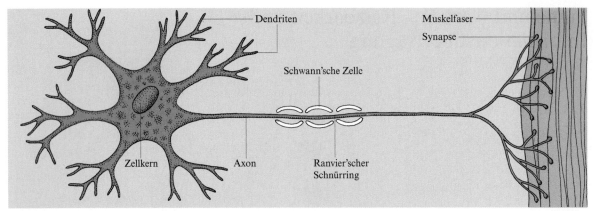

Nervenzelle, deren Axon zu einem Muskel hinführt

**Nervenzellen.** Unser Nervensystem besteht aus 25 Milliarden, das Gehirn allein aus etwa 14 Milliarden Nervenzellen. Sie leiten Informationen (Erregungen) mit einer Geschwindigkeit von bis zu 120 Metern je Sekunde weiter. Nervenfasern sind „Einbahnstraßen". Sie leiten die elektrischen Impulse immer nur in einer Richtung, entweder zum ZNS hin oder von ihm weg. Wenn der Arzt ein EEG (Elektro-Encephalogramm) anfertigt, macht er Impulse sichtbar, indem er sie von einem Gerät aufzeichnen lässt. Eine Nervenzelle besteht aus einem Zellkörper und verschiedenen Fortsätzen. Die vielen kurzen Fortsätze (Dendriten) verästeln sich und stellen so die Verbindung zu anderen Nervenzellen oder Sinneszellen her. Sie empfangen Informationen. Das Axon ist meist länger als die Dendriten. Zum Beispiel würden alle Axone der Nervenzellen des menschlichen Großhirns aneinander gereiht eine Länge von 500 000 km ergeben. Das ist mehr als die mittlere Entfernung von der Erde zum Mond (384 400 km). Die „Nerven", die den Körper durchziehen, sind zu Bündeln zusammengeschlossene Axone. Axone übermitteln über ihre Enden Informationen zu den nächsten Nervenzellen, zu Muskelfasern oder Drüsen. Die Axone der meisten Nervenfasern der Wirbeltiere sind in regelmäßigen Abständen von besonderen Zellen bedeckt. Diese Schwann'schen Zellen umwickeln das Axon wie eine Manschette. Von Zelle zu Zelle bleiben kleine Zwischenräume (Ranvier'sche Schnürringe). Sie ermöglichen den besonders schnellen Transport von Informationen.

**Synapsen.** Ein Axon endet mit einer „Übertragungsstelle" (Synapse). Über sie wird Kontakt zur Oberfläche einer anderen Nervenzelle, zu einer Muskeleinheit oder zu einer Drüse hergestellt. Viele Nervenzellen können ihre Information so auf 1000 oder sogar 10 000 andere Zellen übertragen. Die Endknöpfchen jeder Synapse enthalten Bläschen mit Stoffen, die beim Eintreffen elektrischer Impulse freigesetzt und auf die nächste Zelle übertragen werden. Daraufhin entstehen dort neue elektrische Impulse. So kann die empfangene Information sowohl verarbeitet als auch weitergeleitet werden. Eine Verbindungsstelle zwischen Nervenzelle und Muskelfaser heißt nach ihrer Form und Funktion motorische Endplatte.

> Die kleinste Funktionseinheit von Nervensystemen ist die Nervenzelle. Das Nervensystem des Menschen wird von etwa 25 Milliarden Nervenzellen gebildet. Es ist in Zentralnervensystem (Gehirn, Rückenmark), peripheres und vegetatives Nervensystem gegliedert.

## Schon gewusst?

| Erregungsleitung | |
|---|---|
| Tierart | Geschwindigkeit in m/s |
| Ohrenqualle (Netznervensystem) | 0,5 |
| Schabe (Strickleiternervensystem) | 2,0 |
| Katze (Zentralnervensystem) | bis 120 |

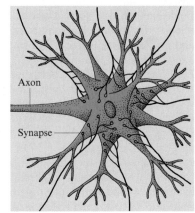

Nervenzelle mit Synapsen von anderen Nervenzellen

# Das Zentralnervensystem – Steuer- und Regelzentrum des Körpers

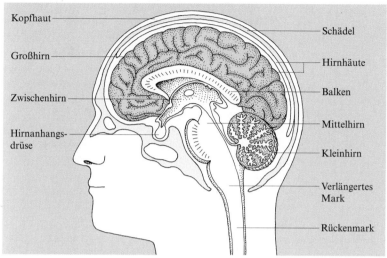

Lage und Bau des menschlichen Gehirns

**Bau und Funktionen des Gehirns.** Das Gehirn wirkt als Steuer- und Regelzentrum. Es liegt geschützt in der Schädelkapsel. Drei Hirnhäute zwischen Schädelknochen und Gehirn wirken wie Stoßdämpfer, weil die schwammartige Spinnwebhaut Flüssigkeit enthält, in der das Gehirn schwimmt. Im Zentrum befinden sich größere Hirnkammern, die ebenfalls Flüssigkeit enthalten. Die mit dem Zwischenhirn verbundene Hirnanhangsdrüse beeinflusst durch die Absonderung von Wirkstoffen (Hormonen) ins Blut das Wachstum und den gesamten Stoff- und Energiewechsel im Körper. Blutgefäße sorgen überall für ständige Sauerstoff- und Nährstoffzufuhr und erhalten so das Gehirn leistungsfähig.

Nach der natürlichen Färbung des Nervengewebes bezeichnet man die Zellkörper und Axone ohne Hüllzellen als graue Substanz. Sie liegt im Gehirn außen. Die weiße Substanz besteht aus umhüllten Axonen. Sie liegt im Gehirn innen. Das Großhirn wölbt sich über das Kleinhirn und den Hirnstamm mit Zwischenhirn, Mittelhirn und verlängertem Mark.

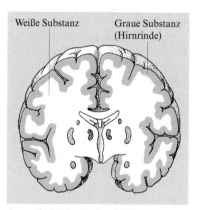

Querschnitt durch das Gehirn

| Teile des Gehirns und ihre Funktionen | |
|---|---|
| Großhirn | Bewusstsein, Intelligenz, Wille, Gedächtnis, Denken |
| Zwischenhirn | Steuerung von Gestik und Mimik, Regulation des Wärme-, Wasser- und Energiehaushalts des Körpers, Einfluss auf den Hormonhaushalt |
| Mittelhirn | Schaltstelle zwischen Peripherie und motorischen Zentren für Hör- und Sehreize |
| Kleinhirn | Koordinierung von Bewegung, Haltung und Gleichgewichtsregulation |
| Verlängertes Mark | Schalt- und Durchgangsstelle, Steuerung von Atmung und Herzschlag. Reflexzentrum für Kauen, Speichelfluss, Schlucken sowie die Schutzreflexe (Niesen, Husten, Lidschluss, Erbrechen) |

## AUFGABEN

1. Vergleiche die Nervensysteme von Süßwasserpolyp, Regenwurm und Mensch!
2. Beschreibe die Lage und erläutere die Funktionen der Teile des menschlichen Gehirns!
3. Du willst dein Lehrbuch aufschlagen: Beschreibe die Vorgänge in deinem Nervensystem bis zur Kontraktion der Muskeln!
4. Die Mitochondrienanzahl von Nervenzellen (5 000 bis 10 000) ist im Vergleich zu anderen Zellen sehr hoch. Erkläre!

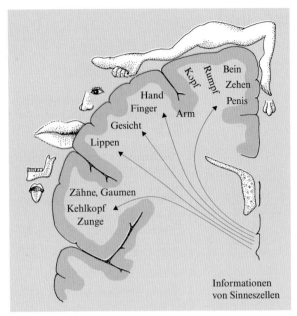

Körperfühlfelder in der Großhirnrinde

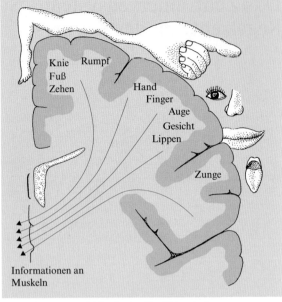

Körperbewegungsfelder in der Großhirnrinde

**Das Großhirn.** Es wird aus zwei Hirnhälften gebildet. Seine Oberfläche liegt in Windungen, die durch tiefe Furchen voneinander getrennt sind. Dadurch haben besonders viele Zellkörper und Axone Platz. Ihre Verbindungen und Kontakte sind für die Leistungen des Menschenhirns ebenso wichtig wie die Spezialisierung der Zellfunktionen in verschiedenen Hirngebieten. Die von Zellen der Großhirnrinde ausgehende Assoziationsfähigkeit ermöglicht es uns, Gedanken, Eindrücke und Erinnerungen in Verbindung zu bringen. Das Erkennen und Unterscheiden der Merkmale von Umweltobjekten sind wesentliche Voraussetzungen für unsere Wortsprache. Von besonderer Bedeutung für die menschliche Intelligenz sind auch unsere lebenslang trainierbaren Lern- und Gedächtnisleistungen.

**Arbeitsteilung im Gehirn.** Der französische Chirurg PAUL BROCA fand Mitte des 19. Jahrhunderts, dass bei einer Schädigung des linken Stirnlappens der Großhirnrinde des Menschen eine Sprachstörung auftritt. Daraus schloss er, dass sich dort ein Sprachzentrum befindet. Inzwischen kann man viele Fähigkeiten Abschnitten auf der Hirnrinde zuordnen.
In Körperbewegungsfeldern liegen die Zentren für die Bewegung einzelner Körperteile. Körperfühlfelder dagegen empfangen Sinnesmeldungen aus den einzelnen Körperteilen. In diesen Feldern sind – wie die Abbildungen auf dieser Seite zeigen – die Körperbereiche (z. B. Gesicht, Arme, Hände) nicht ihrer Größe, sondern ihrem Stellenwert für unser Verhalten in der Umwelt entsprechend repräsentiert.
Beobachtungen an hirngeschädigten Menschen ergaben weiterhin, dass auch die beiden Hirnhälften unterschiedliche Aufgaben erfüllen. Schäden der linken Hirnhälfte führen zu Sprachstörungen, die der rechten zu Gefühlsstörungen. Trotz ihrer räumlichen Trennung wirken beide Hirnhälften über die Nervenbahnen des sogenannten Balkens zusammen. Vereinfacht kann man sagen: Links sind die geistigen Fähigkeiten des an Sprache gebundenen Bewußtseins, mathematische Fähigkeiten, logisches Denken und rechts die Gefühle, räumliches Vorstellungsvermögen sowie schöpferische Qualitäten konzentriert.

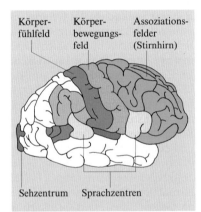

Einige Rindenfelder des Großhirns

## Schon gewusst?

Die Hirnrinde in Zahlen

| | |
|---|---|
| Dicke | 1,3 – 4,6 mm |
| Oberfläche | 2 200 cm² |
| Anzahl der Nervenzellen | 14 Milliarden |

**Gedächtnis.** Unser Gehirn hat eine wichtige Schutzfunktion, die es vor Überlastung bewahrt – das Vergessen. Als Schüler und später auch als Erwachsene versuchen wir, ihm durch intensives Lernen und das Training unseres Gedächtnisses entgegenzuwirken. Lernen und Gedächtnis beruhen auf Prozessen, bei denen ständig Informationen aufgenommen, weitergeleitet, verarbeitet und gespeichert werden. Wie die Speicherung genau erfolgt, ist noch nicht bekannt. Forscher vermuten, dass Informationen in viele „Puzzleteile" zerlegt und diese an verschiedenen Orten im Gehirn gespeichert werden. Beim Erinnern werden diese Teile wieder zu mehr oder weniger kompletten Informationen zusammengesetzt und abgerufen. Das Abrufen erfolgt unterschiedlich: Wenn wir gelegentlich einen Arzt erreichen wollen, wählen wir am Telefon z. B. eine siebenstellige Zahl. Ertönt das Besetztzeichen, haben wir sie schnell vergessen. Eine siebenstellige Zahl wie etwa unser Geburtsdatum bleibt uns jedoch ein Leben lang im Gedächtnis. Die Rufnummer des Arztes war im Kurzzeitgedächtnis, das Geburtsdatum ist im Langzeitgedächtnis gespeichert. Beim Lernen ist es entscheidend, wichtiges Wissen im Langzeitgedächtnis zu speichern.

**Einige Tipps fürs Lernen.** „Gestern habe ich es noch gewusst, aber bei der Klassenarbeit war alles weg." Diese Erfahrung hat schon mancher machen müssen. Das liegt nicht daran, dass man zu dumm ist, sich Wissen anzueignen oder dass das Gehirn überlastet wäre. Auch das Lernen ist eine wichtige Funktion unseres Zentralnervensystems und will gelernt sein. Eine wesentliche Voraussetzung für unsere geistige Aufnahmefähigkeit ist ein ausgeruhtes Gehirn. Im Tagesverlauf nimmt seine Leistungsfähigkeit ab und erreicht in der Mittagszeit ein Tief. Es ist biologisch sinnvoll, dem Gehirn nach einer Mahlzeit oder nach dem Unterricht Erholungspausen mit entspannenden geistigen und körperlichen Tätigkeiten einzuräumen. Bewegung an frischer Luft, wie beispielsweise Radfahren oder Ballspielen, begünstigt die Erholung. Bei der Erledigung anschließender Hausaufgaben kannst du die folgenden Empfehlungen ausprobieren:

1. Du solltest nach intensiven Lernphasen von etwa 30 Minuten Dauer jeweils Erholungspausen (etwa 15 Minuten) einlegen, in denen ausgleichende und entspannende Aktivitäten im Vordergrund stehen.
2. Gib deinem Gehirn genügend Zeit, neues Wissen zu speichern. Dabei sind vielfältige Wiederholungen wichtigen Wissens, seine Einordnung in neue Zusammenhänge sowie deine Lernmotivation entscheidend.
3. Arbeite nach Möglichkeit nacheinander für unterschiedliche Fächer (z. B. Biologie/Englisch), nicht für ähnliche. So werden verschiedene Gedächtnisbereiche im Gehirn gleichermaßen trainiert.
4. Schaffe dir selbst Hilfsmittel für das Lernen. Im Fremdsprachenunterricht haben sich zum Beispiel Lernkarteien bewährt.
5. Schreibe dir bei der Bearbeitung von Texten Stichwörter heraus. Stelle dir anschließend selbst Fragen dazu und versuche, sie zu beantworten.
6. Beginne mit der Vorbereitung auf eine Klassenarbeit schon eine Woche vorher. Wiederhole jeden Tag einen ausgewählten Teil des Stoffes.

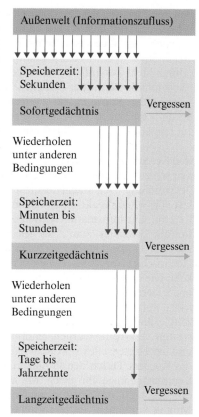

Gedächtnisformen des Menschen

## AUFGABEN

1. „Er hat ein Gedächtnis wie ein Sieb." Welche biologischen Zusammenhänge liegen dieser Aussage zugrunde?
2. Erläutere, wie du für die Fächer Biologie, Englisch (oder andere Fremdsprachen) und Deutsch lernst!
3. Das Gehirn hat an der Körpermasse des Menschen einen Anteil von 2,5 %, verbraucht aber 20 % des eingeatmeten Sauerstoffs. Erkläre!
4. Vergleiche an einem selbst gewählten Beispiel das Kurzzeitgedächtnis mit dem Langzeitgedächtnis!

**Bau und Funktion des Rückenmarks.** Das Rückenmark liegt geschützt im Wirbelkanal. Im Querschnitt kann man die graue und die weiße Substanz erkennen. Im Gegensatz zum Großhirn liegt hier die graue Substanz innen. Sie besteht aus den Zellkörpern von Nervenzellen. Die weiße Substanz besteht aus auf- und absteigenden Nervenfasern. Mit ihnen ist das Rückenmark Vermittler zwischen Körper und Gehirn. Von der grauen Substanz des Rückenmarks zweigen segmentweise Nervenfasern ab. Vom Vorderhorn ziehen Bewegungsnerven (motorische Fasern) nach außen, am Hinterhorn treffen Empfindungsnerven (sensible Fasern) ein.

**Reflexe.** Stechen wir uns an einer Rose, dann ziehen wir den Finger automatisch zurück. Dieses blitzschnelle unwillkürliche Reagieren ist eine Reflexhandlung. Der Stachelreiz löst – ohne Mitwirkung des Gehirns – sofort eine Muskelreaktion aus. Schmerzsinneszellen der Haut nehmen den Reiz auf. Die Information wird über sensible Nervenfasern als elektrischer Impuls (Erregung) zum ZNS geleitet. Beim Erreichen des Rückenmarks wird auf motorische Nervenzellen umgeschaltet. Elektrische Impulse der motorischen Nervenfasern liefern den Bewegungsbefehl für die Armmuskeln. Die diesem Vorgang zugrunde liegenden Leitungsbahnen und Stationen wirken in einem Reflexbogen zusammen. Beim Umschalten von sensiblen auf motorische Nerven im Rückenmark werden die Informationen zeitgleich über aufsteigende Nervenfasern ins Gehirn gebracht. Erst wenn sie dort verarbeitet wurden, empfinden wir Schmerz. Der Lidschlussreflex und der Hustenreflex sind weitere Beispiele für schnelle Schutzreaktionen des Körpers. Durch den Pupillenreflex bleibt die in das Auge einfallende Lichtmenge ungefähr gleich. Mit dem Speicheldrüsenreflex reagieren wir auf den Duft von Speisen mit Speichelfluss. Uns „läuft das Wasser im Munde zusammen" (reflektorische Vorbereitung auf das Essen).

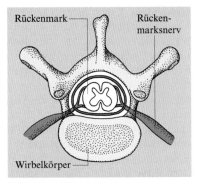

Rückenmark im Wirbelkanal

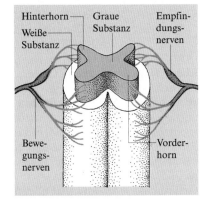

Rückenmark (Querschnitt)

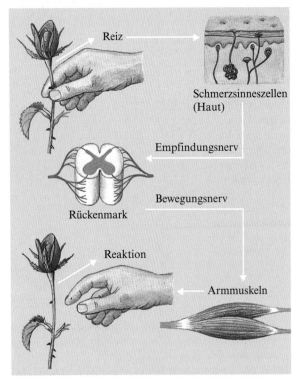

Beispiel für eine Reflexhandlung („Rückziehreaktion")

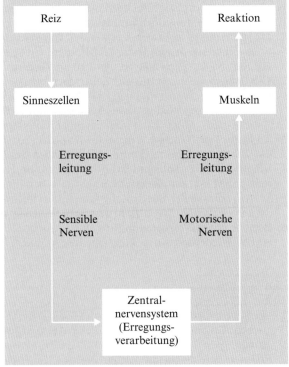

Reflexbogen (allgemeines Schema)

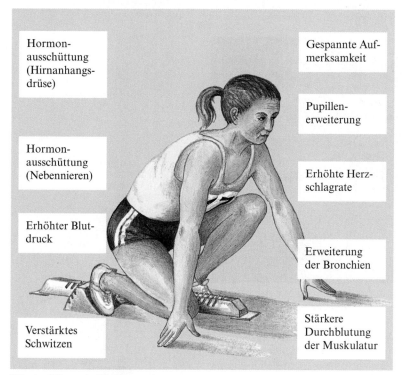

Hormon-
ausschüttung
(Hirnanhangs-
drüse)

Gespannte Auf-
merksamkeit

Pupillen-
erweiterung

Hormon-
ausschüttung
(Nebennieren)

Erhöhte Herz-
schlagrate

Erhöhter Blut-
druck

Erweiterung
der Bronchien

Verstärktes
Schwitzen

Stärkere
Durchblutung
der Muskulatur

Wie der Körper bei Stress reagiert

## Schon gewusst?

Körperliche und psychische Belastungen (z. B. in einer Prüfungs-
situation oder vor einem sportlichen Wettkampf) lösen Stress
aus. Er ist durch ein sehr hohes
Erregungsniveau im Gehirn (Aktivität, Antrieb, Aufmerksamkeit)
gekennzeichnet. Hormone lösen
im Nervensystem „Großalarm"
aus. In Sekundenschnelle werden
die Kraftreserven des Körpers
mobilisiert.

**Stress und Erholung.** Stress ist ein notwendiger und normaler Zustand in
unserem Leben. Damit stellt sich der Körper auf erhöhte Belastung oder
die Bewältigung von Gefahren ein. Lassen Ärger oder Angst das Herz bis
zum Hals schlagen, sollte man die Anspannung bis zur Beruhigung abrea-
gieren (z. B. Fahrad fahren oder Spazieren gehen). Erst bei langfristigen
und unbewältigten Belastungen („Dauerstress") treten Schlafstörungen,
Kopfschmerzen, Lernschwierigkeiten oder sogar eine höhere Anfälligkeit
für Infektionen auf. Für das Nervensystem sind Erholungsphasen unerlässlich. Die entscheidende Erholungsphase für viele körperliche und psychische Funktionen ist ausreichender, gesunder Schlaf.

**Beispiele für Schädigungen des Nervensystems.** Bei Gewalteinwirkung auf
den Schädel kann es zu Gehirnerschütterungen kommen. Es treten starke
Kopfschmerzen auf, die häufig mit Erbrechen einhergehen. Der Arzt ver-
ordnet dann strenge Bettruhe.
Die Infektion der Gehirnhäute mit bestimmten Viren oder Bakterien verursacht Hirnhautentzündungen. Manche Erreger können durch Zecken-
bisse übertragen werden. Impfschutz ist möglich.
Eine Querschnittslähmung ist die Folge von Unfällen, bei denen das Rük-
kenmark durch Druckwirkung verletzt wurde. Die auf- und absteigenden
Nervenbahnen sind dann teilweise oder komplett unterbrochen. Unterhalb der Verletzung ist der Kranke ohne Gefühl und gelähmt.
Im Gehirn können sich Krebsgeschwülste bilden. Mit speziellen Untersu-
chungsmethoden kann man sie oft früh erkennen und behandeln.
Die im Alter auftretende Alzheimer-Krankheit wird durch den Ausfall
wichtiger Nervenzellen im Gehirn verursacht. Sie beginnt mit starker Ver-
gesslichkeit. Später folgen Sprachstörungen und der Situation unange-
messene Handlungen. Schließlich erlischt das Gedächtnis vollständig.

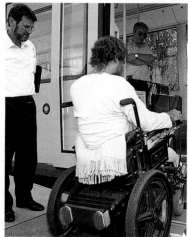

Behinderte Mitmenschen bedürfen
unserer Hilfe und Zuwendung.

## AUFGABEN

1. Erläutere an selbstgewählten
Beispielen die Bedeutung von
Reflexen für den Menschen!
2. Bereite einen Kurzvortrag über
Maßnahmen zur Gesunderhal-
tung des Nervensystems vor.
Werte dazu Pressebeiträge (z. B.
Apothekenzeitungen) aus!

# Keine Macht den Drogen

**Was sind eigentlich Drogen?** Wer denkt schon, dass er eine Droge zu sich nimmt, wenn er Lindenblütentee trinkt: Früher wurden getrocknete Pflanzen oder Pflanzenteile mit heilenden Wirkstoffen als Drogen bezeichnet. Beispielsweise wird Lindenblütentee aus getrockneten Blüten zubereitet; er wirkt schweißtreibend und fiebersenkend. Einige natürlich vorkommende Arzneistoffe erzeugen Rauschzustände, beeinflussen Stimmungen, Gefühle und Wahrnehmungen. Dies macht verständlich, dass heute auch die sogenannten Rauschgifte in einem engeren Sinne als Drogen bezeichnet werden. Entsprechend den Bestimmungen des Betäubungsmittelgesetzes gehören zum Beispiel Haschisch, Kokain, Heroin und LSD zu den illegalen (unerlaubten) Drogen. Die Genussmittel Alkohol und Nikotin sind ebenso wie einige Medikamente, die bei unsachgemäßer Anwendung Abhängigkeit erzeugen können, legale (erlaubte) Drogen.

Rauschdrogen verändern insbesondere die Stoffwechselprozesse des Zentralnervensystems, oft mit nicht mehr umkehrbaren Schäden. Sie erzeugen kurzzeitig angenehme Gefühle, gehobene Stimmung und gesteigertes Selbstbewußtsein. Ihre Einnahme kann zur Sucht führen. Schwierigkeiten und Konflikte zu Hause oder in der Schule, Neugier, „Gruppenzwang" sowie der Wunsch, Außergewöhnliches zu erleben, sind Ursachen, die Schülerinnen und Schüler zum Drogenkonsum veranlassen können.

**Fakten über Alkohol.** Seine Wirkungen auf den menschlichen Organismus hängen von der aus alkoholischen Getränken ins Blut gelangten Menge ab. Zunächst verbessert Alkohol die Stimmung, steigert die Kontaktfreudigkeit, den Redefluss und die Aktivität. Mit steigender Alkoholmenge im Blut läßt das Reaktionsvermögen nach. Schließlich kann man seine Bewegungen nicht mehr kontrollieren und das Gesichtsfeld ist eingeschränkt. Regelmäßiger Alkoholmissbrauch verursacht Langzeitschäden. Als Zellgift zerstört er besonders Gehirnzellen. Dadurch werden zum Beispiel Störungen des Kurzzeitgedächtnisses verursacht. Langfristig regelmäßiger Alkoholmißbrauch macht körperlich und seelisch abhängig. Der Körper stellt sich auf regelmäßige Zufuhr ein. Als Entzugserscheinungen treten schließlich zum Beispiel Schweißausbrüche, Schlafstörungen und Wahnvorstellungen auf. Je früher der regelmäßige Alkoholkonsum beginnt, desto wahrscheinlicher sind Gesundheitsschäden und Abhängigkeit.

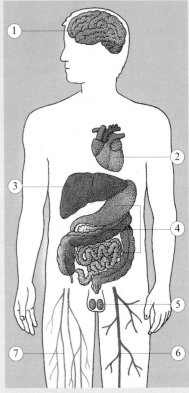

Mögliche Folgen von Alkoholmissbrauch:

1. Gestörte Hirnfunktionen
2. Herz-Kreislauf-Erkrankungen
3. Schwere Leberschäden
4. Erkrankungen von Magen, Bauchspeicheldrüse und Darm
5. Sexuelle Impotenz
6. Schäden an Blutgefäßen
7. Gestörte Nervenfunktionen

Schwangere riskieren durch Alkoholkonsum die Entstehung von Missbildungen bei ihrem Kind.

**Das Rauchen und seine Folgen.** Tabakrauch enthält chemische Verbindungen, die in unterschiedlicher Weise gesundheitsschädlich sind.

Das Nikotin ist der als Droge wirksame Bestandteil. Es wird vor allem von den Schleimhäuten sehr rasch aufgenommen und gelangt innerhalb weniger Sekunden über das Blut in das Gehirn und das periphere Nervensystem. Vorübergehend entsteht ein Gefühl des Wohlbefindens, der Appetit und das Schmerzempfinden werden gehemmt. Die Blutgefäße verengen sich, der Blutdruck wird erhöht. Das Nikotin steigert das Zufriedenheitsgefühl des Rauchers. Diese als positiv empfundene Wirkung hält nur kurz an. Beim abhängigen Raucher sinkt der Nikotingehalt des Blutes nach 30 bis 60 Minuten wieder. Es treten Entzugserscheinungen (z. B. übersteigerte Reizbarkeit) auf. Der Raucher greift zur nächsten Zigarette . . .

Auch Nichtraucher sind gefährdet.

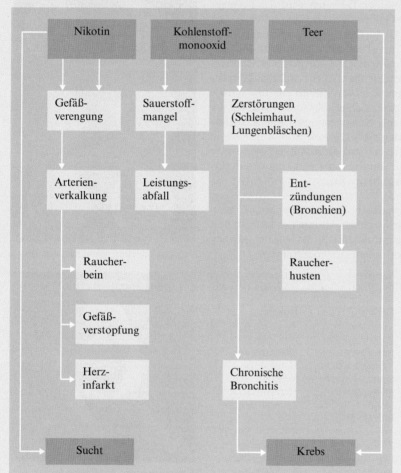

Schadwirkungen der wichtigsten Inhaltsstoffe des Tabakrauchs

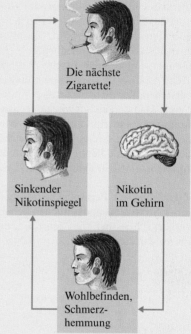

Die Entstehung der Nikotinsucht – ein Teufelskreis

Tabakteer enthält krebserregende Stoffe. In Deutschland sterben jährlich 25 000 Menschen an Lungenkrebs. 90 % von ihnen sind aktive Raucher.

## AUFGABEN

1. Alkoholgenuss und Rauchen sind im Kindes- und Jugendalter besonders gefährlich. Begründe diese Aussage!

2. Erläutere am Beispiel des Nikotins, wie eine Sucht entstehen kann!

3. Alkoholiker, die eine Entziehungskur durchgemacht haben, dürfen nie wieder einen Tropfen Alkohol trinken. Erkläre!

4. Sammle Argumente für das Nichtrauchen, schreibe sie auf und stelle sie in der Klasse zur Diskussion!

# Entscheidung für die totale Abhängigkeit?

**Ecstasy.** DANIEL S. (17 Jahre) hatte ein Jahr lang Ecstasy geschluckt, eine sogenannte Modedroge, die vor Discos und Schulen angeboten und verkauft wird. Er berichtete in einem Interview: „Dieses Zeug hat mein Leben zerstört. Es hat meine Nerven kaputt gemacht. Ich wurde immer nervöser, meine Hände zitterten. Grundlos sprang ich meinen Freunden an den Hals. Ich nahm 8 Kilogramm an Körpergewicht ab."

Ecstasy wird in illegalen Labors hergestellt und zusammen mit Traubenzucker zu Tabletten gepreßt. Diese sind farbig oder weiß. Sie sehen ausgesprochen harmlos aus. Nach Einnahme der Tabletten wird der Ecstasy-Wirkstoff über den Blutkreislauf zum Gehirn transportiert und verändert dort die Funktion von Nervenzellen. Dadurch werden Körpertemperatur und Herzschlagrate erhöht. Sie können außer Kontrolle geraten (Gefahr eines Kreislaufzusammenbruchs!). Warnsignale des Körpers wie Schmerz, Hunger, Durst oder Erschöpfung werden nicht mehr wahrgenommen. Wenn Ecstasy in Diskotheken eingenommen wird, kann ein Tanzrausch entstehen, der die Körpertemperatur zusätzlich erhöht und Wasserverlust durch überstarkes Schwitzen verursacht. Nachwirkungen sind Erschöpfungszustände, Appetitlosigkeit, Niedergeschlagenheit und Angst sowie Schmerzen im Nierenbereich. Auch Herz- und Kreislaufversagen sowie Schockzustände können sich einstellen. Infolge der Einnahme von Ecstasy starben 1995 in Deutschland 15 junge Menschen.

**Zerstörung der Persönlichkeit.** Wer langfristig Rauschgifte nimmt, muss mit schweren gesundheitlichen Schäden rechnen, stumpft seelisch ab und verliert schliesslich die Menschen, die ihn mögen. So ist sozialer Abstieg bis hin zur Beschaffungskriminalität oft schon vorprogrammiert.

Ecstasy-Tabletten sehen harmlos aus.

| Einige Rauschgifte und Gefahren ihrer Einnahme | | | |
|---|---|---|---|
| | Haschisch und Marihuana | Heroin | Kokain |
| Sofortwirkungen | Sinnestäuschungen, Angst, Unruhe | Betäubung, Verblassen der Sinneswahrnehmung, Bewusstlosigkeit, Tod bei Überdosis | Übererregheit, Hemmungslosigkeit, Herzschwäche, Atemstörungen |
| Langzeitfolgen | Abbau der Konzentrations- und Leistungsfähigkeit, Niedergeschlagenheit, Verwirrtheit | Zwanghafte Dosissteigerung, Reizbarkeit, Aggressivität, Gehirnschäden, körperlicher Verfall, Verwahrlosung, Beschaffungskriminalität | Tiefe Niedergeschlagenheit, Verfolgungswahn, Mißtrauen, Schlaflosigkeit, körperlicher Verfall, Verwahrlosung |
| Abhängigkeit | Seelisch und körperlich (zwanghaftes Verlangen nach dauernder bzw. regelmäßiger Einnahme des Rauschgifts)! | | |

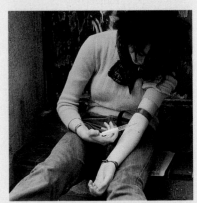

Heroinsüchtiges Mädchen

Miteinander reden

Keine Alternative?
Der Einstieg in die Drogenabhängigkeit beginnt oft anscheinend harmlos mit der Gewöhnung an Alkohol und Nikotin.

**Stark sein – nein sagen.** Eine der Ursachen, die in die Drogenabhängigkeit führen können, ist das andauernde Gefühl, mit den Anforderungen des Lebens nicht klar zu kommen. Immer von Mißerfolgen begleitet, suchen manche Menschen Trost im Drogenrausch, wenn sie sich schwach, überflüssig und wertlos fühlen. Der beste Schutz vor der „Macht" der Drogen ist deshalb die Entwicklung des Selbstvertrauens. Suche und nutze deine Stärken. Pflege Kontakte zu Gleichaltrigen, rede mit ihnen auch über deine Schwächen und Schwierigkeiten. Dann wirst du merken, dass andere auch Probleme haben und erfährst vielleicht, was dich liebenswert macht. Wenn du auf deine Fähigkeiten vertraust, bist du in der Lage, deine Ziele zu erreichen und kannst „nein" sagen, wenn man dir Drogen anbietet.

**Lernen, Konflikte zu bewältigen.** Konflikte sind etwas Normales, sie gehören zu unserem Leben. Es ist auf die Dauer nicht gut, wenn du ihnen ausweichst oder wenn andere, etwa deine Eltern, sie für dich ausräumen. Beispielsweise kann eine Schulzensur unverständlich sein und als ungerecht empfunden werden oder du möchtest, dass deine Eltern dir einen dringenden Wunsch erfüllen und sie tun es nicht. Deine Freundin oder dein Freund haben dich beleidigt und du bist enttäuscht von ihr oder ihm. Versuche immer, mit solchen Konflikten konstruktiv umzugehen: Suche das Gespräch mit den betreffenden Menschen. Lege ruhig und bestimmt deine Ansichten dar. Höre dir auch ohne Hektik und Zeitdruck die Argumente des anderen an. Sucht gemeinsam einen Ausweg. Für die meisten Probleme gibt es viele mögliche Lösungen, deshalb solltest du auch kompromissbereit sein. Beachte, dass Konflikte nur zu bewältigen sind, wenn sich keiner benachteiligt fühlt. Wer auf andere Menschen zugeht und gelernt hat, Konflikte in dieser Weise auszutragen, benötigt keine Drogen als vermeintliche „Problemlöser".

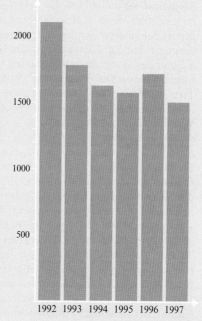

Anzahlen der Todesfälle durch illegale Drogen in Deutschland (1992 bis 1997)

AUFGABEN

1. Fordert bei der Bundeszentrale für gesundheitliche Aufklärung (BZgA, Ostmerheimer Str. 200, 51109 Köln) eine Bestellliste für „Materialien zur Suchtprävention" an. Wählt einige aus, ihr erhaltet sie kostenlos. Gestaltet damit eine Posterdiskussion!

2. Gestaltet ein Klassenfest mit alkoholfreien Getränken!

3. Erkundigt euch nach der Adresse einer Suchtberatungsstelle und bereitet Fragen für ein Interview mit einem Drogenberater vor!

Gemeinsame Freizeitgestaltung in einer Musikgruppe

**Menschen wie du und ich.** Im Leipziger Immanuel-Kant-Gymnasium haben Schüler einer Klasse Verbindung zu einer Gruppe gleichaltriger geistig behinderter Schüler aufgenommen. Ursache ihrer geistigen Behinderungen sind Schäden im zentralen Nervensystem. Die Schülerinnen und Schüler des Gymnasiums bereiteten zum Kennenlernen eine gemeinsame Exkursion vor. Das Thema war „Wald erleben" und ihr Ziel „Bäume und Tiere des Waldes bewusst über unsere Sinne wahrnehmen". Zu einem weiteren Treffen haben die Sonderschüler die Gymnasialschüler eingeladen. Wie sich herausstellte, gab es viele Gemeinsamkeiten. Alle freuten sich, wenn sie Bäume mit verbundenen Augen erkannten, waren neugierig, machten Spaß, waren manchmal vorwitzig oder albern und natürlich stolz auf jedes gelungene Vorhaben. Die Sonderschüler hatten größere Schwierigkeiten im sprachlichen Ausdruck, bei der Ausführung von Bewegungen oder bei der Lösung einiger Aufgaben. Es gelang ihnen oft nur mit zusätzlichen Hilfen, Aufgabenstellungen richtig zu verstehen. – Bei späteren Gesprächen brachten die Gymnasialschüler ihre Erfahrungen und Meinungen zu den gemeinsamen Erlebnissen zum Ausdruck.

Torsten:„Ich wollte unbedingt mit geistig behinderten Kindern zusammen sein, weil ich wissen wollte, wie sie wirklich sind."

Kathrin:„Einmal kam ich mir selbst wie geistig behindert vor, weil ich einfach nicht wusste, wie ich mit ihnen umgehen sollte."

Frank:„Ich habe dabei eine wichtige Erfahrung gemacht, die ich nicht mehr missen möchte."

---

Das Gehirn ist das Steuerzentrum für die Aufrechterhaltung aller Körperfunktionen, Schaltzentrale zur Umwelt sowie das Organ für Empfindungen, Wahrnehmungen, Bewusstsein, Intelligenz und Gedächtnis. Das Rückenmark wirkt als Schaltzentrale für Reflexe. Es enthält alle Nervenfasern, die von Sinneszellen kommen und zum Gehirn aufsteigen sowie alle Verbindungen zur Muskulatur. Krankheiten und Schäden des Nervensystems führen zu Störungen der Körperfunktionen oder zur Einschränkung geistiger Fähigkeiten.

## Schon gewusst?

Statistisch gesehen findet man unter 10 000 Neugeborenen eines mit der Stoffwechselkrankheit Phenylketonurie (PKU). Sie ist erblich bedingt. Eine Aminosäure der Nahrungseiweiße kann nicht normal abgebaut werden. Dadurch kommt es zur frühkindlichen Hirnschädigung.

Alle Neugeborenen werden heute auf PKU getestet (Untersuchung eines Blutstropfens). Ein krankes Kind bekommt mindestens bis zu seinem 15. Lebensjahr eine Diät, in der die Aminosäure nur in geringer Menge enthalten ist. Dadurch können durch PKU bedingte Hirnschäden weitgehend verhindert werden.

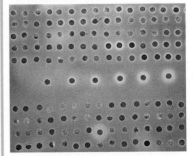

PKU- Testplatte mit Blutproben

# Sinnesorgane informieren über die Umwelt

**Bau des Auges.** Hältst du dir einen Spiegel vors Gesicht, dann siehst du Teile des geschützt in der Augenhöhle liegenden Augapfels. Seinen Hauptteil nimmt der Glaskörper ein. Er besteht aus einer wasserklaren Gallerte und bewirkt zusammen mit dem Kammerwasser den Augeninnendruck. Die äußere Schicht der Wand des Augapfels ist die Lederhaut. Sie schützt das Innere des Auges. Der vordere Teil der Lederhaut, die Hornhaut, ist gewölbt und glasklar durchsichtig. Durch sie können die Lichtstrahlen ins Auge gelangen. Unter der Lederhaut liegt die von Blutgefäßen durchzogene Aderhaut. Die Blutgefäße versorgen das Auge mit Nährstoffen und Sauerstoff. Den vorderen Teil der Aderhaut bildet die Regenbogenhaut (Iris). Sie umschließt das Sehloch, die Pupille. Durch sie gelangt das Licht in das Augeninnere. In der Iris befinden sich Muskelzellen, welche die Pupille verengen oder erweitern können und so den Pupillenreflex ausführen. Der Ziliarkörper besteht aus ringförmigen Muskeln, die über Haltebänder mit der durchsichtigen und elastischen Augenlinse verbunden sind. Hornhaut und Linse bewirken die Brechung der Lichtstrahlen. Die Lichtsinneszellen und die Austrittsstelle des Sehnervs befinden sich in der Netzhaut.

## Schon gewusst?

Die Iris bestimmt die Augenfarbe des Menschen. Sie besteht aus dem Irisgewebe und den Deckzellen. Enthalten beide Gewebe den dunklen Farbstoff Melanin, dann sind die Augen braun. Bei blauen Augen enthalten nur die Deckzellen Melanin. Bei sogenannten Albinos fehlt das Melanin vollständig. Ihre Augen erscheinen rot, weil die Blutgefäße der Aderhaut sichtbar sind.

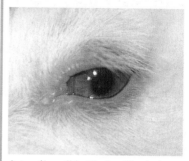

Auge eines albinotischen Kaninchens

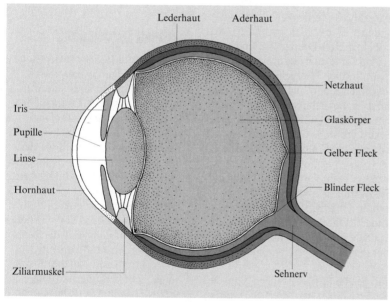

Bau des Auges

**Schutz des Auges.** Wenn eine Mücke in Richtung unserer Augen fliegt, dann schließen sie sich automatisch. Dieser uns angeborene Lidschutzreflex schützt die Augen vor dem Eindringen von Fremdkörpern oder vor zu grellem Licht. Erfolgt das Schließen der Augenlider mit den Wimpern zu spät, gelangt das Insekt ins Auge. Hier löst es Tränenfluss aus. Tränenflüssigkeit fließt aus der Tränendrüse über den Augapfel, wird im Tränensack gesammelt und kann durch den Tränen-Nasengang in die Nase gelangen. Die salzige Tränenflüssigkeit spült den Fremdkörper meist aus dem Auge. Außerdem enthält sie einen Wirkstoff, der Bakterien abtötet, die aus der Luft auf die Hornhaut gelangt sind. Auch die Augenbrauen haben eine Schutzfunktion: Sie verhindern, dass Schweiß in die Augen fließt.

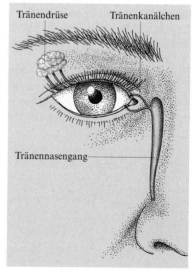

Tränenorgane

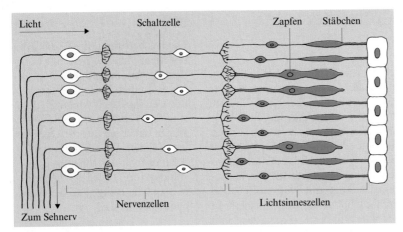

Bau der Netzhaut

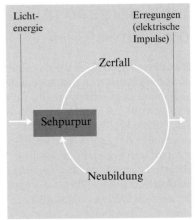

Wirkung der Lichtenergie in den Lichtsinneszellen der Netzhaut

**Funktionen der Netzhaut.** Die Auslösung elektrischer Impulse durch das Licht erfolgt in der mehrschichtigen Netzhaut. Sie enthält Stäbchen und Zapfen als Lichtsinneszellen, Schaltzellen sowie Nervenzellen, die Erregungen zum Sehnerv leiten. In jedem Auge befinden sich etwa 125 Millionen Stäbchen und 6 Millionen Zapfen. Sie sind ungleichmäßig verteilt. Im Bereich gegenüber der Pupille ist die Anzahl der Zapfenzellen besonders hoch (Bereich des schärfsten Sehens, „gelber Fleck" der Netzhaut). Mit den Zapfen werden Farben, mit den Stäbchen Hell-Dunkel-Unterschiede erkannt. Unterschiedliche Zapfenzellen sind für je eine der drei Grundfarben des Lichts (Rot, Grün oder Blau) empfindlich. Gemeinsam ermöglichen sie das Farbsehen. Die Zapfen benötigen mehr Licht. In der Dämmerung funktionieren daher nur die Stäbchen. Bei genügender Lichtstärke werden von beiden Zelltypen auch Informationen über Formen und Bewegungen erzeugt und weitergeleitet. Die Austrittsstelle des Sehnervs ist der „blinde Fleck" der Netzhaut, weil sich dort keine Sinneszellen befinden.

**Chemie des Sehens.** In den Lichtsinneszellen befinden sich lichtempfindliche Farbstoffe, der wichtigste ist der Sehpurpur. Für seine Bildung ist Vitamin A notwendig. Bei Belichtung zerfällt der Farbstoff. Dadurch wird der Stoffwechsel der Sinneszellen verändert. Dabei entstehen elektrische Impulse, die als Erregungen auf Nervenzellen der Netzhaut übertragen werden. Sie leiten die Informationen über den Sehnerv zum Gehirn weiter.

**Entstehung des Bildes auf der Netzhaut.** Lichtstrahlen werden von den Gegenständen in der Umwelt reflektiert und fallen ins Auge. Sie werden durch Hornhaut und Linse gebrochen und treffen auf die Netzhaut. Dort entsteht ein umgekehrtes, seitenverkehrtes und verkleinertes Bild.

## Schon gewusst?

Optisch funktioniert unser Auge ähnlich wie ein Fotoapparat. In einem Fotoapparat sind oft mehrere Linsen als Objektiv hintereinander angeordnet. Der Abstand zwischen Objektiv und Film muss so eingestellt werden, dass der gewählte Gegenstand auf dem Film scharf abgebildet wird. Im Auge bewirken Hornhaut und Linse zusammen die Abbildung von Gegenständen. Ein wirkliches Bild entsteht dabei auf der Netzhaut. Der Abstand von Linse („Objektiv") und Netzhaut ist im Auge nicht veränderbar. Die Scharfeinstellung erfolgt durch Veränderung der Linsenkrümmung.

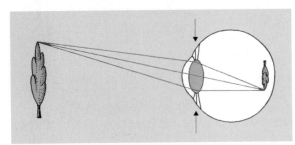

Bildentstehung auf der Netzhaut

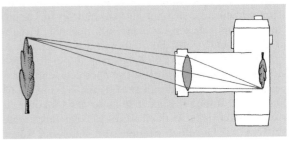

Bildentstehung im Fotoapparat

**Pupillenadaptation.** Bei plötzlichem Lichteinfall wird die Pupille durch Irismuskeln verengt, bei geringen Lichtstärken erweitert (Pupillenreflex). Dadurch wird die in den Augapfel einfallende Lichtmenge reguliert.

**Akkommodation.** Hältst du dir einen Bleistift vor die Augen und blickst auf ein entfernt hängendes Bild, so kannst du entweder den Bleistift oder das Bild an der Wand scharf sehen. Ferne und nahe Gegenstände können nicht gleichzeitig deutlich erkannt werden. Untersucht man die Vorgänge im Auge, stellt man fest, dass bei der Naheinstellung die Linse etwa kugelförmig, bei der Ferneinstellung aber flach und lang gestreckt ist. Durch diese Formveränderungen wird die Brechkraft der Linse der Entfernung der betrachteten Gegenstände angepasst. Diese Anpassungsvorgänge bezeichnet man als Akkommodation. Die Veränderungen der Linsenform werden durch den Ziliarmuskel bewirkt. Er zieht sich ringförmig um die Linse und ist über Bänder mit ihr verbunden.
Zwischen dem 40. und 50. Lebensjahr nimmt die Elastizität der Augenlinsen ab. Dadurch wird die sogenannte Altersweitsichtigkeit verursacht.

Pupillenadaptation bei Helligkeit (oben) und Dunkelheit (unten)

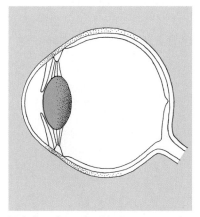

Naheinstellung der Linse

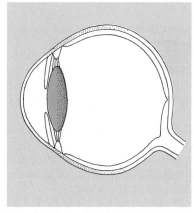

Ferneinstellung der Linse

Kein Sehen

Einäugiges Sehen

Räumliches Sehen

Gesichtsfeld des Menschen: Schon bei feststehenden Augen mit dem Blick geradeaus erfassen wir einen großen Raumbereich. Mit bewegten Augen kann dieser noch deutlich erweitert werden (Blickfeld).

**Augen und Gehirn sehen gemeinsam.** Die von den Augen aufgenommenen Bilder führen erst nach Informationsverarbeitung in der Hirnrinde zur optischen Wahrnehmung der Umwelt. Deshalb erkennen wir wirklichkeitsgetreu, was oben und unten ist, obwohl auf der Netzhaut ein umgekehrtes Bild der gesehenen Gegenstände entsteht. Ebenso nehmen wir nicht zwei Einzelbilder, sondern ein räumliches Gesamtbild wahr, nachdem jedes Auge zunächst ein eigenes Bild erzeugt hat. Richtig sehen kann man also nur, wenn sowohl die Augen und die Sehnerven als auch das Sehzentrum im Gehirn funktionstüchtig sind: Manche Hirnverletzungen können eine Erblindung verursachen, obwohl die Augen völlig intakt geblieben sind.
Die biologischen Grenzen der Informationsverarbeitung in unserem Gehirn werden bei optischen Täuschungen deutlich.

## AUFGABEN

1. Beschreibe Teile der Netzhaut und ihre Funktionen!
2. Erkläre, warum man in der Dämmerung nur „schwarz-weiß" sieht!
3. Vergleiche die Entstehung des Bildes auf der Netzhaut mit der Funktionsweise eines Fotoapparates!
4. Wir benötigen zum Sehen Vitamin A und täglich so viel Energie, wie in 1 g Fett gebunden ist. Warum sind das Vitamin und die Energie notwendig?
5. Beschreibe die Veränderungen der Ziliarmuskeln und der Linse bei der Nah- und Fernakkomodation!

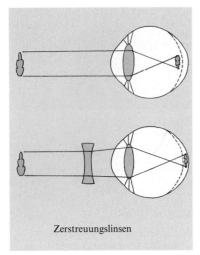

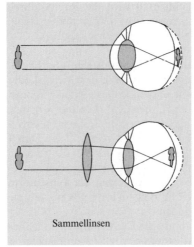

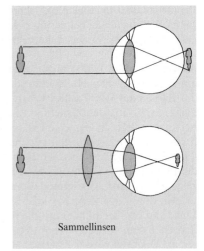

Zerstreuungslinsen

Sammellinsen

Sammellinsen

Kurzsichtigkeit und ihre Korrektur

Weitsichtigkeit und ihre Korrektur

Altersweitsichtigkeit und ihre Korrektur

**Sehfehler und ihre Korrekturen.** Viele Menschen benötigen zeitweilig, manche lebenslang Brillen oder Kontaktlinsen als Sehhilfen.

Bei Kurzsichtigkeit erkennt man nahe Gegenstände gut, ferne Gegenstände dagegen erscheinen verschwommen. Die Ursache dafür ist meist ein zu langer Augapfel. Das scharfe Bild ferner Gegenstände läge vor der Netzhautebene. Zerstreuungslinsen in einer Brille bewirken, dass es genau auf der Netzhaut entstehen kann.

Bei Weitsichtigkeit können ferne Gegenstände klar, nahe Gegenstände auch bei stärkster Akkommodation nur verschwommen erkannt werden. Die Ursache dafür ist ein zu kurzer Augapfel. Das scharfe Bild würde erst hinter der Netzhaut entstehen. Sammellinsen als Brillengläser bündeln die Lichtstrahlen so, dass das scharfe Bild auf der Netzhaut liegt.

Die sogenannte Altersweitsichtigkeit tritt auf, wenn die Linse an Elastizität verliert. Sie wölbt sich immer weniger. Damit lässt ihre Brechkraft nach. Das scharfe Bild naher Gegenstände liegt hinter der Netzhautebene. Nahe Gegenstände werden nur noch verschwommen erkannt. Betroffene, meist Menschen über 50, halten dann zum Beispiel eine Zeitung weit von sich, um scharf zu sehen. Abhilfe schafft eine Brille mit Sammellinsen.

Kontaktlinsen weisen gegenüber Brillengläsern einige Vorzüge auf. Insbesondere entfallen der Vergrößerungseffekt von Sammellinsen bzw. der Verkleinerungseffekt von Zerstreuungslinsen.

**Erste Hilfe bei Augenverletzungen.** Ins Auge gelangte Staubteilchen oder Insekten lösen Schmerz und Tränenfluss aus. Die Augen dürfen dann nicht gerieben werden. Am besten hält man sie für einige Minuten geschlossen, bis sich genug Tränenflüssigkeit gebildet hat, die den Fremdkörper herausspült. Gelingt das nicht, dann kann man sich helfen, indem man das Oberlid vorsichtig über das Unterlid zieht. So können die Wimpern den Fremdkörper „herausfegen". Liegt er im unteren Lid, kann man dieses nach unten ziehen und ihn mit der Spitze eines sauberen Taschentuchs entfernen. Man muss darauf achten, dass die Hände sauber sind, damit nicht erneut Fremdkörper oder Bakterien ins Auge gelangen können.

Augenverletzungen können auch durch Verätzungen mit Chemikalien entstehen. In solchen Fällen muss man sofort mit viel Wasser spülen. Dann ist – ebenso wie bei Augenverletzungen durch spitze Gegenstände – unbedingt ein Arzt aufzusuchen.

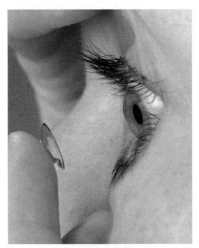

Kontaktlinsen erfordern besondere regelmäßige Pflege und Desinfektion.

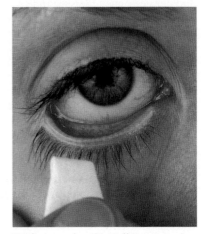

Entfernung eines Fremdkörpers

Bei vielen Experimenten ist das Tragen von Schutzbrillen vorgeschrieben.

Schülerarbeitsplatz mit guten Lichtverhältnissen

**Schutz der Augen.** Eine wichtige Voraussetzung für das Sehen sind richtige Lichtverhältnisse. Das gilt besonders für deinen Arbeitsplatz. Ein Schreibtisch bekommt das meiste Tageslicht, wenn er direkt vor dem Fenster steht. Künstliches Licht sollte bei Rechtshändern von links auf den Arbeitsplatz fallen, damit beim Schreiben kein Schatten vor der Hand entsteht. Der Abstand zum Arbeitsgegenstand sollte bei gesunden Augen etwa 30 cm betragen. Ist dabei der betrachtete Gegenstand nicht scharf genug zu erkennen, sollte ein Augenarzt aufgesucht werden.

Bei ungenügenden Lichtverhältnissen werden die Augen ständig überanstrengt. Kopfschmerzen und Schwindelgefühle sind oft die Folge.

Das Arbeiten am Computer, das Fernsehen und Lesen sind Tätigkeiten, welche die Augen anstrengen. Sie sollten nicht unnötig ausgedehnt werden. Die Augen benötigen ebenso wie das Gehirn Erholungspausen.

Bei Arbeiten mit Lacken, Farben und anderen Chemikalien müssen die Augen durch eine Schutzbrille vor Spritzern geschützt werden.

Wenn du zu lange in grelles Licht blickst, kann es zu Verblendungen der Augen kommen. Deshalb müssen bei längerem Aufenthalt in sehr hellem Sonnenlicht, auf weiten Schnee- oder Eisflächen oder im Solarium Sonnenschutzbrillen getragen werden.

Sonnenbrillen schützen auch vor schädlicher UV-Strahlung.

Die Augen bilden von Gegenständen reflektiertes Licht auf der Netzhaut ab. Dabei entstehen Nervenimpulse (Erregungen), die durch den Sehnerv zum Sehzentrum im Gehirn geleitet werden. Dort ermöglichen sie das aktuelle Sehen und spätere optische Erinnerungen. Die Augen müssen vor Überanstrengung und vor Verletzungen geschützt werden.

## AUFGABEN

1. Halte einen Bleistift in einem Abstand von 30 cm aufrecht vor die Augen! Fixiere abwechselnd den Bleistift und einen entfernten Gegenstand. Berichte über deine Beobachtungsergebnisse und erkläre sie!
2. Erläutere anhand selbstgewählter Beispiele Maßnahmen zum Schutz der Augen!

2. Beschreibe mit Hilfe einer Skizze den Strahlengang durch eine Sammellinse. Übertrage deine Kenntnisse aus der Optik auf den Sehvorgang im menschlichen Auge!
3. Erläutere die Ursachen von Altersweitsichtigkeit und erkläre ihre Korrektur!

# Wir untersuchen unser Sehen und Hören

### 1. Schau mir in die Augen, ...

Setzt euch zu zweit gegenüber, schaut euch in die Augen und achtet dabei auf die Größen der Pupillen. Schließt 30 Sekunden lang die Augen und haltet zusätzlich die Hand davor. Danach nehmt ihr die Hand weg und blickt der gegenübersitzenden Person in die Augen. Beschreibt die Veränderung der Pupillen und erklärt, wie sie zustande kommt!

### 2. Der blinde Fleck

Halte das Buch vor dich und schließe das rechte Auge. Fixiere mit dem linken Auge den weißen Punkt und bewege das Buch langsam in Richtung deiner Augen. Achte dabei auf das weiße Kreuz.
Erkläre deine Beobachtung!

### 3. Unterscheidung von Rot und Grün

Prüft in der Klasse, ob alle Schüler die Zahl innerhalb der grünlichen Punkte erkennen. Manche Menschen können dies nicht (Rot-Grün-Blindheit). Diskutiert diesen Sachverhalt mit eurem Biologielehrer und versucht dann eine Erklärung dafür zu finden!

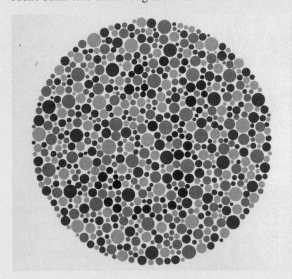

### 4. Bestimmung des Nahpunktes unserer Augen

Schließe zunächst das linke Auge. Bringe mit gestrecktem rechten Arm einen Bleistift in deine Blickrichtung! Bewege den Stift langsam in Richtung deines rechten Auges! Ermittle den Punkt, an dem du ihn gerade noch scharf erkennen kannst! Die Entfernung zwischen Auge und Stift kann ein Mitschüler mit dem Lineal messen. Führt die gleiche Messung mit dem linken Auge durch! Notiert und vergleicht die gemessenen Werte (in cm) in der Klasse und bildet einen Mittelwert!
Sind bei Kurzsichtigkeit höhere oder niedrigere Werte zu erwarten? Begründe deine Meinung!

## 5. Kann man seinen Augen immer trauen?

Betrachte und beschreibe die Abbildung! Lege unliniertes, durchsichtiges Papier darauf und zeichne die langen Linien ohne Querlinien nach. Vergleiche die beiden Abbildungen. Beschreibe die vorliegende optische Täuschung und versuche, sie zu erklären!

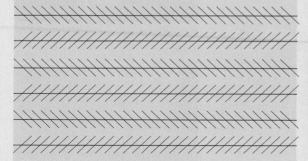

## 6. Größer, kleiner oder gleich groß?

Schätze die Körperhöhen der beiden Mädchen auf der Abbildung ab. Miss sie anschließend genau mit einem Lineal und vergleiche die Messwerte mit deiner Schätzung! Versuche eine Erklärung für die Ergebnisse!

## 7. Luft- und Knochenleitung des Schalls

Verschließe beide Ohren fest mit den Fingern. Prüfe, ob du den Ton einer schwingenden Stimmgabel hörst. Lass dir anschließend die schwingende Stimmgabel auf die Schädelmitte setzen. Beschreibe und vergleiche deine Höreindrücke! Versuche, sie zu erklären!

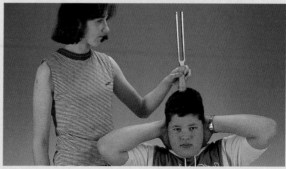

## 8. Bedeutung der Ohrmuscheln für das Hören

Setze dich in einem Abstand von 1 m vor einen tickenden Wecker! Vergrößere die Fläche deiner Ohrmuscheln, indem du die Handflächen hinter die Ohren legst! Erkläre deine Beobachtungen!

## 9. Ein Konzentrationstest

Die Hälfte der Klasse zählt bei absoluter Ruhe innerhalb von 30 Sekunden die Nullen in der angegebenen Zahlenreihe. Ein Schüler erteilt das Startkommando und stoppt die Zeit. Jeder notiert die von ihm ermittelte Anzahl. Es wird ein Mittelwert für die beteiligten Schüler gebildet. Dann wird ein Kassettenrecorder mit lauter Musik angestellt. Die zweite Hälfte der Klasse wiederholt den Versuch, notiert die Anzahl der ermittelten Nullen und bildet den Mittelwert.
Vergleicht die Ergebnisse und versucht, sie zu erklären!

```
0 0 0 0 0 0 1 0 0 0 2 7 4 9 0 3 0 4 0 0 0 8
6 0 0 4 1 0 0 7 0 0 2 5 0 0 0 4 0 0 1 0 0 7
5 9 0 0 2 0 5 8 0 1 0 0 9 4 3 0 2 0 0 0 6 8
0 0 1 4 0 0 7 0 2 0 3 0 0 0 1 0 0 4 0 0 6 0
```

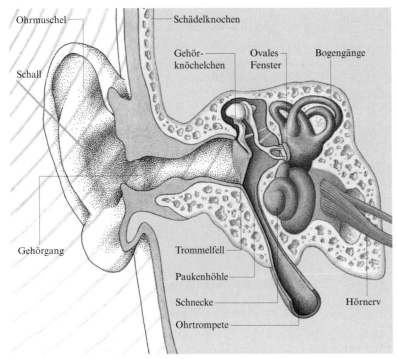

Bau des Ohrs (schematisch)

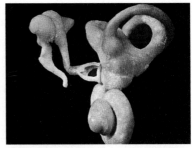

Gehörknöchelchen, Gleichgewichtsorgan, Gehörschnecke

Trommelfell

**Gehörsinn.** Beim Menschen können Schallreize im Bereich zwischen etwa 20 bis 20 000 Luftschwingungen je Sekunde zu Hörempfindungen führen. Die Schallwellen werden von der Ohrmuschel in den Gehörgang geleitet und versetzen das Trommelfell in Schwingungen. Diese werden nacheinander auf die Gehörknöchelchen im Mittelohr (Hammer – Amboss – Steigbügel) übertragen. Infolge dieser „Kettenreaktion" übt der Steigbügel Druck auf das ovale Fenster der Gehörschnecke aus. Deren Gänge sind mit einer Flüssigkeit (Lymphe) gefüllt, in der Druckwellen entstehen. Sie treffen im mittleren Gang auf Hörsinneszellen, die durch den Druckreiz erregt werden. Ausdruck dieser Erregungen sind auch elektrische Impulse, die über den Hörnerv das Gehirn erreichen. Dort tragen sie zur Entstehung von Hörempfindungen und Wahrnehmungen sowie zum Ablauf von Denkvorgängen bei.

Schallreize mit über 20 000 Schwingungen je Sekunde werden als Ultraschall bezeichnet. Einige Tierarten – wie zum Beispiel Fledermäuse – können Ultraschall hören.

**Gleichgewichts-, Lage- und Bewegungssinn.** Die drei senkrecht zueinander stehenden, mit Lymphe gefüllten Bogengänge im Innenohr sind unser Gleichgewichtsorgan. Mit seinen Sinneszellen nehmen wir Lageänderungen des Körpers und des Kopfes wahr (vorn–hinten, oben–unten, rechts–links). In Erweiterungen der Bogengänge befinden sich zusätzlich Kalkteilchen. Bei schneller Bewegung des Kopfes (Beschleunigung) verändern sie ihre Lage in der Lymphe, ebenso die Flüssigkeitssäulen in den Bogengängen. Dadurch werden Sinneszellen gereizt. Sie erzeugen elektrische Impulse, die über den Bogengangnerv zum Gehirn gelangen. Zu ihren Wirkungen gehören die Korrektur der Lage des Körpers und unsere Orientierung im Raum, aber auch Drehschwindel und Übelkeit bei Überreizungen (z. B. auf der Luftschaukel oder beim Fahren mit dem Riesenrad).

## Schon gewusst?

Schallschwingungen können von akustischen Messgeräten als Kurven dargestellt und aufgezeichnet werden.

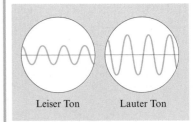

Leiser Ton        Lauter Ton

Je heftiger die Schallschwingungen, um so größer ist die Lautstärke.

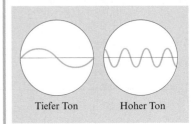

Tiefer Ton        Hoher Ton

Je schneller die Schallschwingungen, um so höher ist der Ton.

Mädchen mit Walkman

Arbeiter mit Presslufthammer

**Lärm macht krank.** Mit fortschreitendem Alter tritt in der Regel eine Verschlechterung des Hörvermögens auf (Altersschwerhörigkeit). Ursachen dafür sind z. B. von Durchblutungsstörungen verursachte Veränderungen im Hörnerv. Vor allem die höheren Töne werden nicht mehr ausreichend wahrgenommen. Alte Menschen hören deshalb beispielsweise die Haustürklingel oder Telefongespräche wesentlich schlechter als du.

Lärmschwerhörigkeit kann – als lebenslanger Dauerschaden – wesentlich früher entstehen, wenn die Ohren oft dauerndem Lärm bzw. häufig überlauter Musik in geschlossenen Räumen ausgesetzt sind. Noch gefährlicher kann Musiklärm aus dem Walkman sein, weil der Schall direkt auf das Trommelfell wirkt und das Innenohr pausenlos überlastet wird. Dabei werden Kräfte übertragen, die auf Dauer dazu führen, dass Hörsinneszellen absterben. Jeder zehnte Jugendliche leidet heute unter so verursachten Hörschäden. Deshalb: Nicht länger als zwei Stunden hintereinander Discomusik hören, den Walkman nie voll aufdrehen!

Von Lärmschwerhörigkeit bedroht sind auch Menschen, die im Beruf Lärmbelastungen ausgesetzt sind (z. B. Straßenbauer, Lokführer, Piloten oder Musiker).

Lärm (z. B. Straßenlärm und Fluglärm) wirkt auch im Alltag. Dauerlärm erhöht das Herzinfarktrisiko. Er trägt zur verstärkten Ausschüttung eines Stresshormons und zur Erhöhung der Blutfettwerte bei. Dadurch wird langfristig der Blutkreislauf geschädigt.

> Im Innenohr liegen in der Schnecke die Hörsinneszellen. Sie sind durch Mittelohr und Außenohr mit der Außenwelt verbunden. Andauernder Lärm ist gesundheitsgefährdend.
> Im Innenohr befinden sich darüber hinaus Sinneszellen zur Wahrnehmung der Lageänderungen im Raum sowie des Körpergleichgewichts.

## Schon gewusst?

Das Hören mit zwei Ohren vermittelt uns einen räumlichen Eindruck. Die Richtung einer Schallquelle wird durch den Zeitunterschied, mit dem die Töne bei den Ohren ankommen, angezeigt.

Beide Ohren sind von der Schallquelle gleich weit entfernt.

Der Schall kommt bei beiden Ohren gleichzeitig an.

Nach Drehung des Kopfes ist der Abstand der Ohren zur Schallquelle unterschiedlich.

Der Schall kommt bei einem Ohr eher an. Dadurch kann die Richtung der Schallquelle geortet werden.

## AUFGABEN

1. Stelle in einer Tabelle die Teile des Außen-, Mittel- und Innenohres mit ihren Funktionen zusammen!
2. Wann registrieren wir hohe und tiefe, laute und leise Töne?

# Besondere Sinnesleistungen von Tieren

Wahrnehmung einer Fingerkrautblüte durch Mensch (links) und Biene (rechts)

**Bienen sehen es anders.** Bienen sehen auch Farben, aber etwas anders als wir. Sie können kein langwelliges, dafür aber ultraviolettes Licht wahrnehmen. Uns erscheint beispielsweise die Blüte des Fingerkrauts nur gelb, in der Farbempfindung einer Biene ist sie wahrscheinlich purpurfarben und gelb. Der Randbereich der Blüte reflektiert ultraviolettes Licht, dadurch werden für die Biene die sogenannten Saftmale sichtbar. Bienen orientieren sich an den Saftmalen, die den Zugang zum Nektar kennzeichnen.

**Fliegen schmecken mit den Beinen.** Geschmackssinneszellen sind in der Lage, in Flüssigkeit gelöste Stoffe zu „erkennen". Bei den Wirbeltieren liegen sie auf der Zunge und unterscheiden zwischen „süß", „sauer", „salzig" und „bitter". Fliegen schmecken mit Borsten an Mundwerkzeugen, Fühlern und Beinen. Eine Schmeckborste besteht aus einem Chitinrohr, in dem die Ausläufer der Sinneszellen enden. Gelangt Flüssigkeit in den Kanal der Schmeckborste, wird eine der drei Sinneszellen erregt. Sie vermitteln die Informationen „salzig", „süß" oder „Wasser".

**Fische „fühlen" mit der Seitenlinie.** Die Seitenlinienorgane der Fischhaut reichen vom Kopf bis zur Schwanzflosse. Es sind Staudruck-Sinnesorgane zur Wahrnehmung von Strömungsrichtungen, Artgenossen und Feinden. Die Reizaufnahme erfolgt durch Haarzellen, die in Gruppen unter der Haut in einem Kanal stehen, von einer Kuppel bedeckt und mit Nervenfasern verbunden sind. Nähert sich etwa ein anderer Fisch, verursacht der entstehende Druckunterschied die Lageänderung einer Kuppel und eine Verbiegung der Sinneshärchen. Dadurch werden Erregungen und schließlich Schwimmbewegungen oder andere Verhaltensweisen ausgelöst.

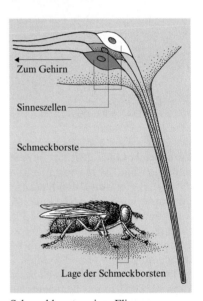

Zum Gehirn

Sinneszellen

Schmeckborste

Lage der Schmeckborsten

Schmeckborsten einer Fliege

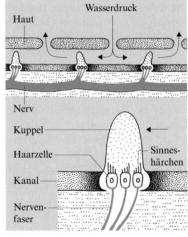

Haut

Wasserdruck

Nerv

Kuppel

Haarzelle

Kanal

Nervenfaser

Sinneshärchen

Reizaufnahme in der Seitenlinie

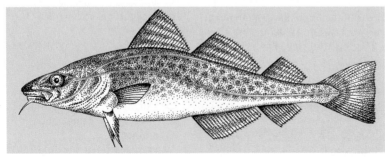

Seitenlinienorgan der Fische

Vieraugenfisch

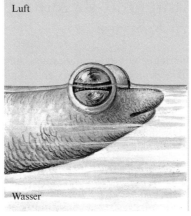

Kopf mit Augen

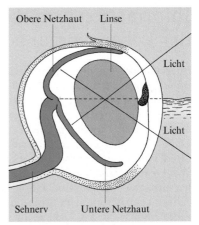

Strahlengänge im „Doppelauge"

**Vieraugenfische.** Bei diesen schlanken, 15 cm bis 20 cm langen, lebendgebärenden Oberflächenfischen Mittelamerikas ragt die obere Augenhälfte aus dem Wasser heraus. Dieser Augenteil ist zum Sehen in der Luft geeignet. Die untere Hälfte dient dem Unterwassersehen. Die Fische schwimmen so, dass sich der Wasserspiegel auf der Höhe der Trennlinie beider Augen befindet. Das Auge hat zwei Pupillen, eine stark gekrümmte Linse und zwei getrennte Netzhäute. Beim Unterwassersehen fallen die Strahlen auf die obere, beim Sehen oberhalb des Wassers auf die untere Netzhaut.

**Klapperschlangen „sehen" Temperaturen.** Klapperschlangen sind in der Lage, Vögel und Säugetiere auch bei völliger Dunkelheit zielsicher zu fangen. Unterhalb ihrer Augen befinden sich paarige Gruben mit Infrarot„augen". Dabei handelt es sich um Membranen mit Sinneszellen, die hochempfindlich auf Temperaturunterschiede reagieren. Sie können noch Abweichungen von drei tausendstel °C registrieren. Nähert sich der Schlange ein Beutetier, zum Beispiel eine Maus, erhöht sich die Umgebungstemperatur geringfügig. Die Grubenorgane nehmen diesen Temperaturunterschied sowie seine Richtung wahr, sodass sich die Klapperschlange ihrer Beute zielgerichtet nähern kann.

Porträt einer Klapperschlange

**Echoorientierung mit Ultraschall.** Fledermäuse stoßen auf ihrem Beutefangflug über Mund oder Nase Peillaute aus. Weil diese Laute im Ultraschallbereich liegen, sind sie für uns nicht hörbar. Hindernisse und Beutetiere reflektieren den Ultraschall. Eine stark vergrößerte Membran im Innenohr der Fledermäuse nimmt die Echos auf. So kann sich das Tier orientieren. Gerät ein Insekt in den Schallkegel, wird die Anzahl der Peillaute stark erhöht. So kann die Fledermaus die Flugbewegungen der Beute sicher verfolgen. Nachtfalter können einer Fledermaus trotzdem entkommen: Hörsinneszellen übermitteln die Peillaute einer Fledermaus. Reflexartig geht der Falter zum Taumelflug über, schließt die Flügel und lässt sich fallen. So kann er der Echolotung des Beutejägers entkommen.

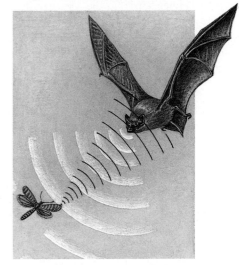

Fledermäuse senden und empfangen Ultraschallwellen.

Sinnesorgane sind Organe zur Aufnahme bestimmter Reize durch spezialisierte Sinneszellen. Die Fähigkeit aller Organismen, Reize aufzunehmen, zu verarbeiten und darauf zu reagieren, wird als Reizbarkeit bezeichnet. Die Sinnesleistungen sind an die unterschiedlichen Umwelten und die Lebensweise der Tierarten angepasst.

# Informationsverarbeitung und Regelung der Lebensvorgänge im Körper

**Informationen aus der Umwelt.** Der menschliche Organismus muss sich ständig an wechselnde innere und äußere Bedingungen anpassen. Dazu gehören beispielsweise erhöhter Sauerstoffbedarf und Hunger bei körperlich schwerer Tätigkeit bzw. geistiger Anstrengung und hohe oder niedrige Temperaturen sowie unterschiedliche Lichtverhältnisse in der Umwelt.

Ohne die Fähigkeit zur Informationaufnahme könnten wir uns kein „Bild" von unserer Umwelt machen und deshalb weder orientieren noch zweckmäßig verhalten. Zum Beispiel sind manche Geschmackssinneszellen unserer Zunge empfindlich für Zucker. Er bewirkt in ihnen eine kurzzeitige Veränderung, eine Information darüber gelangt in Form elektrischer Impulse in das Gehirn. In das Zentralnervensystem gelangt also immer nur eine Information darüber, dass Sinneszellen Kontakt mit einem bestimmten Reiz hatten, niemals dieser Reiz selbst. Alles, was wir erfahren und dazu lernen, beruht auf solchen Reizinformationen, die wir mit unseren Sinneszellen aus der Umwelt empfangen. Daher ist auch die Situation von Mitmenschen besonders tragisch, wenn sie von einem Ausfall von Sinnesleistungen betroffen – zum Beispiel blind oder taub oder gar taub und blind geboren – sind.

**Informationen aus dem Körper.** Neben den Sinneszellen, die für Umweltreize empfindlich sind, gibt es auch solche, die Informationen aus dem Körperinneren an das Zentralnervensystem senden: Beispielsweise Sinneszellen zur Messung des Blutdrucks, des Blutzuckergehalts, der Konzentration der Atemgase, Sinneszellen für die Spannungsmessung in Muskeln und Sehnen sowie für die Messung des Füllungsgrades in Magen, Darm und Harnblase. Die Leistungen dieser inneren Sinneszellen werden uns meist nicht bewusst. Für die Steuerung und Regelung der körperinternen Abläufe ist ihre Funktion aber unbedingt notwendig.

Hormone sind Stoffe, die zusammen mit dem Nervensystem die Wirkung von Organen und den Ablauf von Lebensvorgängen in unserem Körper regulieren. Sie sind in ganz kleinen Mengen wirksam und werden in Hormondrüsen gebildet. Das Blut transportiert sie von dort zu den Organen, deren Funktionen sie beeinflussen.

Beispielsweise wird das Hormon Insulin in der Bauchspeicheldrüse gebildet. Es trägt zur Regulierung des Zuckergehalts im Blut bei. Mangel an Insulin führt zu einer Stoffwechselstörung (Zuckerkrankheit).

| Wichtige Sinnes- und Nervenleistungen des Menschen | | | | |
|---|---|---|---|---|
| Reiz | Sinnesorgan | Sinneszellen | Sensible Nervenfasern | Zentralnervensystem |
| Energieform und Information aus der Umwelt | Ort der Sinneszellen | Umsetzung der Reize in Erregungen (elektrische Impulse) | Leitung der elektrischen Impulse (Informationen) | Empfindung und Wahrnehmung, Reaktion und Verhalten/Handeln, Gedächtnis, Lernen, Bewertung und Entscheidung |
| Schallwellen | Schnecke (im Innenohr) | Hörsinneszellen | | Hören |
| Licht verschiedener Wellenlänge und Intensität | Netzhaut (im Auge) | Stäbchen, Zapfen | | Sehen |
| Lageänderung des Kopfes/Körpers im Raum | Bogengänge (im Innenohr) | Haarsinneszellen (Druck- und Beschleunigungswahrnehmung) | | Gleichgewichtsempfindung |
| Temperatur Druck | Haut | Temperatursinneszellen Tastkörperchen | | Wärme- und Kälteempfindung Tasten/Druckempfindung |

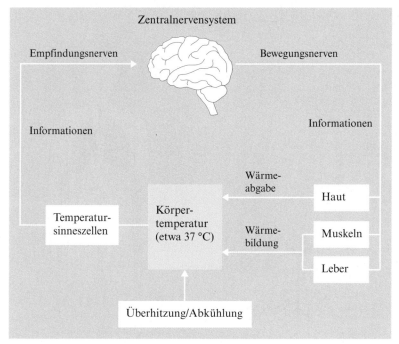

Stoffwechsel und Informationsverarbeitung bei der Regelung der Körperwärme

**Organe wirken zusammen.** Die Gesundheit und Leistungsfähigkeit unseres Körpers hängt auch davon ab, dass biologisch wichtige Zustände in ihm annähernd konstant gehalten werden. Das Beispiel der Regelung der Körpertemperatur zeigt uns, dass dabei das Zusammenwirken der Organe durch Informationsverarbeitung im Nervensystem geregelt wird. Die Bereitstellung von Nährstoffen zur Neubildung von Zellen und zur Energiefreisetzung, die Anpassung des Auges an unterschiedliche Lichtverhältnisse, der Schutz der Haut vor ultravioletten Strahlen durch Hautpigmente oder die Anpassung des Gasaustauschs an die körperliche Belastung sind weitere Beispiele für geregelte Lebensvorgänge in unserem Körper.

Zur Speicherung von Informationen im Gedächtnis und zur Einbeziehung solcher Erfahrungen in die Steuerung seines Verhaltens ist der Mensch in besonderem Maße befähigt.

Auch geistige Leistungen sind vom Stoff- und Energiewechsel abhängig.

> Der Organismus kann sich durch die Aufnahme und Verarbeitung von Informationen von außen und aus dem Körperinneren an Veränderungen der Umweltverhältnisse anpassen. Gesundheit und Leistungsfähigkeit sind vom geregelten Funktionieren des Stoff- und Energiewechsels sowie der Informationsverarbeitung im Organismus abhängig.

## AUFGABEN

1. Schildere anhand einer sportlichen Disziplin wie Muskeltätigkeit, Atmung, Ausscheidung, Ernährung, Herz- und Kreislauftätigkeit im Organismus zusammenwirken!

2. Erläutere die Regelung der Körpertemperatur im menschlichen Organismus!

3. Zähle deine Atemzüge während du eine Minute ruhig sitzt! Zähle sie anschließend erneut, nachdem du schnell gelaufen bist! Vergleiche und erkläre! Untersuche ebenso die Anzahl deiner Pulsschläge!

4. Erläutere, warum körperliche Belastung den Organismus erwärmt und wie er darauf reagiert!

# ZUSAMMENFASSUNG

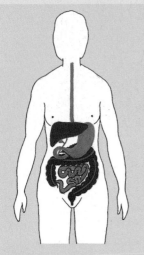

### Verdauungsorgane

Nährstoffe (Kohlenhydrate, Fette, Eiweiße) werden durch physikalische und biochemische Prozesse in von den Zellen verwertbare Stoffe umgewandelt. Die Verdauungsvorgänge werden von Verdauungsenzymen gesteuert.

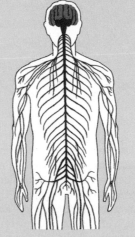

### Sinnesorgane und Nervensystem

Das Nervensystem ist mit allen Organsystemen verbunden und steuert (im Zusammenspiel mit dem Hormonsystem) durch Informationsverarbeitung ihre Tätigkeit und ihr Zusammenwirken. Gemeinsam mit den Sinnesorganen befähigt es den Organismus, auf Einwirkungen aus der Umwelt zu reagieren.

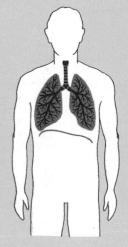

### Atmungsorgane

Das Blut scheidet in den Lungen Kohlenstoffdioxid aus und nimmt Sauerstoff auf. Es transportiert den Sauerstoff zu den Körpergeweben, nimmt dort entstandenes Kohlenstoffdioxid auf und bringt es zu den Lungen.

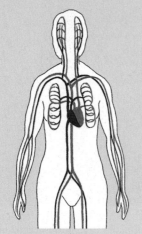

### Blut und Blutkreislauf

Das Blut transportiert Sauerstoff von den Lungen, Nährstoffe, Mineralien und Wasser von den Verdauungsorganen zu den Zellen des Körpers sowie Wasser und die beim Zellstoffwechsel entstehenden Endprodukte zu den Ausscheidungsorganen.

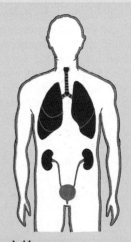

### Ausscheidungsorgane

Durch die Ausscheidungsorgane werden die Stoffwechselendprodukte (Kohlenstoffdioxid, Harnstoff, Mineralsalze) aus dem Körper entfernt. Harnorgane, Haut und Lungen sind wesentlich an der Regulierung des Wasserhaushalts im Körper beteiligt.

# Wirbellose Tiere in ihren Lebensräumen

Der tropische Regenwald bietet erstaunlich vielfältige Lebensbedingungen. Er ist deshalb auch außerordentlich reich an Pflanzen und Tieren. Besonders groß ist die Artenfülle an Gliedertieren, zu denen auch so schöne und interessante Tiere wie die Vogelspinnen zählen.

# Leben ist überall

Erst in diesem Jahrhundert sind durch weltweite Untersuchungen der verschiedenen Lebensräume die wirbellosen Tiere in ihrer riesigen Artenvielfalt entdeckt und beschrieben worden. Den etwa 45 000 Wirbeltierarten stehen heute bereits über 1,2 Millionen Arten wirbelloser Tiere gegenüber. Biologen vermuten jedoch, dass es weltweit noch weitere hunderttausende bisher unbekannte Tierarten gibt. In den Tiefen der Ozeane, den Höhen mächtiger Gebirge, den Weiten noch vorhandener Urwälder und wenig vom Menschen besiedelter Landflächen gibt es noch viele neue Tier- und Pflanzenarten zu entdecken. Doch warum soll es nicht auch in unseren Gebirgsbächen und Flüssen, in den Wäldern der Mittelgebirge und Flussauen, in Mooren und auf Blumenwiesen noch unbekannte Tiere geben?

Ein fein geadertes Blütenblatt, eine bizarre Koralle, ein Insektenflügel?

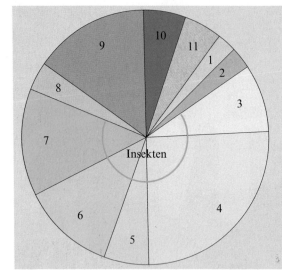

1 Einzeller
2 Krebse
3 Hautflügler
4 Käfer
5 Zweiflügler
6 Schmetterlinge
7 Übrige Insekten
8 Spinnentiere
9 Weichtiere
10 Wirbeltiere
11 Übrige Tiergruppen

Tiergruppen der Erde: Anteile der Gruppen an der Artenanzahl

Jagdspinne mit Eikokon

Distelfalter auf Blüte

Schmalbock-Käfer

Rote Wegschnecke

# Hohltiere sind Wasserbewohner

**Blumentiere.** Von den fast 10 000 Hohltierarten mit ihrem unerschöpflichen Formen- und Farbenreichtum leben etwa 6500 Arten als „Blumentiere" des Meeres. Viele haben die Fähigkeit entwickelt, in Lebensgemeinschaft mit kleinen Algen große Mengen Kalk in ihr Außenskelett einzubauen. Sie bilden so in den warmen Meeren gewaltige Korallenriffe. Diese sind die größten Bauwerke der lebenden Natur. Hohltiere haben nicht nur als Gesteinsbildner Bedeutung, sondern sie schaffen auch viele neue und einzigartige Lebensräume. Diese sind für andere wirbellose Tiere und zahlreiche Fischarten lebensnotwendig. Korallenriffe sind neben dem tropischen Regenwald die arten- und individuenreichsten Lebensräume. Nur wenige Hohltierarten kommen im Süßwasser vor.

## Schon gewusst?

Das große Barriereriff vor der Nordostküste Australiens ist 2000 km lang und zwischen 300 m und 2000 m breit. Die Korallen bedecken dort riesige Flächen.

Seeanemonen, Seemoos, Seenelken und Seerosen sind keine Pflanzen, sondern Hohltiere.

Korallenriffe sind artenreiche Lebensgemeinschaften.

Teil eines von Riffkorallen gebildeten Atolls

Seerosen leben in allen Meeren

Rote Hornkorallen

Edelkorallen in warmen Meeren

**Süßwasserpolyp.** Die Tiere leben in Teichen und ruhig fließenden Gewässern an Wasserpflanzen und Steinen. Süßwasserpolypen sind einfach gebaute Vielzeller, deren Zellen aber bereits eine Arbeitsteilung aufweisen. Der zylindrische Körper des Süßwasserpolypen besteht aus zwei Zellschichten und einer dazwischen liegenden Stützschicht. Die *Außenschicht* wird vorwiegend aus Muskelzellen gebildet, dazwischen sind Sinnes- und Nesselzellen eingelagert. Die Sinneszellen reagieren auf Reize, z. B. die Berührung durch einen Wasserfloh. Die Nervenzellen bilden mit ihren Ausläufern ein weitmaschiges Nervennetz, das die Erregung in alle Richtungen des Polypenkörpers weiterleitet.

Grüner Süßwasserpolyp

Die Nesselzellen enthalten Nesselkapseln mit einem oft mehrere Millimeter langen, spiralig gewundenen Schlauch. Wird die Nesselzelle gereizt, stülpt sich der Schlauch in weniger als 3 Millisekunden nach außen, durchschlägt die Körperhülle des Wasserflohs und lähmt ihn mit einem giftigen Sekret. Besonders viele Nesselzellen sind an den Fangarmen (Tentakeln) der Süßwasserpolypen zu finden, die dem Beutefang und der Verteidigung dienen. Der mit den Fangarmen ergriffene Wasserfloh gelangt nun durch die Mundöffnung in die Verdauungshöhle des Polypen.

Die *Innenschicht* besteht aus Drüsen- und Fresszellen. Die Drüsenzellen sondern Verdauungssäfte ab, die die Nahrung vorverdauen. Durch die Fresszellen wird der Nahrungsbrei aufgenommen und an die anderen Körperzellen weitergegeben. Unverwertbare Bestandteile werden durch die Mundöffnung wieder ausgeschieden.

Polypen können sich sowohl geschlechtlich als auch ungeschlechtlich durch Knospung vermehren. Bei der Knospung bildet sich am Mutterpolypen ein neues Tier, das sich loslöst und mit seiner Fußscheibe auf Wasserpflanzen oder Steinen festsetzt.

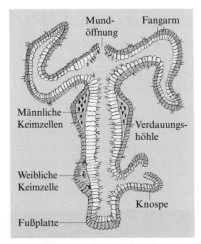

Süßwasserpolyp (Längsschnitt)

Ohrenqualle

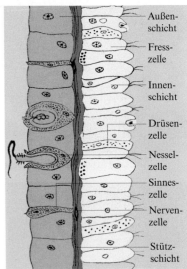

Süßwasserpolyp (Längsschnitt durch die Körperwand)

**Ohrenqualle.** Sie ist die bekannteste Quallenart in der Nord- und Ostsee. Die „Ohren"-Zeichnung wird durch die Anordnung der Geschlechtsorgane hervorgerufen. Der Durchmesser einer Ohrenqualle kann 40 cm erreichen. Sie hat vier lange, mit Nesselkapseln besetzte Mundarme. In der Größe weit übertroffen wird sie von den Feuerquallen arktischer Gewässer, die bis zu 2 m Durchmesser haben und deren Mundarme etwa 30 m lang werden können.

Hohltiere treten in zwei verschiedenen Formen auf: als festgewachsene Polypen oder als frei schwimmende Quallen (Medusen). Bei vielen Hohltieren treten beide Formen im Wechsel auf.

> Blumentiere, Süßwasserpolypen und Quallen sind Hohltiere, die stets im Wasser leben. Sie sind Vielzeller mit einer dreischichtigen Körperwand. Sie haben eine Verdauungshöhle mit einer Mundöffnung zur Nahrungsaufnahme und zur Ausscheidung. Fangarme mit vielen Nesselkapseln dienen zum Beutefang und zur Verteidigung.

## AUFGABEN

1. Wie viele Tierarten gibt es etwa insgesamt und welche Tiergruppe ist die mit Abstand artenreichste?
2. Korallenriffe sind die gewaltigsten Bauwerke. Wer hat sie geschaffen und aus welchem Material bestehen sie?
3. Fertige eine Skizze des Süßwasserpolypen an und beschrifte sie!
4. Wodurch unterscheiden sich Polypen von Quallen?

# Plattwürmer leben frei oder als Innenparasiten

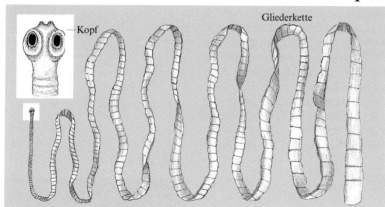

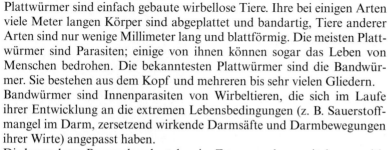

Der Rinderbandwurm ist ein bis 10 m langer Innenparasit des Menschen.

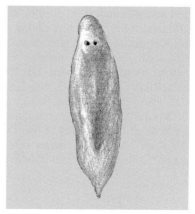

Süßwasserplanarie, bis 3 cm lang

Plattwürmer sind einfach gebaute wirbellose Tiere. Ihre bei einigen Arten viele Meter langen Körper sind abgeplattet und bandartig, Tiere anderer Arten sind nur wenige Millimeter lang und blattförmig. Die meisten Plattwürmer sind Parasiten; einige von ihnen können sogar das Leben von Menschen bedrohen. Die bekanntesten Plattwürmer sind die Bandwürmer. Sie bestehen aus dem Kopf und mehreren bis sehr vielen Gliedern.

Bandwürmer sind Innenparasiten von Wirbeltieren, die sich im Laufe ihrer Entwicklung an die extremen Lebensbedingungen (z. B. Sauerstoffmangel im Darm, zersetzend wirkende Darmsäfte und Darmbewegungen ihrer Wirte) angepasst haben.

Die besonderen Baumerkmale stehen im Zusammenhang mit der parasitischen Lebensweise der Bandwürmer. Sie haben keine Sinnesorgane, Atmungsorgane, Blutgefäße und kein Verdauungssystem. Die Nährstoffe werden durch die Haut aufgenommen. Durch die Bildung neuer Glieder hinter dem Bandwurmkopf wird der Wurm immer länger.

Bandwürmer sind zweigeschlechtige Tiere (Zwitter). In den einzelnen Bandwurmgliedern reifen zuerst die männlichen, später dann die weiblichen Geschlechtsorgane. Die reifen Glieder mit den befruchteten Eiern gelangen allmählich an das Ende des Bandwurms, werden als Endglieder abgestoßen und kommen so ins Freie.

Die Entwicklung von Bandwürmern kann mit einem Wirtswechsel verbunden sein.

**Hundebandwurm.** Sehr gefährlich für den Menschen ist der Befall mit dem Hundebandwurm. Der nur 3 bis 6 mm lange Plattwurm lebt im Dünndarm des Hundes (Wirt). Auch Füchse und Katzen werden von diesem Innenparasiten befallen. Er besteht aus dem Kopf und nur drei länglich-ovalen Gliedern. Im letzten, reifen Glied befinden sich etwa 400 bis 800 befruchtete Eier.

Wenn Menschen einen verwurmten Hund streicheln, der sich vorher After und Fell beleckt hat, können sie sich mit Bandwurmeiern infizieren. Bei mangelnder Hygiene können die Bandwurmeier verschluckt werden. Die in den Eiern befindlichen Hakenlarven werden frei, durchbohren die Darmwand und gelangen mit dem Blutstrom in die Leber, mitunter auch in die Lunge oder das Gehirn. Dort können sich bis zu fußballgroße Blasen mit Bandwurmlarven entwickeln. Schwere Krankheiten, die oft Operationen notwendig machen, sind die Folge.

## Schon gewusst?

Bewundernswert ist das große Regenerationsvermögen der Planarien. Forscher stellten fest, dass aus kleinen Stücken zerschnittener Tiere durch Neubildung der fehlenden Teile wieder ganze Plattwürmer wurden.

Parasitismus ist die Beziehung zwischen zwei unterschiedlichen Arten, wobei die eine (Parasit) der anderen (Wirt) Nährstoffe entzieht und sie dadurch schädigt. Je nach Aufenthaltsort werden Außenparasiten (z. B. Kopfläuse) und Innenparasiten (z. B. Bandwürmer) unterschieden.

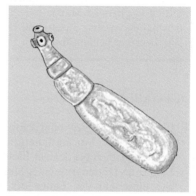

Dreigliedriger Hundebandwurm

**Entwicklung des Rinderbandwurms.** Isst ein Mensch ungenügend gekochtes oder rohes Rindfleisch (z. B. Schabefleisch), welches das blasenförmige Larvenstadium (Finne) eines Rinderbandwurms enthält, kann sich im Dünndarm des Menschen ein bis zu 10 m langer Bandwurm entwickeln. Im Kot des Menschen sind dann nach einiger Zeit weiße, längliche und sich leicht bewegende einzelne Glieder zu sehen, in welchen sich die befruchteten Eier befinden. Die Eier enthalten je eine Hakenlarve. Nehmen Rinder zufällig über ihre Nahrung diese Eier auf, entwickeln diese sich später im Fleisch der Rinder zu Finnenblasen, an deren Innenwand bereits der Kopf des späteren Bandwurms erkennbar ist. Gelangt solches Fleisch mit der Nahrung in den Darm eines Menschen, dann stülpt sich der Kopf nach außen, heftet sich mit seinen Saugnäpfen an der Darmwand fest und wächst zum Bandwurm heran.

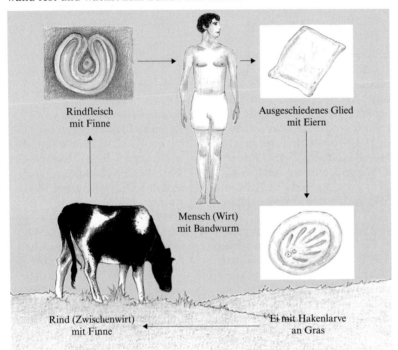

Rindfleisch mit Finne

Ausgeschiedenes Glied mit Eiern

Mensch (Wirt) mit Bandwurm

Rind (Zwischenwirt) mit Finne

Ei mit Hakenlarve an Gras

Bandwurmfinne im Muskelfleisch

Entwicklung des Rinderbandwurms

Parasitisch lebende Plattwürmer und ihre Larven können bei Menschen und Tieren beträchtliche Schäden und Krankheiten verursachen.
Durch hygienische Maßnahmen (z. B. Durchgaren von Speisen, Händewaschen vor dem Essen) und Einnahme von Medikamenten können Bandwürmer bekämpft werden.

## AUFGABEN

1. Gestalte aus Papier- oder Pappstreifen ein Modell des Rinderbandwurms in natürlicher Größe! Erkundige dich bei deinem Biologielehrer nach der Länge des Dünndarms eines Menschen und vergleiche diese mit der Länge des Bandwurms! Was erscheint dir dabei fragwürdig?

2. Beschreibe anhand der Abbildung die Entwicklung des Rinderbandwurms!

3. Schlage Maßnahmen vor, die einen Befall des Menschen mit Bandwürmern verhindern können!

4. Begründe, weshalb ein Befall mit den Finnen des Hundebandwurms besonders gefährlich ist!

# Ringelwürmer sind Boden- oder Wasserbewohner

Regenwurm nach einem Gewitter an der Erdoberfläche

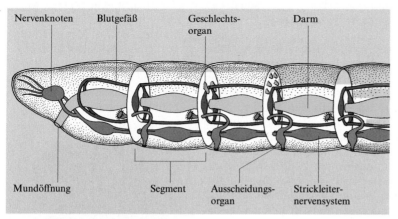

Innerer Bau eines Regenwurms (Längsschnitt)

Regenwurm (Querschnitt)

**Lebensweise.** Wohl kein Wurm ist uns seit der Kindheit so bekannt wie der Regenwurm, der mit seiner klaren Körpergliederung ein typischer Ringelwurm ist. Er hält sich meist unter der Erdoberfläche auf, wo er zahlreiche Röhren bis zu einer Tiefe von etwa zwei Metern anlegt. Lockere, feuchte Erde drängt er mit seinem kegelförmigen Vorderende zur Seite, durch hartes und trockenes Erdreich frisst er sich hindurch. Hat die Erde den Darm des Regenwurms passiert, wird sie an der Erdoberfläche als Kottürmchen abgesetzt oder zur Auskleidung der Wurmröhren benutzt. Tagsüber halten sich die Würmer oft mit dem Kopfende direkt unter dem Eingang ihrer Röhren auf.

Nach Einbruch der Dämmerung beginnen sie mit der Suche nach abgefallenen Blättern. Sie kommen mit ihrem Vorderkörper aus dem Gang heraus und suchen die Umgebung der Röhren ab. Berührt der Regenwurm mit seinem Kopfende ein Blatt, saugt er sich daran fest und zieht es in seine Röhre. Dort wird das Blatt zersetzt und dann zusammen mit Erdkrümeln und winzigen Lebewesen vom Regenwurm gefressen.

Der Kälte im Winter sowie großer Hitze und Trockenheit weichen die Regenwürmer aus, indem sie sich bis zu 2 m tief in die Erde zurückziehen. Sie sind dann spiralförmig eingerollt und verfallen in Körperstarre.

Die bei der Nahrungssuche entstehenden langen Röhren bilden viele Hohlräume, die mit feuchter Luft gefüllt sind. Nach starken Regenfällen sind diese Hohlräume so voll Wasser, dass die Regenwürmer nicht mehr ausreichend atmen können. Dem Erstickungstod entgehen sie durch Flucht an die Erdoberfläche, wo aber nun das Tageslicht (UV-Strahlung, Austrocknung) oder Fressfeinde tödlich für sie sein können.

## Schon gewusst?

Die längsten Regenwürmer der Erde leben in Australien. Sie werden über 3 m lang und 3 cm dick.

In Deutschland wurden bisher 35 Regenwurmarten gefunden, die sehr unterschiedlich gefärbt sind: grau, gelblich, rot, braun, violett bis grünlich. Eine beachtenswerte Mannigfaltigkeit!

In der oberen Bodenschicht von 1 m² Wiesenboden können bis zu 200 Regenwürmer leben.

**Körperbau.** Der lang gestreckte Körper wird von einem Hautmuskelschlauch umgeben, der von einer schützenden schleimigen Haut umhüllt ist. In jedem Körperabschnitt (Segment) sind alle Organe ausgebildet, sodass man von übereinstimmender innerer und äußerer Segmentierung sprechen kann. Jedes Segment trägt vier Paar starre Borsten, die gut mit einer Lupe zu erkennen sind. Sie dienen der Fortbewegung und dem Halt in den Erdröhren.

Bei geschlechtsreifen Tieren ist von Februar bis August ein Gürtel sichtbar. Das ist ein heller, verdickter Abschnitt in der vorderen Körperhälfte, der eine wichtige Rolle bei der Fortpflanzung spielt.

Durch Hautsinneszellen und ein Strickleiternervensystem können die zwittrigen Regenwürmer (Zwitter haben männliche und weibliche Geschlechtsorgane) Reize aus der Umwelt aufnehmen (z. B. Erschütterungen, Tageslicht, Feuchtigkeit, Nahrungsangebot, Temperatur). Der Hautmuskelschlauch bewirkt ihre erstaunliche Beweglichkeit.

**Ökologische Bedeutung der Regenwürmer.** Von der Gruppe der Ringelwürmer haben die in den oberen Bodenschichten lebenden Regenwürmer die größte Bedeutung. Ihre Häufigkeit ist in den verschiedenen Lebensräumen sehr unterschiedlich. Besonders ungünstig sind sehr trockene Böden, zum Beispiel Kiefernwälder oder reine Sand- oder Torfböden. Stark besiedelt sind Wiesen und Gärten, wenn der Boden viele zerfallende organische Stoffe enthält und von mittlerer Feuchtigkeit ist. In Gärten ist die Arten- und Individuenanzahl sehr hoch, da durch die Lockerung des Bodens beim Umgraben, Düngung mit Naturdüngern und künstliche Befeuchtung im Sommer sehr günstige Lebensbedingungen geschaffen werden. Ungünstig ist der Lebensraum Acker. Die alljährliche Ernte führt zur Armut an Humusstoffen, die Bewässerung hängt von den natürlichen Niederschlagsmengen im Sommer ab. Außerdem wird der Erdboden durch schwere Landmaschinen verdichtet.

Die besondere Bedeutung der Regenwürmer für den Gartenbau und die Landwirtschaft besteht in der Lockerung, Durchlüftung und Durchmischung des Bodens, der damit verbundenen Verbesserung der Bodenstruktur und in der Erhöhung des Humusgehalts des Bodens. Regenwürmer sind für viele Tiere wesentliche Nahrungsgrundlage, so auch für Amseln, Erdkröten, Igel und Maulwürfe. Damit sind sie wichtige Glieder in Nahrungsketten.

> Regenwürmer gehören zu den Ringelwürmern. Sie kommen in großer Anzahl im Boden vor. Als Humusbildner verbessern sie den Boden. Regenwürmer bilden eine wichtige Nahrungsgrundlage für viele andere Tiere.

Der Medizinische Blutegel wird bis 15 cm lang. Er ist ein Wasser bewohnender Ringelwurm, der erwachsen als Außenparasit an Wirbeltieren und am Menschen bis zu 15 cm$^3$ Blut bei einer Mahlzeit absaugt. Dann kann er bis zu 15 Monate ohne Nahrungsaufnahme auskommen. Als Jungtier ernährt er sich räuberisch oder saugt an Fischen und Lurchen. Der Medizinische Blutegel wurde früher in großen Mengen zur Blutabnahme bei Menschen verwendet und deshalb sehr häufig gehalten. In Deutschland ist er im Freiland selten geworden. Er kommt noch an wenigen Stellen in Thüringen vor.

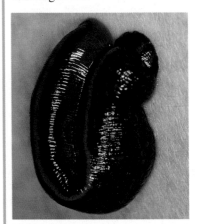

Medizinischer Blutegel

**AUFGABEN**

1. Betrachte einen Regenwurm mit einer Lupe und zeichne ihn!
2. Spüle einen Regenwurm mit kaltem Leitungswasser kurz ab und lege ihn auf ein Blatt trockenes weißes Papier! Höre genau hin! Lege ihn anschließend in ein Glasrohr, das du zur Hälfte mit dunklem Papier umwickelt hast! Beobachte sein Verhalten und erkläre deine Beobachtungen!
3. Regenwürmer können mit ihren in der Haut liegenden Lichtsinneszellen nur Hell und Dunkel unterscheiden. Warum finden sie dennoch Pflanzenreste, die sie dann in die Erde ziehen?
4. Zeichne und erläutere eine Nahrungskette, in der Regenwürmer eine Rolle spielen! Nutze dazu auch deine bisherigen Kenntnisse über das Vorkommen und die Lebensweise der Regenwürmer.

# Krebstiere in ihren Lebensräumen

Die Krebstiere sind eine sehr artenreiche und vielgestaltige Tiergruppe der Gliederfüßer. Über 35 000 Krebsarten besiedeln Meere und Süßgewässer. Krebse sind Kiemen tragende Wassertiere, die in den Meeren bis in die größten Tiefen vordringen, einen Großteil der im Meer schwebenden kleinen Lebewesen bilden oder auf dem Meeresgrund leben. Einige Krebstierarten sind zum Landleben übergegangen, doch nur die Landasseln sind völlig unabhängig vom Wasser als Lebensraum geworden.

Krebstiere bewohnen die unterschiedlichsten Lebensräume. Bei vielen Arten sind bizarre Körperformen ausgebildet, andere zeichnen sich durch leuchtende Farben und erstaunliche Verhaltensweisen aus.

**Europäischer Hummer.** Er ist als Speisekrebs bei Feinschmeckern besonders begehrt. Beim Hummer ist, wie auch bei anderen Krebsen, das Körperwachstum mit dem Ablösen des festen Panzers (Häutung) verbunden. Das Tier bleibt dann drei bis vier Wochen in einer schützenden Höhle, bis die neue Haut hart geworden ist.

**Wollhandkrabbe.** Sie war ursprünglich nur in Gewässern des chinesischen Tieflands beheimatet. Durch die Schifffahrt ist sie um 1910 mit Ballastwasser an nordeuropäische Küsten verschleppt worden und dann die Flüsse aufwärts gewandert. Heute besiedelt die Wollhandkrabbe auch die Flusssysteme von Elbe und Oder.

**Einsiedlerkrebs.** Er hat einen sehr empfindlichen Hinterleib. Dieser wird in einem passenden Schneckengehäuse verborgen. Wird durch das Wachstum des Krebses das alte Schneckengehäuse zu klein, sucht er sich ein größeres und zieht dann um. Einige Einsiedlerkrebse leben in enger Lebensgemeinschaft mit Seerosen.

**Kellerassel.** Sie ist zum Landleben übergegangen. Sie hält sich unter Steinen und abgefallenem Laub auf, lebt an dunklen, feuchten Orten, zum Beispiel in Kellern. Dort kann sie an Vorräten schädlich werden. Andere Asselarten leben im Meer oder im Süßwasser. Manche Asseln sind Außenparasiten an Fischen und anderen Krebsen.

**Palmendieb.** Er ist sehr gut an das Landleben angepaßt. Das Weibchen geht nur zum Absetzen der Larven ins Meer. Nur die im Wasser lebenden Larvenstadien haben funktionstüchtige Kiemen. Erwachsene Palmendiebe atmen durch die stark durchblutete, dünne Haut des Hinterleibs. Sie würden bei längerem Aufenthalt im Wasser ertrinken.

**Seepocken.** Man trifft sie zu Zehntausenden auf den Felsen der Meeresküsten, auf Muscheln, an Hafenbauten und Schiffsrümpfen. Es sind kleine, kegelförmige Tiere, deren Körper von Kalkplatten bedeckt ist. Bei Flut strecken sie ihre Rankenfüße durch einen verschließbaren Spalt auf der Oberseite, um Nahrungsteilchen aus dem Wasser aufzunehmen.

# Flusskrebse – Süßwasserbewohner unserer Heimat

**Lebensweise.** Der Europäische Flusskrebs wurde um 1870 durch eine Pilzkrankheit (Krebspest) fast ausgerottet. Zwei aus Nordamerika eingeführte und gegen diesen Pilz widerstandsfähige Krebsarten breiten sich nun immer mehr aus und verdrängen die Restbestände des Europäischen Flusskrebses.

Flusskrebse sind nachtaktiv, sie halten sich tagsüber in selbst gegrabenen Wohnröhren im Uferbereich oder zwischen Wasserpflanzen und Gestein auf. Sie ernähren sich von Schnecken, Muscheln, Würmern und Insektenlarven, aber auch von Aas, kleinen Fischen und Wasserpflanzen. Sie bewegen sich auf den vier hinteren Laufbeinpaaren vorwärts. Bei Gefahr schwimmen sie ruckartig rückwärts, indem sie den Hinterleib mit ausgebreitetem Schwanzfächer unter die Kopfbrust schlagen. Flusskrebse sind getrenntgeschlechtig. Im Herbst findet die Begattung statt. Im Mai oder Juni schlüpfen die Jungkrebse aus den Eiern.

**Körperbau.** Der ungleichmäßig gegliederte Körper ist von einem festen Panzer aus Chitin und Kalk umgeben. Kopf und Brustabschnitt werden gemeinsam von der Kopfbrust, einem Teil des Außenskeletts, geschützt. An ihr befinden sich zwei Paar Fühler, Stielaugen, Mundgliedmaßen und fünf Paar gegliederte Laufbeine. Das erste Laufbeinpaar ist zu kräftigen Scheren umgebildet. Mit diesen werden Feinde abgewehrt und Beutetiere ergriffen. An die Kopfbrust schließt sich der deutlich gegliederte Hinterleib mit Schwimmbeinen und einem endständigen Schwanzfächer an.

Das harte Außenskelett umschließt und schützt den gesamten Körper und bietet der Muskulatur Ansatzflächen. Da das Außenskelett nicht mitwachsen kann, müssen sich die Krebse in ihrem Leben mehrmals häuten. Die Krebse sind in ihrer Unterwasserwelt sehr aktiv. Sie orientieren sich mit Komplexaugen auf beweglichen Augenstielen, zwei Fühlerpaaren zum Tasten, Schmecken und Riechen sowie einem leistungsfähigen Strickleiternervensystem.

Flusskrebse atmen durch Kiemen, die unter den Seitenteilen des Außenskeletts an der Kopfbrust und an den Beinen liegen.

Amerikanischer (oben) und Europäischer Flusskrebs (unten)

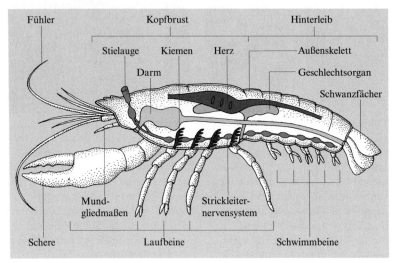

Äußerer Bau eines Flusskrebses

## Schon gewusst?

Das größte Krebstier der Welt ist die Japanische Riesenkrabbe. Ihr Körperdurchmesser beträgt 45 cm, die Spannweite der langen Gliedmaßen beträgt bis 3,60 m.

Fischläuse sind keine Insekten, sondern Krebstiere. Sie heften sich zur Nahrungsaufnahme an Fische und saugen Fischblut. In Deutschland gibt es drei Fischlausarten.

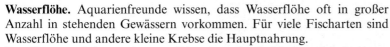

Viele Zierfische nehmen auch Kleinkrebse als Nahrung auf.

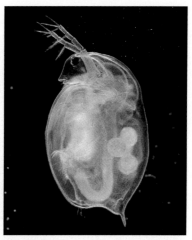

Wasserfloh

**Wasserflöhe.** Aquarienfreunde wissen, dass Wasserflöhe oft in großer Anzahl in stehenden Gewässern vorkommen. Für viele Fischarten sind Wasserflöhe und andere kleine Krebse die Hauptnahrung.

Der Körper wird von einer zweiklappigen durchsichtigen Schale eingeschlossen. Der gewölbte Kopf ist von einer helmartigen Schale bedeckt; ein dunkles Komplexauge ist gut erkennbar. Am Kopf befinden sich zwei Fühlerpaare, wovon ein Paar groß und verzweigt ist. Durch Ruderschläge mit den großen Fühlern vollführen die Wasserflöhe kleine Sprünge im Wasser (Name!). Beim Mikroskopieren ist das pumpende Herz der Tiere sehr gut zu sehen. Ebenso gut erkennbar sind der durch aufgenommene Algen gelblich gefärbte Darm und die unbefruchteten Eier im Brutraum auf der Rückenseite. Aus diesen „Sommereiern" schlüpfen meist Weibchen. Nur zu bestimmten Zeiten schlüpfen aus solchen Eiern die viel kleineren Männchen, welche die Weibchen begatten. Nun entstehen befruchtete „Wintereier". Diese Wintereier sind Dauereier, die große Kälte und Austrocknung der Gewässer vertragen. Die Eier haben Hafteinrichtungen, sie können von Wasservögeln in andere Gewässer verschleppt und so über große Entfernungen ausgebreitet werden.

> Die meisten Krebstiere leben im Wasser und atmen durch Kiemen. Sie haben einen ungleichmäßig gegliederten Körper und gegliederte Beine. Ihr Körper ist von einem starren, schützenden Außenskelett aus Chitin umgeben, das durch Häutungen mehrmals erneuert wird. Kleine Krebstiere sind eine wichtige Nahrungsgrundlage für andere Tiere.

## Schon gewusst?

Während des ganzen Sommers gibt es nur weibliche Wasserflöhe, die ohne Befruchtung Junge zur Welt bringen. Diese Art der Fortpflanzung wird Jungfernzeugung (Parthenogenese) genannt.

Bei Wasserflöhen verändern sich im Verlauf der Jahreszeiten Farbe und Gestalt. Sie passen sich so den Schwankungen von Licht, Nahrungsangebot und Temperatur in ihren Wohngewässern an.

Die bis zu 30 m lang werdenden Blauwale ernähren sich ausschließlich von kleinen Pflanzen und Tieren, die als Plankton in den arktischen und antarktischen Meeren schweben. Ein ausgewachsener Blauwal kann am Tag bis zu 4 t kleiner Meereskrebse (Krill) aus dem Meer filtern.

## AUFGABEN

1. Fange Wasserflöhe in einem Tümpel, einem künstlich angelegten Gartenteich oder einer Wassertonne! Beobachte die Tiere mit dem Mikroskop! Verwende Pipette, Objektträger mit Hohlschliff und Wasser! Zeichne den Körperbau!
2. Beobachte in einem Zierfischaquarium das Verhalten der Fische, wenn Wasserflöhe hinzugegeben werden! Erkläre deine Beobachtungen!
3. Beschreibe eine Nahrungskette, in der auch Wasserflöhe eine Rolle spielen!
4. Welche Lebensräume besiedeln Krebstiere?
5. Wodurch sind Flusskrebse an das Leben im Wasser angepasst?
6. Beschreibe das Aussehen und die Körpergliederung des Flusskrebses und vergleiche mit den auf Seite 105 vorgestellten Krebstieren!

# Spinnentiere sind fast immer Landbewohner

Kreuzspinne in der Mitte ihres Radnetzes

**Verhalten der Kreuzspinne.** Nicht alle Spinnen weben seidene Netze zum Beutefang, aber das Weben von Spinnennetzen ist die wohl bewundernswerteste Leistung der Radnetzspinnen. Die Kreuzspinne benötigt etwa 40 Minuten, um ein solches Kunstwerk herzustellen. In der klebrigen Fangspirale des Radnetzes bleiben die Beutetiere haften. Die anderen Fäden bestehen aus trockener Seide. Fliegt ein Insekt in das Netz, geraten die Fäden in Schwingung und signalisieren der in einem Versteck lauernden Kreuzspinne das Beutetier. Ein Signalfaden von der Netzmitte zum Versteck (z. B. bei der Sektorspinne) verkürzt und beschleunigt die „Nahrungsmeldung".

Das Netz hat einen Durchmesser von etwa 25 cm. Die Lebensdauer dieser kunstvollen Gebilde ist sehr kurz. Bereits nach wenigen Stunden ist das Klebsekret eingetrocknet und somit das Netz nicht mehr funktionstüchtig. Die sehr ortstreuen Spinnen erneuern deshalb ihr Netz fast täglich in den frühen Morgenstunden. Dabei werden die Rahmenfäden mehrmals benutzt, die anderen Netzteile werden in der Nacht aufgefressen. Das Material wird also wieder verwertet.

*Beutefangverhalten einer Kreuzspinne:*
1. Erkennen der Beute durch Erschütterungen im Netz und Spannen des Signalfadens.
2. Wahrnehmen der zappelnden Beute durch Tasthaare und Gesichtssinn.
3. Betäuben oder Töten der Beute durch Giftbiss.
4. Einspinnen der Beute zu einem Paket.
5. Transport des Beutepakets zum Versteck.
6. Einspritzen von Verdauungssaft in die Beute, wodurch sich deren weiche Körperteile auflösen.
7. Fressen der Beute durch Einsaugen der aufgelösten Nahrung in die winzige Mundöffnung.

Der obere Rahmenfaden ist fertig.

Die Brücke wird zum Y.

Das Grundgerüst aus Rahmen- und Speichenfäden entsteht.

Das Radnetz mit Klebfadenspirale ist fertig.

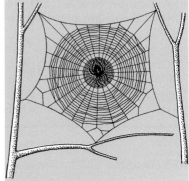

Bau eines Radnetzes

„Das Spinnennetz ist die einzige Alarmanlage der Welt,
die Einbrecher nicht nur meldet,
sondern sie zugleich verhaftet."

(HORST STERN)

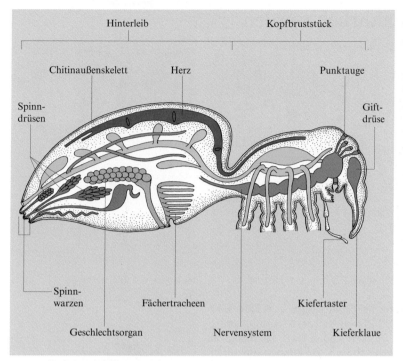

Körpergliederung und innere Organe einer Kreuzspinne (schematisch)

Kreuzspinne mit Faltenwespe als Beute

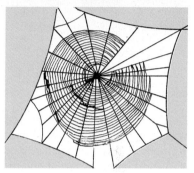

Netz einer Sektorspinne

**Bau und Lebensweise der Kreuzspinne.** In Gärten, Wäldern und auf Wiesen leben zahlreiche Kreuzspinnen. In Deutschland gibt es davon 9 verschiedene Arten. Sie haben auf dem Hinterleib eine typische kreuzförmige Zeichnung (Name!). Die etwa bis 2 cm großen Weibchen bauen zum Nahrungserwerb Fangnetze aus Spinnenseide. Die Männchen sind deutlich kleiner als die Weibchen. Sie streifen umher und entnehmen ihre Nahrung fremden Netzen.

Das Außenskelett der Spinnen besteht aus einer festen Chitinhülle und ist in ein Kopfbruststück und den Hinterleib gegliedert; der Körper ist also stets zweigeteilt. Am Kopfbruststück befinden sich acht Punktaugen, ein Paar laufbeinförmige Kiefertaster und ein Paar spitze Kieferklauen mit Giftdrüsen. Am auffälligsten und deshalb wohl für manche Mitmenschen „hässlich" sind die vier Paar langen, gegliederten und behaarten Beine. Spinnen haben keine Fühler. Ihre Beute nehmen sie durch Erschütterungen bzw. mit den Augen wahr.

Die Spinnen haben auf der Bauchseite ein leistungsfähiges Strickleiternervensystem. Damit können sie die große Flut von Umweltreizen aufnehmen und verarbeiten.

Der Hinterleib der Kreuzspinne ist ungegliedert. In ihm befinden sich Atmungsorgane, die Fächertracheen. Der aufgenommene Sauerstoff wird von dem für Spinnen typischen blauen Blut in das Herz auf der Rückenseite transportiert. Von dort wird es durch ein offenes Blutgefäßsystem im gesamten Spinnenkörper verteilt. Das Blut transportiert Nährstoffe, Abbauprodukte und Sauerstoff.

Im Hinterleib befinden sich auch die Geschlechtsorgane und die Spinndrüsen. Am Hinterleibsende sind sechs längliche Spinnwarzen ausgebildet. Aus ihnen tritt die Spinnflüssigkeit aus, mit der die Kreuzspinnen ihre kunstvollen Netze bauen. In diesen verfangen sich ihre Beutetiere, meist Fliegen, Mücken und andere kleine Insekten.

## Schon gewusst?

Auf einem Hektar Waldboden verzehren etwa 500 000 Spinnen während eines Sommers etwa 100 Kilogramm Insekten.

Alle Fäden des Netzes einer Kreuzspinne würden hintereinander gehängt eine Fadenlänge von 18 bis 20 m erreichen.

Krabbenspinnen bauen keine Netze. Sie sitzen oft auf Blüten und lauern auf Insekten. Die Färbung kann zur Tarnung der Umgebung angepasst werden.

# Zecken können uns gefährlich werden

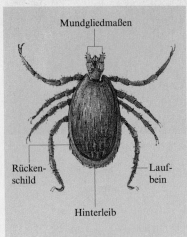

Äußerer Bau eines Holzbocks

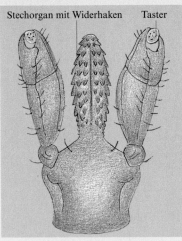

Mundgliedmaßen eines Holzbocks

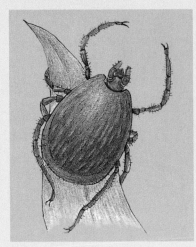

Holzbock in Lauerstellung

**Zecken.** Beim Familienausflug ins Grüne, bei Exkursionen in Wälder und Wiesenlandschaften, bei land- und forstwirtschaftlichen Arbeiten kannst du leicht von Zecken befallen werden. Zecken sind zeitweise parasitisch lebende Milben, die zu den Spinnentieren gehören. Sie können dir durch die Übertragung von Krankheitserregern gefährlich werden.

Die Zecke, auch als Holzbock bezeichnet, lässt sich von Gräsern oder Gebüsch auf ihr „Opfer" fallen und versucht, dessen Haut zu erreichen. Dabei orientiert sie sich an Geruchsstoffen (z. B. Buttersäure) und an der Körperwärme des Wirts. Durch das Blutsaugen erhöht sich das Körpergewicht einer Zecke fast um das 200fache. Wenn die Zecken mit bestimmten Erregern infiziert sind, können sie durch ihren Einstich in die menschliche Haut schwere Erkrankungen auslösen.

**Zecken als Überträger von Bakterien.** Eine von Zecken übertragene Krankheit ist die Lyme-Borreliose. Die mit dem Speichel der Zecke ins Blut gelangten Bakterien (Borrelien) verursachen ein Krankheitsbild, das in 60 % der Fälle mit einer ringförmig wachsenden Rötung um die Einstichstelle („Wanderröte") und grippeartigen Symptomen beginnt. Jahre später kann es dann zu schweren Gelenkentzündungen, Herzschäden oder sogar zum Verlust des Hör- und Sehvermögens kommen.

Wie kannst du dich vor solchen Gesundheitsschäden schützen? Beim Aufenthalt im Wald und Gestrüpp bietet geschlossene Kleidung einen gewissen Schutz. Anschließend soll der Körper gründlich auf Zecken abgesucht werden. Wenn Zecken vorhanden sind, sollten die in der Randspalte enthaltenen Hinweise beachtet werden. Borreliose kann mit Antibiotika behandelt werden.

**Zecken als Überträger von Viren.** Eine weitere gefährliche Krankheit kann ebenfalls durch Zeckenstich übertragen werden. Die Frühsommer-Meningoenzephalitis (FSME) ist eine durch das FSME-Virus verursachte Infektion der Hirnhaut, des Gehirns und des Rückenmarks.

Bei etwa 35 % der von Viren infizierten Zecken gestochenen Menschen kommt es nach zwei bis 15 Tagen zu grippeähnlichen Symptomen wie Fieber, Kopf-, Nacken- und Gliederschmerzen. Dann folgt eine zweite Erkrankungsphase mit Entzündungen des zentralen Nervensystems.

Ein mit Blut vollgesogener Holzbock kann bis zu 11 mm lang sein.

**Was tun bei Zeckenbefall?**

– Keinesfalls die Zecke mit Öl, Creme oder Klebstoff behandeln.

– Die Zecke möglichst bald und vorsichtig mit den Fingernägeln oder einer Pinzette aus der Haut entfernen.

– Die Wunde desinfizieren oder aussaugen.

– Nach Zeckenbefall inGebieten mit  FSME-Risiko oder bei Auftreten einer Rötung nach dem Zeckenbiss musst du einen Arzt aufsuchen.

In solchen Lebensräumen musst du mit Zeckenbefall rechnen.

Zeckenpinzette

Häufig treten Folgeschäden wie fortwährende Kopfschmerzen, Konzentrationsstörungen und Lähmungserscheinungen auf. Auch Leber und Herz können geschädigt werden. Auf 1 000 Schwererkrankte entfallen bis zu 10 Todesfälle.

Wie kannst du dich schützen? Die Aktivität der Zecken und die damit verbundene Anzahl der Erkrankungen in einem Land ist von klimatischen Schwankungen abhängig. Nach einem nicht sehr kalten Winter ist im Frühsommer die Zeckenaktivität und damit die Übertragung des FSME-Virus (oder der Borrelien) hoch. Zu Beginn der 90er Jahre erkrankten in Deutschland 40 bis über 300 Menschen im Jahr an FSME. Die Fälle traten besonders in Bayern und in Baden-Württemberg auf. Das sind also Gebiete mit einem hohen Erkrankungsrisiko. Aus den südlichen Gebieten Sachsens, Sachsen-Anhalts und Thüringens wurden nur wenige Erkrankungen im Jahr gemeldet.

Nur die vorherige Impfung bietet einen zuverlässigen Schutz vor FSME. Dazu sind zwei Impfungen und danach ist alle 3 Jahre eine Impfung zur Auffrischung nötig. Ein kurzfristig (etwa 4 Wochen) wirkender Schutz ist durch Spritzen eines Immunglobulins möglich (passive Immunisierung).

Impfen lassen sollten sich Reisende, die in der FSME-Saison (April bis Oktober) in Gebieten mit FSME-Risiko Ferien machen, Pilze und Beeren sammeln oder Sport treiben sowie Personen, die dort arbeiten und wohnen. Der Impfschutz ist auch deshalb wichtig, weil die spätere medizinische Behandlung von Erkrankungen nach Zeckenstichen oft mit hohen Kosten verbunden und gegenwärtig nicht immer erfolgreich ist.

**Taubenzecke.** Sie gehört wie der Holzbock zu den Lederzecken. Die etwa 4 mm großen Tiere leben als Blutsauger an Hausgeflügel (z. B. Tauben, Hühner) und Singvögeln. Taubenzecken halten sich tagsüber in Ritzen verborgen, in der Nacht befallen sie dann ihre Wirte, die von ihnen stark geschwächt werden können.

Vor allem in Gebäuden mit verwilderten Haustauben können die Taubenzecken bei Nahrungsmangel auch in Wohnungen eindringen und Menschen befallen. Das kann dann unter anderem zu Fieber und schweren Hautentzündungen führen. Die Taubenzecken sterben jedoch nach der Aufnahme von Menschenblut ab.

Taubenzecke

## AUFGABEN

1. Bei welchen Gelegenheiten besteht die Gefahr, von einer Zecke gebissen zu werden?
2. Die Frühsommer-Meningoenzephalitis ist eine schwere Virusinfektion des Zentralnervensystems. Wodurch kannst du dich vor dieser Krankheit schützen?
3. Erkundige dich in Apotheken oder beim Arzt, welche Gebiete in Deutschland und anderen europäischen Ländern zu den Gebieten mit hohem FSME-Risiko gehören! Stelle gemeinsam mit deinen Mitschülern eine Liste zusammen, die bei der Ferien- und Urlaubsgestaltung berücksichtigt werden könnte!

Skorpion

Vogelspinne

**Vogelspinnen.** Mitunter gelangen Vogelspinnen mit Bananenlieferungen nach Europa. Es sind eindrucksvolle, oft zottig behaarte Tiere, die zu den Webspinnen gehören. Sie erreichen eine Länge von 6 bis 10 cm, einige Arten sind schön gefärbt. Manche Vogelspinnen streifen auf der Nahrungssuche umher, andere lauern in einem Versteck auf Beute. Ihre Nahrung besteht aus Tausendfüßern und Insekten, große Arten können sogar kleine Wirbeltiere überwältigen. Dabei werden die mit Giftdrüsen versehenen Kieferklauen eingesetzt. Der Biss der meisten Arten ist für Menschen nicht gefährlicher als ein Wespenstich. Vom Hinterleib abgestreifte Haare können jedoch Haut und Atmungsorgane sehr unangenehm reizen.

**Skorpione.** Diese Tiere leben vor allem in den Trockengebieten warmer Länder. Tagsüber verstecken sie sich in Spalten, in Erdhöhlen oder unter Steinen. Nachts streifen sie bei der Jagd auf andere Gliederfüßer umher. Die Beute wird mit den scherenförmigen Kiefertastern gepackt und verzehrt. Den Giftstachel setzen sie nur zur Überwältigung großer Beutetiere ein. Die Skorpionsweibchen treiben Brutpflege. Sie tragen ihre Jungen in der ersten Zeit auf dem Rücken. Der Stich mancher Skorpione kann für Menschen sehr unangenehm oder sogar tödlich sein.

> Spinnentiere sind fast ausnahmslos Landbewohner. Sie sind ungleichmäßig in ein Kopfbruststück sowie den Hinterleib gegliedert und haben vier Paar gegliederte Beine. Webespinnen fangen ihre Beute meist mit Netzen. Vogelspinnen und Skorpione sind interessante Spinnentiere, die in warmen Ländern leben.

## Schon gewusst?

– Holzböcke sind keine Schafe, sondern ...
– Tintenfische sind keine Fische, sondern ...?
– Der Wurm im Apfel ist kein Wurm, sondern ...?
– Ameisenlöwen sind keine Raubtiere, sondern ...?
– Füchse und Bären sind nicht nur Säugetiere, sondern ...?
– Gibt es Tiere ohne Kopf und Beine? Wenn ja, welche?
– Gibt es Tiere, die bis 10 m lang werden können und im Menschen leben? Wenn ja, welche?
– Gibt es Tiere, die so winzig wie ein Pantoffeltierchen sind, aber Kopf, Brust, Hinterleib, drei Paar Beine, zwei Paar Flügel und alle inneren Organe haben, die auch ein Maikäfer hat? Wenn ja, welche?

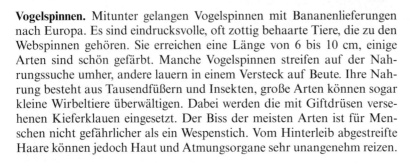

### AUFGABEN

1. Suche das Netz einer Kreuzspinne und beschreibe den Lebensraum, in welchem die Spinne ihr Netz gebaut hat! Fertige eine Zeichnung des Netzes an!
2. Beobachte und beschreibe das Verhalten einer Kreuzspinne beim Beutefang!
3. Wenn einer Kreuzspinne in einem sonst leeren Marmeladenglas Fliegen angeboten werden, frisst die Spinne diese nicht. Versuche dieses Verhalten zu begründen!

4. Vergleiche Bau und Lebensweise von Krebstieren und Spinnentieren miteinander! Welche Lebensräume werden von diesen Tiergruppen besiedelt?
5. Auch Zecken gehören zu den Spinnentieren. Informiere dich auf S. 110 f. über Zecken und über die bei Zeckenbefall erforderlichen Maßnahmen!
   Lass dir in einer Apotheke Informationsmaterial über Zecken geben und werte es gemeinsam mit deinen Klassenkameraden aus!

# Weichtiere sind Wasser- oder Landbewohner

**Auf den Spuren ihrer Vorfahren.** Schon in Gesteinsschichten, die etwa 500 Millionen Jahre alt sind, finden sich Reste von Weichtieren, die damals auf felsigem Grund in flachen Seen lebten. Ihre Kalkschalen – teils von beträchtlicher Größe – haben als Fossilien bis heute überdauert.
Auch bei den meisten heute lebenden Weichtieren sind Schalen oder Gehäuse aus Kalk ausgebildet. Nur bei Nacktschnecken und fast allen Kopffüßern sind die Kalkschalen verkümmert. Ihre Verteidigungsmöglichkeiten bestehen in Gestalt- und Farbübereinstimmung mit der Umwelt (Mimikry), in hoher Fluchtgeschwindigkeit (bei Kopffüßern) oder im Einsatz von Giftdrüsen. Nur der Nautilus hat als einziger heute lebender Kopffüßer eine vollständige Schale. Heute sind über 100 000 lebende Arten und etwa 35 000 ausgestorbene Arten bekannt. Wesentliche Baumerkmale heutiger Weichtiere sind bereits bei ihren Vorfahren feststellbar.

Ammonit (ausgestorbener Kopffüßer)

**Vielfalt der Lebensräume – Mannigfaltigkeit der Formen.** Weichtiere leben in der Tiefsee oder im Gebirge bis 5000 m Höhe. Sie können im Süßwasser, am Strand, im feuchten Boden oder „direkt vor der Haustür" beobachtet werden. Es gibt Fleisch-, Aas- und Pflanzenfresser, Räuber, Strudler (filtern Nahrung aus dem Wasser) und Parasiten. Ihre Größe schwankt von wenigen Millimetern Länge bei Schnecken und Muscheln bis über 20 Meter Länge bei den Riesentintenfischen, die zu den Kopffüßern gehören. Weichtiere besiedeln ganz unterschiedliche Lebensräume. Sie sind durch eine große Formenmannigfaltigkeit gekennzeichnet.

**Nautilus.** Ein urtümlicher, im Meer lebender Kopffüßer mit perlmutterfarbener Kalkschale.

**Krake.** Er ernährt sich räuberisch von Muscheln, Schnecken, Krebsen und Fischen.

**Herzmuschel.** Sie ernährt sich von Schwebstoffen, die aus dem Wasser gefiltert werden.

**Große Wegschnecke.** Bei Nacktschnecken ist das Gehäuse fast vollständig zurückgebildet. Manchmal besteht es nur noch aus wenigen Kalkkörnern.

## Schon gewusst?

Begehrtes und kostbares Produkt der Muscheln sind die Perlen, die zu wertvollem Schmuck verarbeitet werden. Durch die Perlentaucherei wurden ganze Perlmuschelbestände ausgerottet. Die größte je gefundene Perle, 23 cm lang und 7 kg schwer, stammt aus einer Riesenmuschel. Perlen können auch in Perlmuschelfarmen „gezüchtet" werden.

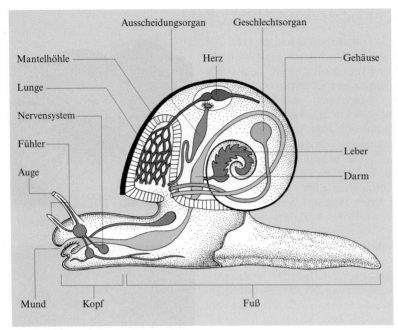

Körpergliederung und innere Organe einer Weinbergschnecke

Weinbergschnecke mit Deckel

Paarung von Weinbergschnecken

Weinbergschnecke bei der Eiablage

**Lebensweise der Weinbergschnecke.** Diese Gehäuseschnecke vergräbt sich bei schlechten Lebensbedingungen in einer bis zu 30 cm tiefen Erdröhre. Zusätzlich wird die Gehäuseöffnung mit einem festen Deckel aus Schleim und Kalk verschlossen. Dadurch ist es den Schnecken möglich, große Trockenheit zu ertragen und so für sie ungünstige Zeiten zu überstehen. Bereits an warmen feuchten Tagen im Mai sind die Schnecken bei der Paarung zu beobachten. Obwohl sie Zwitter sind, paaren sie sich, indem sie sich „Fuß an Fuß" aufrichten, sich mit einem aus Kalk bestehenden „Liebespfeil" stechen und die Samenzellen auf den Partner übertragen. Neue Erkenntnisse besagen, dass immer nur einer der zwittrigen Partner als Männchen und der andere als Weibchen aktiv ist. Aus den etwa 50 erbsengroßen, weißen Eiern, die in Erdgruben gelegt werden, schlüpfen die winzigen Jungschnecken. Sie sehen bereits wie die Elterntiere aus.

**Bau der Weinbergschnecke.** Bei dieser Landschnecke sind außer dem Gehäuse nur Kopf und Fuß zu sehen. Die Haut ist feucht und schleimig. Der muskulöse Fuß ermöglicht durch wellenförmige Bewegungen auf einer dünnen Schleimschicht nur eine langsame Fortbewegung. Am Kopf sind zwei Paar Fühler erkennbar. An den Enden des längeren, hinteren Fühlerpaars sitzen die Augen, das kürzere Fühlerpaar dient dem Tast- und Geruchssinn. Bei Gefahr werden die Fühler eingezogen, oft zieht sich die ganze Schnecke in ihr Gehäuse zurück.
Die Weinbergschnecke frisst Salat, Löwenzahn und andere krautige Pflanzen, die mit einer kräftigen Reibplatte in der Mundhöhle zerraspelt werden. Zwischen Gehäuse und Fuß ist das Atemloch gut zu erkennen. Die Luft gelangt dort in die Mantelhöhle, in der sich eine Lunge mit stark verzweigten Blutgefäßen befindet. Der dort aus der Atemluft aufgenommene Sauerstoff wird mit dem Blut nun zum Herzen und von dort in den ganzen Körper transportiert. Weichtiere haben ein offenes Blutgefäßsystem.
Im Schneckengehäuse befindet sich der Eingeweidesack mit den meisten inneren Organen.

**Kopflose Weichtiere.** Bei den Muscheln ist kein Kopf ausgebildet. Sie haben einen keilförmigen Fuß und kalkhaltige Schalenhälften, die meist auffällig gestaltet sind. Sie können vom Körperinneren durch kräftige Schließmuskeln sehr schnell geschlossen werden. Muscheln atmen durch Kiemen. Sie ernähren sich von Schwebstoffen, die sie mit dem Atemwasser einstrudeln, im Körper herausfiltern und verdauen. Wegen ihrer geringen Beweglichkeit ist eine Paarung und innere Befruchtung, wie sie von Schnecken und Kopffüßern bekannt sind, nicht möglich. Männliche und weibliche Muscheln geben ihre Keimzellen in großer Anzahl ins Wasser ab. Aus den befruchteten Eiern entwickeln sich zunächst bewegliche Larven, die im Wasser frei umherschwimmen können und ihnen zusagende Lebensräume aufsuchen.

Teichmuschel

**Nutzung und Schutz von Weichtieren.** Einige Schnecken-, Muschel- und Tintenfischarten werden als Delikatessen gegessen. Weinbergschnecken wurden in manchen Gebieten fast ausgerottet, weil sie ständig abgesammelt oder ihre Lebensräume durch Düngemittel, moderne Bodenbearbeitung und Trockenlegung immer mehr vernichtet wurden. Sie sind bei uns durch die Bundesartenschutzverordnung gesetzlich geschützt.

Für die Gastronomie werden Weinbergschnecken in Schneckenfarmen gezüchtet, Austern sogar in Austerngärten an Meeresküsten kultiviert. Dadurch werden die natürlichen Austernbänke geschont, wo die Tiere in großen Kolonien leben. Miesmuscheln, Herzmuscheln und Tintenfische stehen ebenfalls auf der Speisekarte der Menschen.

Durch Wasserverschmutzung sind viele Weichtierarten in ihrem Bestand gefährdet. Ein Beispiel dafür ist unsere Flussperlmuschel, die noch in Bächen von Mittelgebirgen vorkommt, sofern darin sauberes, kalkarmes Wasser fließt. Die Tiere wachsen nur sehr langsam und kommen erst spät zur Fortpflanzung. Sie sind sehr langlebig und können über 100 Jahre alt werden. Ihre Perlen sind oft wertvoller als die von Seemuscheln. Flussperlmuscheln sind bei uns vom Aussterben bedroht.

Austernkultur

> Die meisten Weichtierarten leben im Wasser, einige sind Landbewohner. Zu den Weichtieren gehören Schnecken, Muscheln und Kopffüßer. Ihr Körper ist in Kopf, Fuß und Eingeweidesack gegliedert und bei den meisten Arten durch ein kalkhaltiges Gehäuse (bei Muscheln zwei Schalen) geschützt. Bei Muscheln ist kein Kopf ausgebildet. Einige Muscheln und Schnecken werden für die menschliche Ernährung genutzt.

Miesmuschelkolonie

## AUFGABEN

1. Beobachte die Fortbewegung und die Sohle des Fußes einer Schnecke, während du sie auf einer Glasplatte entlangkriechen lässt! Lass die Schnecke anschließend über grobes Sandpapier kriechen! Was stellst du fest?
2. Beobachte die beiden Fühlerpaare und den Fuß einer Schnecke in ihrer natürlichen Umwelt! Wie reagiert die Schnecke auf Umweltreize, die du auslöst (z. B. Berührung, Erschütterung, Licht, Schall)?
3. Welche inneren Organe einer Schnecke befinden sich im Kopf, im Fuß und im Eingeweidesack?

4. Vergleiche Krebstiere mit Weichtieren! Beachte dabei besonders den Körperbau, die Lebensweise und die Lebensräume!
5. Sammle die Schalen und Gehäuse verschiedener Weichtierarten! Lege eine übersichtliche und beschriftete (Name, Fundort, Datum) Sammlung an! Töte keine Tiere!
6. „Früchte des Meeres" werden in Geschäften und Gaststätten angeboten. Versuche zu erfahren, um welche Weichtiere (oder auch andere Tiere) es sich hierbei handelt! Stelle eine Namenliste zusammen!

# Wir beobachten wirbellose Tiere

## Wir beobachten die Reaktion von Mückenlarven auf Beschattung

Bringe mehrere Stechmückenlarven aus einer mit Wasser gefüllten Regentonne in ein kleines Aquarium! Stelle es in die volle Sonne oder beleuchte es mit einer Lampe!

Wenn alle Tiere an der Wasseroberfläche sind, decke das Aquarium mit einer Pappe von oben ab! Vermeide dabei Erschütterungen! Wiederhole den Vorgang mehrmals in gleichen Zeitabständen! Protokolliere die Ergebnisse, bis die Mückenlarven nicht mehr auf die Reize reagieren! Klopfe danach leicht an das Becken!

Wie verhalten sich die Mückenlarven bei Beschattung oder Erschütterung? Erkläre den biologischen Sinn ihrer Verhaltensweise!

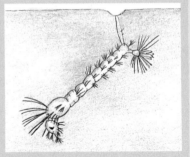

Stechmückenlarve, hängt mit dem Atemrohr an der Wasseroberfläche

## Welchen Einfluss hat die Umgebung auf die Färbung von Kohlweißlingspuppen?

Versuchsanordnung für den Verpuppungsversuch

Lege fünf große Petrischalen (Deckel und Boden) mit Papier aus (weiß, schwarz, gelb, grün, rot)! Bringe in jede Petrischale einige ausgewachsene Kohlweißlingsraupen mit einem Stück Futterpflanze (Kohlblatt)! Verschließe die Schale bis auf einen kleinen Luftspalt! Was kannst du nach der Verpuppung der Raupen beobachten? Schließe von dieser Beobachtung im Versuch auf das Verhalten der Tiere in der Natur! Begründe deine Feststellungen!

Kohlweißlingsraupe

## Wir beobachten das Verhalten von Köcherfliegenlarven

Sammle in einem Teich mehrere Köcherfliegenlarven und lege sie in Petrischalen! Zwinge die Larven durch vorsichtiges Einführen eines stumpfen Holzstäbchens in das hintere Köcherende zum Verlassen ihres Köchers! Setze einige „nackte" Larven in Glasgefäße, die neben Wasser Sand, Pflanzenteile, leere Wasserschneckengehäuse oder ähnliches Baumaterial enthalten!

Lege weiteren Larven ihre verlassenen Köcher in das Aquarium!

Wie verhalten sich die Köcherfliegenlarven nach der Vertreibung aus ihrem Köcher? Beobachte insbesondere die Bauweise und welches Material die einzelnen Larven verwenden! Vergleiche die neu gebauten Köcher mit den alten leeren Köchern!

Köcherfliege

Köcherfliegenlarve im von ihr gebauten Köcher

## Wir beobachten an Rainfarn und Beifuß vorkommende Insekten

1. Suche bei schönem Wetter nach einem möglichst nahe deiner Schule (oder Wohnung) gelegenen Bestand von Rainfarn, einem gelb blühenden Korbblütengewächs, das häufig auch an Wegrändern wächst! Wähle davon eine Pflanze aus, an der sich viele Insekten befinden! Untersuche Blätter, Stängel und Wurzelhals auf Insekten und deren Fraßspuren! Trage die Ergebnisse nach folgendem Muster in eine Tabelle ein!

Insekten an Rainfarn (* ein mögliches Ergebnis als Beispiel)

| Insekten | Individuenanzahl* | Eigene Funde |
|---|---|---|
| Blattläuse | 60 | |
| Ameisen | 10 | |
| Marienkäfer | 3 | |
| Schwebfliegen | 3 | |
| Andere Fliegen | 4 | |
| Insektenlarven in Blättern | 5 | |
| Wanzen | 15 | |

Rainfarn

2. Sammle im Januar oder Februar 20 trockene Stängel von Beifuß. Diese Pflanze kannst du auch in Großstädten leicht am Straßenrand finden. Spalte die gesammelten Stängel und untersuche sie auf Larven, Puppen und voll entwickelte Insekten!
Erfasse in einer Tabelle die Art und Anzahl deiner Funde!
Welchen Einfluss haben Stängeldurchmesser und -höhe auf die Arten- und Individuenanzahl?

Insekten an Beifuß

| Zu erwartende Insekten | Larven | Puppen | Voll entwickelte Insekten |
|---|---|---|---|
| Bohrfliegen | | | |
| Kleinschmetterlinge | | | |
| Erzwespen | | | |
| Stachelkäfer | | | |

Beifuß

## Wir beobachten die Reaktion von Regenwürmern auf Lichtreize

Suche einen größeren Regenwurm und säubere ihn kurz mit Wasser und etwas Zellstoff! Gib ihn anschließend in eine etwa 30 cm lange Glasröhre mit einem Durchmesser von etwa 8 mm! Schiebe auf die Glasröhre eine etwa 20 cm lange dunkle Papierhülse und verschiebe sie so, dass abwechselnd das Vorder- oder das Hinterende des Regenwurms im Licht sind.

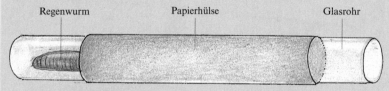

Regenwurm    Papierhülse    Glasrohr

Versuchsaufbau mit Regenwurm

Wie verhält sich der Regenwurm bei unterschiedlicher Belichtung? Beschreibe das Verhalten des Regenwurms!
Sind bestimmte Körperabschnitte besonders lichtempfindlich?
Erkläre deine Beobachtungen!

# Insekten haben alle Lebensräume erobert

Auwälder an der Elbe – Paradiese für Tausende von Insektenarten sowie andere Tiere und Pflanzen

**Arten- und Individuenreichtum.** Die Anzahl der Insektenarten und -individuen in den Auwäldern an Elbe und Saale ist vergleichbar mit der Mannigfaltigkeit der Insektenwelt in den tropischen Regenwäldern Afrikas oder Südamerikas. Biologen stellten fest, dass auf einem Quadratkilometer Auwaldgebiet 900 Käferarten, 480 Schmetterlingsarten sowie Hunderte von weiteren Insektenarten und alle wirbellosen Tiergruppen vorkommen, die in diesem Lehrbuch bisher beschrieben worden sind.

Insekten, mit etwa einer Million beschriebener Arten die artenreichste Tiergruppe, besiedeln alle Lebensräume auf dem Land einschließlich der Luft. Von vielen Arten leben die Jugendstadien im Wasser, während die erwachsenen Tiere das Wasser verlassen (z. B. Libellen). Andere Arten verbringen fast das gesamte Leben im Wasser (z. B. Gelbrandkäfer).

Die Welt der Insekten zeigt eine erstaunliche Fülle von Formen, Farben, Strukturen und Leistungen, die wir oft schon bei einem Spaziergang oder Ausflug ins Grüne beobachten können.

Da gegenwärtig weltweit etwa 1000 Insektenarten jährlich neu beschrieben werden, ist es nicht unwahrscheinlich, dass auch bei uns neue Arten entdeckt oder neue Einzelheiten über die Lebensweise dieser interessanten Tiere bekannt werden.

Hirschkäfer

Großer Schillerfalter

Soldatenkäfer

Puppenräuber

Großes Heupferd

Azurjungfer

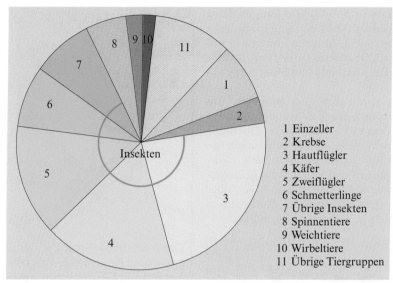

1 Einzeller
2 Krebse
3 Hautflügler
4 Käfer
5 Zweiflügler
6 Schmetterlinge
7 Übrige Insekten
8 Spinnentiere
9 Weichtiere
10 Wirbeltiere
11 Übrige Tiergruppen

Insekten haben auch einen sehr großen Anteil an der Artenanzahl der Tierwelt Deutschlands.

**Körperbau.** Insekten gibt es seit fast 400 Millionen Jahren. Trotz hundert-tausendfacher Variationen im Körperbau und in der Lebensweise der Schmetterlinge, Käfer, Hummeln, Bienen und Wespen, der Mücken und Fliegen, der Wanzen, Zikaden und Blattläuse, der Libellen, Heuschrecken und Grillen, der Ohrwürmer, Schaben und Eintagsfliegen zeichnen sich die Insekten durch charakteristische Merkmale aus. Sie alle haben ein Außenskelett aus Chitin. Der Körper ist stets in die drei Abschnitte Kopf, Brust und Hinterleib gegliedert. Der Kopf trägt ein Paar Fühler, zwei Komplexaugen, bis zu drei Punktaugen und die Mundwerkzeuge. Letzte-re sind der jeweiligen, oft sehr unterschiedlichen Ernährungsweise ange-passt. Am Brustabschnitt befinden sich 3 Paar Beine und meistens 2 Paar Flügel. Die Hinterleibsspitze trägt bei Männchen den Begattungs-, bei Weibchen den Legeapparat. An den Seiten des Hinterleibs sind kreisför-mige Atemöffnungen zu erkennen, die durch ein stark verzweigtes Röhrensystem (Tracheen) im Körperinneren den Sauerstoff direkt in alle Körperteile leiten. Insekten atmen durch Tracheen.

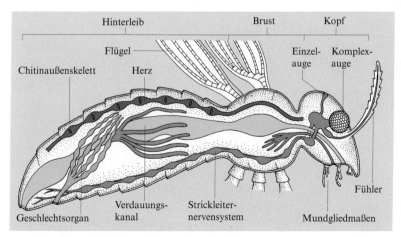

Körpergliederung und innere Organe eines Insekts

## Schon gewusst?

Zwerge und Riesen bei Insekten:
*Körperlänge:*
Kleinster Hautflügler 0,2 mm,
Pharao-Ameise 2 mm,
Menschenfloh 2 bis 3 mm,
Honigbiene 12 mm,
Hirschkäfer bis 80 mm,
Herkuleskäfer bis 180 mm,
Stabheuschrecken bis 350 mm.
*Flügelspannweite:*
Zwergmotte 2,7 mm,
Schwalbenschwanz bis 65 mm,
heimische Libelle bis 110 mm,
Rieseneule (südamerikanischer Schmetterling) bis 320 mm.

Insekten können Erstaunliches vollbringen:
– Bauten bis 6 m Höhe errichten,
– Gemeinschaften von vielen Tausenden bis Millionen Tieren bilden,
– leuchten und sich gegenseitig Lichtsignale geben,
– Pilzkulturen anlegen und diese pflegen,
– mehr als ein Jahr lang hungern,
– sich nur von trockenem Holz oder alten Knochen ernähren,
– bis etwa 1000 km ohne Pause fliegen,
– sich Mitteilungen über Entfer-nung, Richtung und Qualität von Nahrungsquellen geben,
– zielgerichtet die Geschlechts-partnerin aufsuchen, die hun-derte von Metern oder gar Kilometer entfernt ist,
– Ultraschall hören und senden, ultraviolettes Licht sehen,
– die Temperatur und Luftfeuch-tigkeit im Nest sehr genau regulieren.

**Mannigfaltigkeit.** Die Gestalt der Insekten ist bei gleichem Grundaufbau sehr vielfältig. Marienkäfer sind halbkugelig, Maikäfer länglich-walzenförmig, Stabheuschrecken stabförmig gestreckt. Manche Insekten haben Hörner (z. B. Nashornkäfer), vergrößerte Oberkiefer (z. B. Hirschkäfer), oder sie sind dicht behaart, auffällig in ihrer Färbung und Flügelform.

**Mundgliedmaßen.** Der Bau der Mundgliedmaßen lässt erkennen, wie Insekten ihre Nahrung aufnehmen. Bei den beißenden Mundgliedmaßen eines Laufkäfers ist der Aufbau aus Oberkiefer, Unterkiefer, Oberlippe und Unterlippe gut zu erkennen. Bei sehr vielen anderen Insektenarten sind diese Mundgliedmaßen mehr oder weniger stark abgewandelt. Laufkäfer fressen Insekten und Schnecken, Bienen und Schmetterlinge saugen Nektar aus Blüten, Stubenfliegen tupfen mit ihrem Rüssel Milch oder Honig vom Küchentisch, Blattläuse saugen Pflanzensäfte, Stechmücken und Bettwanzen durchstechen die Haut ihrer Wirte und saugen Blut.

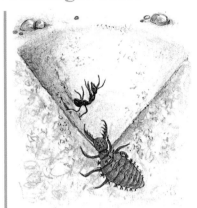

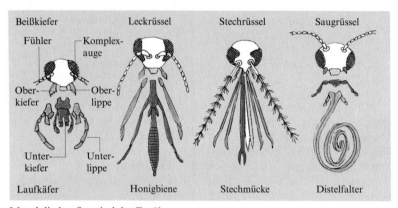

Mundgliedmaßen sind der Ernährung angepasst

Der Ameisenlöwe ist weder ein Löwe noch eine Ameise. Er ist die Larve der libellenähnlichen Ameisenjungfer, die in selbst gegrabenen Sandtrichtern auf ihre Beute, die Ameisen, lauert.

Vergleicht man die Körpergröße und das Sprungvermögen von Mensch und Floh, so müßte ein Mensch etwa 250 m hoch springen, um die Leistung eines Flohs zu erreichen.

**Fortbewegungsarten.** Die Angepasstheit an verschiedene Lebensräume und Lebensweisen der Insekten wird auch an den unterschiedlich gebauten Beinen deutlich.

Laufen, Springen, Graben, Schwimmen und Fliegen sind wesentliche Fortbewegungsarten der Insekten. Hinzu kommt die Benutzung einzelner Beinpaare zum Fangen, Putzen oder Sammeln. Bei Arten mit leistungsfähigen Flügeln, zum Beispiel Libellen und Tagschmetterlingen, werden die Beine kaum noch zur Fortbewegung benutzt.

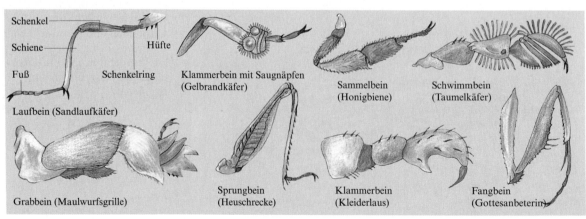

Bau von Insektenbeinen mit unterschiedlichen Funktionen

**Insektenstaaten.** Das Gemeinschaftsleben der Insekten gehört zu den interessantesten Erscheinungen im Tierreich. Die Lebensweise der Staaten bildenden Insekten ist gekennzeichnet durch eine ausgeprägte Arbeitsteilung, die Pflege der Larven durch Ammen und ein längerfristiges Zusammenleben. Insektenstaaten gibt es nur bei manchen Hautflüglern (Ameisen, Bienen, Faltenwespen) und bei Termiten. Für das Funktionieren von Insektenstaaten spielt das Senden und Empfangen von Botschaften eine wesentliche Rolle. Bei der Verständigung untereinander werden erstaunliche Leistungen erreicht.

Soziale Insekten errichten Bauwerke, die zu den beeindruckendsten Tierbauten zählen. Es gibt die bekannten Bienenwaben aus Wachs, große und metertiefe Ameisenburgen. Einige Wespenarten bauen Nester aus feinsten Papierlamellen und Termiten errichten bis 6 m hohe, steinharte Bauten. Temperatur und Luftfeuchtigkeit dieser Insektennester werden von den Tieren genau geregelt (z. B. durch Schwirren mit den Flügeln).

Hornissennest

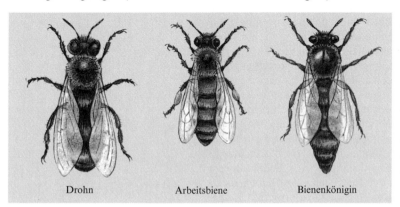

Drohn            Arbeitsbiene            Bienenkönigin

Honigbienen

Termitenhügel

**Honigbienenstaat.** Honigbienen sind zu Haustieren des Menschen geworden. Sie werden von Imkern in Bienenstöcken gehalten. Im Sommer leben in einem Bienenstaat etwa 50 000 bis 70 000 Bienen. Ein Bienenvolk kann in einer Saison bis zu 90 kg Honig sammeln.

Die Bienenkönigin ist die „Stockmutter", denn sie ist das einzige geschlechtsreife Weibchen des ganzen Bienenvolkes. Sie legt an einem Tag bis zu 3000 Eier und bewirkt durch eine von ihr ausgeschiedene Substanz den Zusammenhalt des Volkes. Die Bienenmännchen, die Drohnen, besamen während des „Hochzeitsfluges" die Königin. Danach werden sie von den Arbeiterinnen aus dem Stock vertrieben, nicht mehr gefüttert und sterben („Drohnenschlacht").

Den Hauptteil des Bienenvolkes stellen die Arbeiterinnen; das sind unfruchtbare Weibchen, die im Verlaufe ihres Lebens von 4 bis 6 Wochen nacheinander verschiedene Tätigkeiten ausführen.

**„Lebenslauf" einer Arbeitsbiene.**
– 1. bis 10. Tag: Ammendienst, d. h., Reinigung der Zellen, Brutpflege und Füttern der Larven im Bienenstock.
– Ab 10. Tag: Arbeiten im Bienenstock, Wabenbau, Mitarbeit bei der Honigherstellung, Stocksäuberung, Temperaturregulierung, Wächterdienst am Flugloch, erste Orientierungsflüge.
– Ab 20. Tag: Sammelbiene außerhalb des Bienenstocks; bei Blütenbesuchen Aufnahme und Heimtransport von Pollen und Nektar.
  Dabei werden insektenblütige Samenpflanzen bestäubt.

Bienenkönigin bei der Eiablage

Honigbienen bei der Brutpflege

Honigbiene (Arbeiterin) an einer Blüte

Sehbild eines Insekts (links) und des Menschen (rechts)

**Sinnesleistungen und Orientierung.** Honigbienen nehmen mithilfe ihrer Sinnesorgane verschiedene Blütenfarben und Blütendüfte wahr. Sie haben auf der Bauchseite ein Strickleiternervensystem und ein Gehirn, das sich im Kopf befindet. Die aus vielen Einzelaugen zusammengesetzten Komplexaugen und die Fühler sind – wie auch andere Organe – durch Nerven mit dem Gehirn verbunden. Mit den Augen werden Formen und Farben erkannt. Bienen haben ein größeres Gesichtsfeld als Menschen, sie sehen jedoch weniger Einzelheiten. Die Fühler sind Sinnesorgane zum Tasten, Riechen und Schmecken. Der Geruchssinn der Arbeitsbienen ist besonders gut entwickelt. Der Erschütterungssinn ist oftmals für das rechtzeitige Ergreifen der Flucht entscheidend. Er ist aber auch von Bedeutung für die Informationsübertragung zwischen den Bewohnern des Bienenstocks, zum Beispiel bei den „Bienentänzen". Bienen können Informationen über Entfernungen und Ergiebigkeit von Nahrungsquellen an andere Bienen ihres Stocks durch Tanzbewegungen weitergeben („Rundtanz" – Futterquellen bis etwa 100 m Entfernung; „Schwänzeltanz" – Richtung und Entfernung von Futterquellen über 100 m hinaus).

Samenpflanzen, die auf Insektenbestäubung angewiesen sind, und ihre Bestäuber sind einander besonders angepasst. Oft sind sie sogar direkt voneinander abhängig, zum Beispiel bestäuben dämmerungs- und nachtaktive Schmetterlinge nur Blüten, die nachts blühen und Nektar absondern. Das Zusammenleben und die genaue Abstimmung der beiden Partner (insektenbestäubte Blüte und Insekt) zum gegenseitigen Vorteil wird als Symbiose bezeichnet.

## Schon gewusst?

Fast 80 % der Samenpflanzen Mitteleuropas sind auf Insektenbestäubung angewiesen.

Schmetterlinge können nur flüssige Nahrung aufnehmen, also keinen Pollen fressen.

Das Taubenschwänzchen (ein Schmetterling) bestäubt in nur 10 Minuten bis zu 200 Blüten.

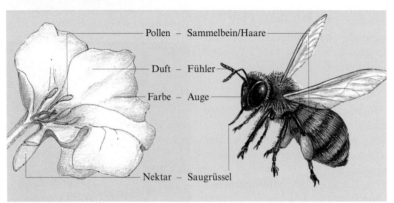

Pollen – Sammelbein/Haare

Duft – Fühler

Farbe – Auge

Nektar – Saugrüssel

Wechselseitige Angepasstheit von Blüte und Honigbiene als Blütenbesucherin

**Fortpflanzung und Entwicklung.** Wie bei fast allen Landtieren findet auch bei den Insekten fast immer eine Begattung der Weibchen durch die Männchen statt.

*Paarungsverhalten:* Optische und akustische Signale (z. B. von Leuchtkäfern bzw. Heuschrecken) sowie artspezifische Duftstoffe (z. B. vieler Schmetterlinge und Hautflügler) führen die Geschlechtspartner zusammen. Die Sexualduftstoffe können von den Männchen oft über sehr große Entfernungen wahrgenommen werden. Lockwirkung haben auch „Tanzgesellschaften" in Schwärmen von Stech- und Zuckmücken, bei denen der Flugton der schwingenden Flügel Paarungsbereitschaft signalisiert.

*Jungfernzeugung:* Wenn fast nur Weibchen auftreten, entwickeln sich die Eier ohne Befruchtung, also durch Jungfernzeugung. Bei Arten mit Jungfernzeugung gibt es nur sehr wenige Männchen (z. B. bei manchen Blattwespen) oder sie treten nur periodisch auf (z. B. bei den meisten Blattläusen), oder sie fehlen fast völig (z. B. bei einigen Blattläusen). Der Jungfernzeugung folgt bei Blattläusen im Herbst oft eine zweigeschlechtliche Fortpflanzung. Die Kenntnis des Paarungsverhaltens ist für die biologische Bekämpfung einiger Schädlinge von Bedeutung (z. B. Verhindern der Vermehrung durch Aussetzen sterilisierter Männchen).

## Schon gewusst?

Indische Stabheuschrecken ahmen durch Aussehen, Färbung und Verhalten Pflanzenteile täuschend nach. Der Vorteil besteht für sie darin, dass sie deshalb von Insekten fressenden Tieren nur sehr schwer entdeckt werden können. Auch die Fortpflanzung dieser Insekten ist bemerkenswert. Die Weibchen legen entwicklungsfähige Eier ab, die jedoch nicht von männlichen Keimzellen befruchtet wurden.

Diese „Jungfernzeugung" kommt unter anderem auch bei Blattläusen und Wasserflöhen vor.

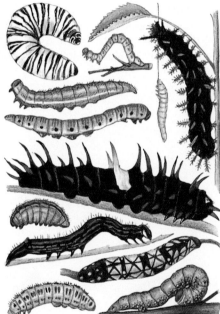

Vielfalt von Schmetterlingseiern

Vielgestaltigkeit von Schmetterlingslarven

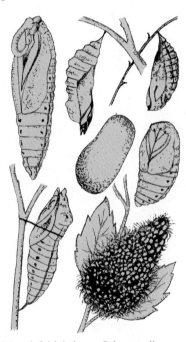

Mannigfaltigkeit von Schmetterlingspuppen

## AUFGABEN

1. Beschreibe den äußeren Körperbau eines Schmetterlings oder einer Stubenfliege!
2. Zergliedere eine tote Honigbiene, betrachte die einzelnen Körperteile mit einer Lupe oder mit einem Stereomikroskop!
3. Zeichne das Sammelbein einer Arbeitsbiene!
4. Beschreibe das Leben in einem Honigbienenstaat!
5. Nenne weitere Insekten als Beispiele für verschieden ausgebildete Mundgliedmaßen und Beine!
6. Vergleiche den Körperbau der Insekten mit dem der Spinnen- und Krebstiere! Fertige eine Tabelle an!
7. Beobachte Blüten besuchende Insekten an Obstbäumen, Sträuchern und anderen Samenpflanzen! Durch welche Reize werden die Insekten angelockt?

*Eiablage:* Die Anzahl der abgelegten Eier ist bei den Insekten ganz unterschiedlich. Bienenköniginnen können mit den beim Hochzeitsflug aufgenommenen Spermien über Jahre hinweg bis mehrere hunderttausend Eier befruchten. Kohlweißlingsweibchen legen etwa 600 Eier, der Menschenfloh bis 450, die Stubenfliege bis 2000, die Termiten viele Millionen Eier. Die Auswahl geeigneter Eiablagestellen, zum Beispiel zur Tarnung vor Vögeln oder Parasiten oder zum Schutz der Eier vor Austrocknung, sowie die Brutpflege bei den Staaten bildenden Insekten tragen zum Fortbestand der folgenden Generationen bei.

Bei den Insekten sind zwei unterschiedliche Entwicklungsformen mit unterschiedlichem Gestaltwandel (Metamorphose) zu beobachten.

*Vollkommener Gestaltwandel:* Bei Insekten dieser Gruppe weichen die Larven, Puppen und voll entwickelten Insekten (Vollinsekten) im Aussehen sowie in der Lebens- und Ernährungsweise stark voneinander ab (z. B. Maikäfer, Schwalbenschwanz). Oft bewohnen die Larven und Vollinsekten verschiedene Lebensräume. Käferlarven leben beispielsweise in morschem Holz, an Blättern oder in der Erde, Schmetterlingslarven (Raupen) fressen in Früchten oder am Laub von Sträuchern und Bäumen. Die Vollinsekten der Käfer sind aber oft Blütenbesucher oder leben räuberisch, während sich Schmetterlinge vom Nektar der Blüten ernähren.

*Unvollkommener Gestaltwandel:* Die Insekten dieser Gruppe haben kein Puppenstadium. Die aus den Eiern geschlüpften Larven sehen bereits fast wie kleine Vollinsekten aus (z. B. Schaben, Heuschrecken, Blattläuse). Es sind aber Larvenstadien, die sich im Verlauf ihrer Entwicklung mehrmals häuten und noch Flügel ausbilden müssen.

## Schon gewusst?

Hornissen, unsere größten heimischen Wespen, stehen unter Naturschutz. Sie leiden unter Nistplatzmangel und werden aus unbegründeter Furcht vom Menschen zu Unrecht verfolgt. Die Hornissen eines Volkes bauen imposante Nester und können innerhalb einer Stunde mehr als 3000 Fliegen fangen.

Hornisse

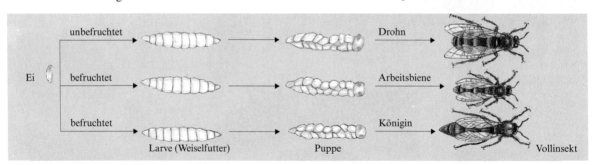
Vollkommener Gestaltwandel der Honigbienen

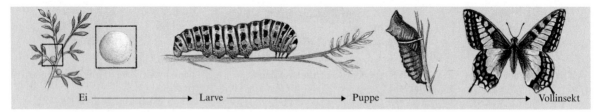
Vollkommener Gestaltwandel des Schwalbenschwanzes

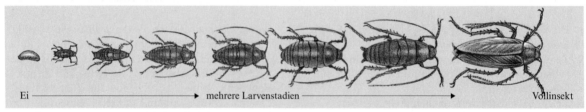
Unvollkommener Gestaltwandel einer Schabe

Kartoffelkäfer

Buchdrucker

Hausbock

Apfelwickler

Termite

Kornkäfer

Nonne

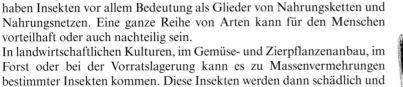

Schabe Kopflaus

**Schaderreger.** Durch ihre ungeheure Artenfülle und Individuenanzahl haben Insekten vor allem Bedeutung als Glieder von Nahrungsketten und Nahrungsnetzen. Eine ganze Reihe von Arten kann für den Menschen vorteilhaft oder auch nachteilig sein.

In landwirtschaftlichen Kulturen, im Gemüse- und Zierpflanzenanbau, im Forst oder bei der Vorratslagerung kann es zu Massenvermehrungen bestimmter Insekten kommen. Diese Insekten werden dann schädlich und müssen meist bekämpft werden.

*Forstschädlinge:* In Deutschland gibt es fast 100 Borkenkäferarten. Der schlimmste Feind der Fichte ist ein Borkenkäfer, der „Buchdrucker". Die Nonne, ein Schmetterling, ist einer der gefürchtetsten Schädlinge unserer Fichtenwälder. Kahlfraß in Monokulturen vernichtet ganze Waldbestände. Insekten verzehrende Tiere können größere Schäden verhindern, so fressen Meisen die Eier, Kuckuck, Star und Pirol die haarigen Raupen, Kleiber die Puppen der Nonne.

*Holzschädlinge:* Der Hausbock, ein Bockkäfer, befällt in Häusern verbautes Holz. Oft ist der ganze Dachstuhl zersiebt, eine dünne äußere Holzschicht erschwert das sofortige Erkennen des Befalls. Termiten sind die schlimmsten Holzzerstörer in den Tropen. Einige Termitenarten sind nach Südeuropa eingeschleppt worden.

*Schädlinge im Obst- und Weinbau:* Der Apfelwickler ist besonders durch seine Larve, die „Obstmade", bekannt. Das ist eine Schmetterlingsraupe, die im Inneren des Apfels frisst und „Fallobst" verursacht. Der Goldafter, ein Schmetterling, frisst an allen Obstbäumen und verschiedenen Laubgehölzen. Rebläuse wurden vor etwa 140 Jahren aus Amerika eingeschleppt. Sie vernichteten durch Saugen an den Rebstockwurzeln ganze Weinbestände.

*Schädlinge im Ackerbau:* Der vor 120 Jahren aus Mexiko nach Europa eingeschleppte Kartoffelkäfer frisst als Larve und als Imago die Blätter von Kartoffelpflanzen. Dadurch wird das Wachstum der Kartoffeln gestoppt. Kohlweißlingsraupen verursachen Loch- und Kahlfraß an Kohlköpfen. Getreidehähnchen (ein Blattkäfer) fressen an Getreidepflanzen.

*Haus- und Vorratsschädlinge:* Kornkäfer sind Großschädlinge in gelagertem Getreide. Speckkäfer fressen an Fleisch, Wolle und Tierfellen. Mehlmotten sind Hauptschädlinge in Mühlen, Dörrobstmotten fressen an Backobst und Süßwaren. Schmeißfliegen legen ihre Eier an Fleisch. Schaben fressen Abfälle und verschmutzen Lebensmittel.

*Gesundheitsschädlinge:* Läuse, Flöhe und Wanzen saugen Blut und können Krankheitserreger übertragen. Bienen, Hummeln und Wespen verursachen schmerzhafte Stiche, Schwellungen und bei empfindlichen Menschen Herzklopfen, Erbrechen, Atemnot oder Bewusstlosigkeit. Die Fiebermücke Anopheles überträgt eine weit verbreitete Krankheit, die Malaria. Die Malariaerreger zerstören die roten Blutkörperchen und bewirken hohes Fieber, Schädigung des Herz-Kreislauf-Systems und der Leber.

Kohlweißling

## Schon gewusst?

Es wurde errechnet, dass ein einziges Stubenfliegenpaar innerhalb von vier Monaten 191 000 000 000 000 000 000 000 Nachkommen haben könnte, wenn alle überleben und sich wiederum vermehren würden. In der Natur bleibt jedoch nur ein winziger Teil von ihnen am Leben.

Schätzungen besagen, dass Kulturpflanzen schädigende Lebewesen – darunter zahlreiche Wirbellose – weltweit etwa ein Drittel der Ernten vernichten.

**Nutzen durch Insekten.** Auch wenn einige Insektenarten Schäden verursachen können, überwiegen doch insgesamt die Vorzüge dieser Tiere auch für uns Menschen.

*Insekten bestäuben Blüten:* 80 % aller heimischen Pflanzen werden durch Insekten bestäubt, zum Beispiel Obstbäume, Beerensträucher, Erdbeeren. 73 % aller Blüten besuchenden Insekten sind Bienen.

*Insekten erhalten das biologische Gleichgewicht:* Massenauftreten von Schadinsekten kann durch ihre Fressfeinde begrenzt werden, zum Beispiel fressen viele Marienkäfer und ihre Larven Blattläuse, Schlupfwespen parasitieren an Eiern, Larven und Puppen anderer Insekten, der Puppenräuber (Kletterlaufkäfer) lebt räuberisch von Puppen und Raupen der Schmetterlinge.

*Insekten verbreiten Pflanzen:* Ein Volk der Roten Waldameise verschleppt in einer Vegetationsperiode etwa 40 000 Pflanzensamen.

*Insekten als Nahrung:* In vielen Teilen der Erde sind Insekten nährstoffreiche Nahrungsmittel, zum Beispiel geröstete Heuschrecken in Afrika. Insekten dienen als Fischfutter und Vogelfutter. Am bekanntesten ist das Insektenprodukt Bienenhonig.

*Insekten als Rohstofflieferanten:* Bienenwachs wird für die Kerzenproduktion, für Bohner- und Möbelwachse sowie für kosmetische und pharmazeutische Produkte verwendet. Schon vor 5000 Jahren hielten die Chinesen Seidenraupen. Die Seide eines Kokons des Seidenspinners hat eine Fadenlänge von 3 bis 4 km.

*Insekten verwerten tote Organismen:* Aasfresser, zum Beispiel der Totengräber (ein Käfer) und der Speckkäfer, beseitigen Tierleichen. Sie sind weitgehend spezialisiert, gemeinsam mit weiteren Insektenarten, mit Milben und Bakterien tote Tiere als Nahrung aufzunehmen oder zu zersetzen.

## Schon gewusst?

Leuchtkäfer sind gegen einige Verunreinigungen im Heroin sehr empfindlich. Bei geringsten Konzentrationen dieser Stoffe leuchten sie auf. Diese Eigenschaft wird von der Polizei der USA bei der Suche nach verstecktem Heroin genutzt.

Rote Waldameise

Marienkäfer

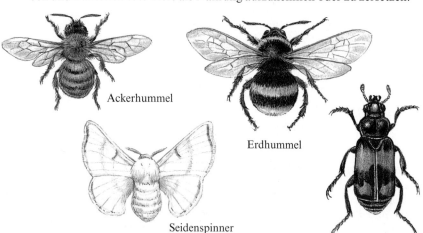

Ackerhummel

Erdhummel

Seidenspinner

Totengräber

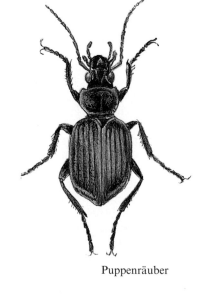

Puppenräuber

## AUFGABEN

1. Stell dir vor, es gäbe keine Insekten mehr. Welche Folgen würde dies haben?
2. Erläutere Aufbau und Funktionieren eines Insektenstaates! Welche Vorteile bietet das enge Zusammenleben?
3. Vergleiche vollkommene und unvollkommene Verwandlung bei Insekten und nenne jeweils mehrere Beispiele!
4. Erfasse in einer Tabelle je 5 Beispiele für Insekten, die aus Sicht des Menschen nützlich sind beziehungsweise Schaderreger sein können! Vermerke auch, welche Bedeutung diese Arten haben!
5. Stelle in einer Tabelle dar, wovon sich zum Beispiel Larven und Vollinsekten des Tagpfauenauges, des Mehlkäfers, der Hornisse und einer Schwebfliege ernähren. Erfasse auch die Lebensräume!

Übersicht über einige Insektengruppen

| Insekten-gruppen (Beispiele) | Käfer | Schmetterlinge | Hautflügler | Zweiflügler | Libellen Wanzen Blattläuse Heuschrecken Ohrwürmer |
|---|---|---|---|---|---|
| Bekannte Artenanzahl | 350 000 | 110 000 | 100 000 | 120 000 | 150 000 |
| Körper-gliederung | Ungleichmäßig gegliedert in Kopf, Brustabschnitt und Hinterleib | | | | |
| Skelett | Außenskelett aus Chitin, mit Borsten und z. T. pelziger Behaarung | | | | |
| Beine | 3 Paar gegliederte Beine am Brustabschnitt | | | | |
| Flügel | 1 Paar verhärtete Vorderflügel (Deckflügel); 1 Paar häutige Hinterflügel | 2 Paar dünnhäutige, beschuppte Vorder- und Hinterflügel | 2 Paar häutige Vorder- und Hinterflügel | 1 Paar häutige Vorderflügel; Hinterflügel sind rück-gebildet | Unterschiedlich ausgebildet, teilweise ohne Flügel |
| Atmung | Tracheenatmung | | | | |
| Herz und Blut-gefäßsystem | Rückenherz; offenes Blutgefäßsystem | | | | |
| Sinnesorgane | 1 Paar Fühler, Komplexaugen, Einzelaugen | | | | |
| Nervensystem | Bauchwärts gelegenes Strickleiternervensystem, Gehirn | | | | |
| Fortpflanzung | Geschlechtlich, teilweise ungeschlechtlich (Jungfernzeugung); vollkommene und unvollkommene Metamorphose: Ei ⟶ Larve ⟶ (Puppe) ⟶ Vollinsekt | | | | |
| Beispiele | Käfer | Schmetterlinge | Hautflügler | Zweiflügler | Andere Gruppen |
| | Großer Mistkäfer | Apollo | Steinhummel | Rinderbremse | Pracht-libelle |
| | Marienkäfer | Zitronenfalter | Riesenholzwespe | Mordfliege | Großes Heupferd |
| | Hirschkäfer | Admiral | Pharaoameise | Goldfliege | Gemeiner Ohrwurm |

# Mücken und Malaria

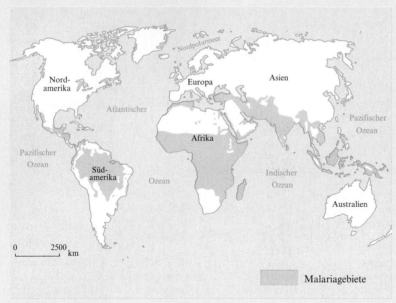

Verbreitung der Malaria

**Malaria.** Bei Reisen in subtropische und tropische Länder können unter Umständen schon nach acht bis zwölf Tagen die Vorboten dieser schweren fieberhaften Erkrankung auftreten: Kopf- und Gliederschmerzen, Durchfall, Übelkeit, Krämpfe, Schlaflosigkeit. Dann folgt in unterschiedlichen Abständen hohes Fieber mit 40 °C bis 41 °C über mehrere Tage. Die schwerste Form dieser Erkrankung, die Malaria tropica, bedeutet akute Lebensgefahr. Ohne Malariamittel und Mittel für den Mückenschutz in die Subtropen oder Tropen zu reisen ist deshalb mehr als fahrlässig.

**Erforschung der Malaria.** Erst am Anfang unseres Jahrhunderts konnte bewiesen werden, dass es die weiblichen Stechmücken der Gattung Anopheles sind, die seit Jahrtausenden das wirtschaftliche und kulturelle Leben von Völkern und blühenden Städten zum Erliegen brachten.
Schon der berühmte Arzt des Altertums, HIPPOKRATES, kannte die Malaria. Er hatte beobachtet, dass sie überwiegend in Wasser- und Sumpfgebieten auftritt. Bis in das vorige Jahrhundert vermuteten die Ärzte als Krankheitsursache „giftige Luft" in der Nähe von Sümpfen; sie gaben trotz Unkenntnis der Zusammenhänge den richtigen Rat, Sümpfe zu entwässern. Aus dieser Zeit stammt auch die Benennung der Krankheit im Italienischen: „mala aria" – „böse Luft", die Malaria.
Ende des 19. Jahrhunderts wurden von dem Franzosen CHARLES LOUIS LAVERAN im Blut von Erkrankten Malariaerreger entdeckt. Es sind mikroskopisch kleine Einzeller, die zu den Urtierchen gehören. Der englische Militärarzt RONALD ROSS begann im Jahre 1897 nach langen Versuchsreihen daran zu zweifeln, dass die Erreger durch infiziertes Trinkwasser in den Menschen gelangen. Er konnte in Stechmücken verschiedene Entwicklungsstadien der Malariaerreger nachweisen. Doch nicht alle Stechmücken sind Überträger der Erreger des Wechselfiebers. Der italienische Forscher GIOVANNI BATTISTA GRASSI, ein Insektenkenner, entdeckte in den von ihm besuchten Malariagebieten, dass nur Anopheles-Stechmücken die Überträger der Malariaerreger sind.

Schon HIPPOKRATES (etwa 460 bis etwa 370 v. Chr.) kannte die Malaria

**Ein Fieber mit vielen Namen**

Aufgrund des Krankheitsverlaufs werden drei Malariaformen unterschieden: Malaria tertiana (Dreitagefieber), Malaria quartana (Viertagefieber) und Malaria tropica. Weil die Fieberanfälle in unterschiedlichen Abständen auftreten, wird die Malaria auch „Wechselfieber" oder nach ihrem Vorkommen in sumpfreichen Gebieten „Sumpffieber" genannt.

**Malaria als globales Problem.** Diese am weitesten verbreitete Tropenkrankheit breitet sich nach zunächst erfolgreicher Bekämpfung in diesem Jahrhundert wieder zunehmend aus. Trotz intensiver Bekämpfungsmaßnahmen erkranken jährlich über 100 Millionen Menschen in aller Welt neu an Malaria. Mehr als zwei Millionen, darunter über 800 000 Kinder unter fünf Jahren, sterben jährlich daran.

Das erstmals 1939 angewendete DDT, ein Insektengift, war in den 50er und 60er Jahren ein erfolgreiches Mittel zur Malariabekämpfung. Es rettete vielen Millionen Menschen das Leben. Jährlich wurden 65 000 t DDT allein zur Malariabekämpfung verbraucht. Von Flugzeugen aus besprühte man die sumpfigen Brutstellen der Anopheles-Mücken. Das DDT ist in vielen Ländern inzwischen verboten worden, weil es sich im Boden, im Wasser und in Lebewesen – auch im Menschen – anreichert.

Umweltkatastrophen in Gebieten mit Malariarisiko verursachen riesige Überschwemmungen, die zu neuen Brutherden von Stechmücken führen. Bisherige Trockenlegungen von Gewässern scheinen nur Augenblickserfolge gewesen zu sein. Auch der ständig wachsende interkontinentale Verkehr erfordert immer dringender wirksame Bekämpfungsmaßnahmen gegen die Malariaerreger und ihre Überträger.

**Schutz vor Malaria.** Auch in Deutschland wächst die Anzahl der eingeschleppten Malaria-Erkrankungen und Todesfälle. Betroffen sind besonders Touristen, die ohne Schutz durch Medikamente in Malariagebiete reisen. Die Malariavorbeugung besteht vor allem aus zwei Maßnahmen:
– Schutz vor den Stichen der Anopheles-Mücken,
– vorbeugende Einnahme von Medikamenten (Chemoprophylaxe) nach einem exakten Zeitplan vor, während und nach der Reise.
Von der Dämmerung bis zum Morgengrauen sind die weiblichen Anopheles-Mücken sehr stechlustig. Beim Aufenthalt im Freien nach Sonnenuntergang sollte man helle Bekleidung mit langen Ärmeln und langen Hosen tragen. Die Wohnräume sollten möglichst mückensicher sein (Klimaanlage, Fliegenfenster, gut schließende Fenster und Türen), andernfalls sind die Schlafstellen mit Mückennetzen zu schützen.

Diese Schutzmaßnahmen sind deshalb besonders wichtig, weil die Widerstandsfähigkeit (Resistenz) der Erreger gegenüber den Medikamenten zur Chemoprophylaxe in verschiedenen Gebieten immer mehr zunimmt. Von großer Bedeutung ist die Resistenz des Erregers der Malaria tropica, der vor allem in Südostasien, in Afrika südlich der Sahara und im Amazonasgebiet vorkommt. Auch die Resistenz gegen mehrere unterschiedliche Malariamittel hat weltweit zugenommen. Die Ärzte geben Informationen darüber, welche Mittel in welcher Malariaregion am wirksamsten sind.

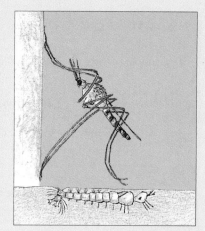

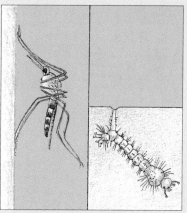

Unterschiede zwischen einer Malariamücke (Anopheles) und einer einheimischen Stechmücke (Culex)

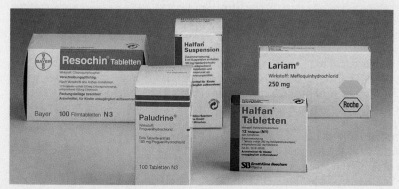

Präparate zum Schutz vor Malaria

## AUFGABEN

1. Wodurch wird Malaria verursacht und wer überträgt die Malariaerreger?
2. Welche Faktoren können trotz zeitweiliger Bekämpfungserfolge das erneute Vordringen der Malaria begünstigen? Sammle zu diesem Thema auch Zeitungsmeldungen und werte sie aus!
3. Obwohl Deutschland kein Malariagebiet ist, kommt es hier jährlich zu etwa 20 Todesfällen durch Malaria. Nenne die Ursachen dafür!
4. Welche Maßnahmen sind vor, während und nach einer Reise in ein Malariagebiet erforderlich, um eine Infektion zu vermeiden?

## ZUSAMMENFASSUNG

Übersicht über einige Gruppen wirbelloser Tiere

| Hohltiere | Plattwürmer | Gliedertiere | Weichtiere | Weitere Tierstämme |
|---|---|---|---|---|

**Polypen**

**Bandwürmer**

**Ringelwürmer**

**Schnecken**

**Quallen**

**Strudelwürmer**

**Gliederfüßer**

**Krebstiere**

**Muscheln**

**Blumentiere**

**Spinnentiere**

**Kopffüßer**

**Insekten**

Wirbellose Tiere sind vielzellige Organismen.
Sie können jeweils größeren Gruppen,
den Tierstämmen, zugeordnet werden.
Die Tiere einer Gruppe haben grundlegende
gemeinsame Merkmale.

## AUFGABEN

1. Begründe, warum ein Vergleich von Ringelwürmern und Gliederfüßern mehr Gemeinsamkeiten erkennen lässt als ein Vergleich von Bandwürmern und Regenwürmern!
2. Nenne wichtige Baumerkmale der Krebstiere, Spinnentiere und Insekten! Zeichne die Körperumrisse, Fühler und Beine typischer Vertreter dieser drei Tiergruppen nebeneinander und vergleiche sie!
3. Wodurch unterscheiden sich Weichtiere von den Gliedertieren? Stelle die Merkmale tabellarisch dar!
4. Vergleiche die Nervensysteme von Süßwasserpolyp, Regenwurm, Honigbiene und Weinbergschnecke!
5. Beschreibe die Fortpflanzung von Polypen, Bandwürmern, Wasserflöhen, Insekten und Schnecken!
6. Vergleiche die Funktionen des Knochenskeletts der Wirbeltiere (Innenskelett) mit den Funktionen des Chitinpanzers der Insekten oder Krebstiere (Außenskelett)! Welcher dieser beiden Skeletttypen schützt den Körper auch vor Umwelteinflüssen, die von außen auf die Tiere einwirken?
7. Nenne Beispiele für Krankheiten, die von wirbellosen Tieren auf Menschen übertragen werden können! Erläutere an zwei Beispielen, wie man sich vor solchen Infektionen schützen kann!

# Bau und Funktion der Pflanzenorgane

Wie kann ein Apfel groß und saftig werden? Viele physikalische Vorgänge wie Adhäsion, Kohäsion oder Teilchenbewegung wirken dabei mit. Sie sind die Voraussetzungen zahlreicher Lebensabläufe in den Pflanzen. Unsere Kenntnisse darüber, wie physikalische und biologische Gesetze zusammenwirken, können uns helfen, die Lebensbedingungen für Pflanzen günstig zu gestalten und damit auch für uns einen Nutzen zu erzielen.

# Gruppen der Pflanzen

Was sind eigentlich Pflanzen? Gehören Moose und Pilze auch dazu? Pflanzen sind alle Lebewesen, die Blattgrün (Chlorophyll) enthalten und mit dessen Hilfe Energie aus dem Sonnenlicht aufnehmen. Pflanzen ernähren sich autotroph. Sie brauchen zu ihrer Ernährung außer der Energie des Lichts nur Kohlenstoffdioxid, Wasser und Mineralsalze. Zu den Pflanzen gehören Algen, Moose, Farnpflanzen und Samenpflanzen.
Pilze enthalten kein Chlorophyll, sie ernähren sich auf eine andere Weise. Pilze sind also keine Pflanzen, sie bilden eine eigene Organismengruppe.
Vor vielen hundert Millionen von Jahren hat die Entwicklung der Pflanzen begonnen. In dieser langen Zeitspanne sind viele Pflanzengruppen entstanden, die an die unterschiedlichsten Lebensräume angepasst sind. Die Angepasstheiten sind auch an ihren Baumerkmalen zu erkennen.

**Algen.** Sie leben im Wasser und bestehen meist nur aus wenigen Zellschichten. Viele Algen enthalten außer Chlorophyll auch noch andere Farbstoffe. Algen vermehren sich meist durch Sporen.

**Moose.** Die meisten Moose wachsen an Orten mit hoher Luftfeuchtigkeit. Ihre Zellen haben dünne, zarte Wände. Sie können Wasser und gelöste Mineralsalze über die gesamte Oberfläche aufnehmen. Moose vermehren sich durch Sporen.

**Farnpflanzen.** Sie haben Wurzeln, Sprossachsen und Laubblätter, aber keine Blüten. Farne vermehren sich durch Sporen. Die Sprossachse der meisten Farne wächst unterirdisch.

**Samenpflanzen.** Ihre Gewebe sind stärker spezialisiert und leistungsfähiger als die Gewebe anderer Pflanzengruppen. Samenpflanzen bilden Samen aus. Darin überdauern die Keimlinge ungünstige Umweltverhältnisse (z. B. Trockenheit, Kälte), ehe sie zu neuen Pflanzen auskeimen. Daher können Samenpflanzen in fast allen Lebensräumen gedeihen.

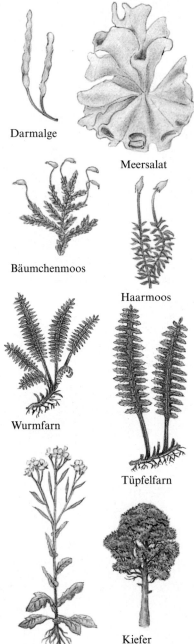

Darmalge

Meersalat

Bäumchenmoos

Haarmoos

Wurmfarn

Tüpfelfarn

Raps

Kiefer

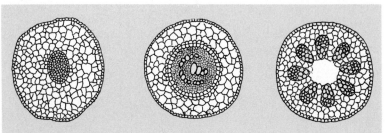

Zunehmende Gewebedifferenzierung in den Sprossachsen von Moosen, Farnen und Samenpflanzen

## AUFGABEN

1. Betrachte die abgebildeten Pflanzen! Welche äußerlich erkennbaren Unterschiede stellst du fest?
2. Nenne Gemeinsamkeiten von Farnen und Samenpflanzen!
3. Welches gemeinsame Merkmal haben alle Pflanzengruppen?
4. Pflanzen nutzen Energie aus dem Sonnenlicht. Woher nimmst du deine Energie?
5. An welchen Standorten könntest du mit großer Wahrscheinlichkeit Laubmoose antreffen?
6. Vergleiche einen Farn mit einem Moos!
7. Wodurch unterscheiden sich Pilze von Pflanzen?

# Moose und Farne sind Sporenpflanzen

**Laubmoose.** Laubmoose sind zierliche, wurzellose Sporenpflanzen. Das wird sichtbar, wenn wir aus einem Moospolster einige Pflänzchen herauszupfen. Zu erkennen sind dünne, unverzweigte oder auch verzweigte Stämmchen und grüne zarte Blättchen.

Am oberen Ende des Pflänzchens sitzt im Frühjahr oder Herbst auf einem längeren Stielchen eine eiförmige, runde oder kantige Sporenkapsel. Sie ist mit einem kleinen Deckel verschlossen, der sich nach der Reifung der Sporen öffnet. Die Sporen dienen der Fortpflanzung und Ausbreitung der Moose. Aus einer Spore kann sich eine neue Moospflanze entwickeln.

Wurzeln, wie wir sie von den Samenpflanzen kennen, besitzen Moose nicht. Wasser und Mineralsalze gelangen durch die gesamte Oberfläche in die Pflanze. Der Verankerung im Boden dienen lediglich die dünnen, farblosen Zellfäden, die am unteren Ende des Stämmchens zu finden sind. Sie werden als Rhizoide bezeichnet.

Von Moosen bewachsener Baumstamm

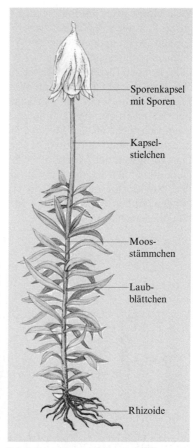

Laubmoospflanze (schematisch)

Außer in Laub- und Nadelwäldern kann man Laubmoose auch an Böschungen, Gräben, Baumstämmen, Steinen und auf feuchten, schattigen Rasenflächen finden.

In Mooren kommen vor allem Torfmoose vor. Sie bedecken oft kilometerweite Flächen. Aus den unteren, abgestorbenen Schichten ihrer lockeren Moospolster entsteht in einem Zeitraum von vielen Jahrhunderten der Torf. An der Oberfläche wachsen die Moospolster ständig weiter. Eine 1 m hohe Torfschicht entsteht in etwa 1 000 Jahren.

Wie ein Schwamm saugen sich die Moospolster an Regentagen mit Wasser voll. Zwischen den Stämmchen und Blättchen der sehr dicht stehenden Moospflänzchen wird es über längere Zeit gespeichert und nach und nach mit der gesamten Oberfläche aufgenommen.

Das Weißmoos fällt besonders durch seine halbkugelig gewölbten Polster auf. In Buchen- und Fichtenwäldern ist es weit verbreitet. Am unteren Bereich des graugrünen Polsters befinden sich abgestorbene Pflanzenteile, oben wächst das Polster von Jahr zu Jahr weiter. Weißmoos wird auch bei der Anfertigung von Grabgebinden verwendet.

Das Sternmoos bildet lockere dunkelgrüne Rasen. Kennzeichnend sind die etwa 5 cm großen Einzelpflänzchen mit querwelligen, zungenförmigen, bis 1,2 cm langen Laubblättchen. Aus den eiförmigen, hängenden Sporenkapseln fallen die reifen Sporen im Mai oder Juni heraus. Sternmoose wachsen in schattigen, feuchten Wäldern und auf feuchten Wiesen mit humusreichen Böden.

Aufgeschnittenes Weißmoospolster. Moospolster können sehr viel Wasser speichern.

Viele Moose, wie zum Beispiel das Weißmoos, enthalten in ihren Blättchen große, löchrige tote Zellen, die sehr viel Wasser aufnehmen und speichern können. Wenn man ein feuchtes Weißmoospolster kräftig ausdrückt, wird man erstaunt feststellen, wie viel Wasser es enthält. Besonders groß ist die Fähigkeit der Torfmoose, Wasser zu speichern. Sie können das Zwanzigfache ihres Trockengewichtes an Wasser aufnehmen, dagegen speichert das Frauenhaarmoos nur das Vierfache seines Trockengewichtes.

Bei starker Trockenheit krümmen sich die Laubblättchen zusammen und legen sich dicht an das Stämmchen an. Sie schränken dadurch die Verdunstung ein und sind so vor vollständiger Austrocknung geschützt.

Das Vermögen der Moose, über längere Zeit Wasser zu speichern und es ganz allmählich an die Umwelt abzugeben, erhöht die Luftfeuchtigkeit ihres Standortes und schafft für viele Organismen günstige Lebensbedingungen. Außerdem wird durch Moose der schnelle oberirdische Abfluss von Niederschlägen verhindert.

Frauenhaarmoos

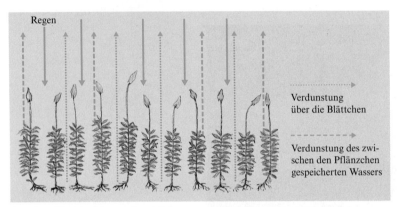

Aus dem Moospolster verdunstet das gespeicherte Wasser ganz allmählich.

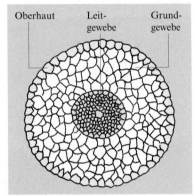

Laubmoosstämmchen (Querschnitt)

**Moospolster als Lebensraum.** Moospolster bilden einen eigenen kleinen Lebensraum, eine winzige Welt für sich. Ganz eng zusammen wachsen darin unzählige Moospflänzchen, die neben anderen Lebewesen auch vielen kleinen Tieren Unterschlupf, Feuchtigkeit und Nahrung bieten. In Moospolstern lebende Tiere sind beispielsweise Amöben, Moosmilben, Ameisen, Käfer, Asseln und Tausendfüßer. Die Laubmoose gehören zu den Moosen, die Polster oder rasenähnliche Flächen bilden.

**Lebermoose.** Ein sehr verbreitetes Lebermoos ist das Brunnenlebermoos. Häufig ist es auf feuchten, nährstoffreichen Böden, an alten Brunnen, feuchten Mauern, Bächen und in Mooren anzutreffen. Man erkennt das Brunnenlebermoos an seiner flächigen, blattartigen Gestalt. Die Rhizoide sind einzellig und befinden sich an der Unterseite des Mooses. Die Vermehrung erfolgt durch Sporen. Früher wurde das Brunnenlebermoos als Heilmittel gegen Leberleiden verwendet.

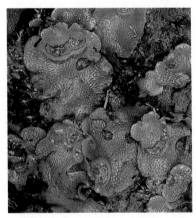

Lebermoos

> Moose sind kleine wurzellose Sporenpflanzen. Sie werden in die Gruppen Laubmoose und Lebermoose eingeteilt.
> Die Laubmoose bestehen aus dem Moosstämmchen mit Rhizoiden, den Laubblättchen und den auf dünnen Stielchen sitzenden Sporenkapseln mit Sporen. Sie wachsen in Polstern oder als Rasen.
> Große Bedeutung haben die Moose für die Regulierung des Wasserhaushaltes in der Natur.

**Farnpflanzen – Zeugen der Steinkohlenzeit.** Alle in unserer Heimat vorkommenden Farnpflanzen sind eigentlich nur Reste einer Pflanzengruppe, die vor rund 300 Millionen Jahren besonders häufig, artenreich und weit verbreitet war.

Riesige, 10 bis 40 Meter hohe baumförmige Farnpflanzen, wie beispielsweise die Schuppen- und Siegelbäume, bildeten auf sumpfigem Boden und unter den feuchtwarmen Witterungsverhältnissen großflächige Wälder. Aus den abgestorbenen Farnpflanzen entstanden die heutigen Steinkohlenlager.

Klimaveränderungen bewirkten das Aussterben vieler Farnpflanzenarten. Zur Zeit kommen weltweit noch etwa 13 000 Arten vor. Sie gehören den Untergruppen Bärlappgewächse, Schachtelhalmgewächse und den eigentlichen Farnen an.

Farnpflanzen sind wie die Moose Sporenpflanzen, sie bilden niemals Blüten und Samen aus.

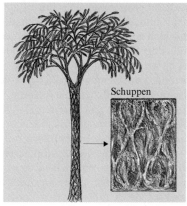

Schuppenbaum

Sprossender Bärlapp, Acker-Schachtelhalm und Rippenfarn sind Farnpflanzen.

**Einheimische Farne.** Farne sind krautige Pflanzen, die eine deutliche Gliederung in Wurzel und Spross aufweisen. In der Krautschicht unserer Wälder kann man sie gar nicht übersehen. Beispielsweise wachsen die Wedel des Adlerfarnes bis 2 m hoch. Die Wedel bestehen – wie bei vielen anderen Farnen – aus zahlreichen Fiederblättchen mit einer Mittelrippe.

In ihren grünen Zellen bilden die Farne aus energiearmen anorganischen Stoffen unter Beteiligung von Licht und Chlorophyll energiereichere organische Stoffe. Das hierzu erforderliche Wasser nehmen sie über die Wurzel auf und transportieren es in speziell ausgebildeten Zellsträngen, den Leitbündeln, durch die Sprossachse bis zu den Blattzellen. Die dort gebildeten organischen Stoffe gelangen über andere Zellstränge der Leitbündel in alle Teile des Pflanzenkörpers.

Im Farnwedel ist das Leitgewebe im Zentrum der Mittelrippe angeordnet. Schneidet man die Mittelrippe des Adlerfarnes am unteren Ende schräg durch, erscheint das Leitgewebe als adlerähnliche Figur.

Im Vergleich zu den Moosen sind die Farne besser an das Landleben angepasst. Sie nehmen Wasser und Mineralsalze mit den Wurzeln auf und transportieren sie im Leitgewebe bis zur obersten Spitze der Wedel. Die Wedel sind durch feste Oberhautzellen vor allzu starker Verdunstung geschützt. Dadurch können sie auch trockenere Standorte besiedeln. Außerdem besitzen die Farne Stützzellen, ein Festigungsgewebe, welches ihnen Halt und Festigkeit verleiht.

Gemeinsam mit den Samenpflanzen bilden die Farnpflanzen die Gruppe der Sprosspflanzen.

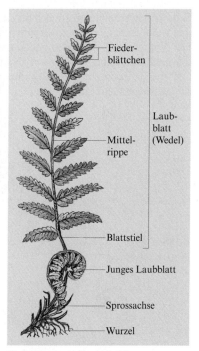

Farnpflanze (schematisch)

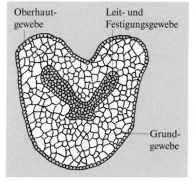

Adlerfarn (Querschnitt durch die Mittelrippe)

**Generationswechsel.** Die Fortpflanzung der Farne vollzieht sich in zwei sehr unterschiedlichen Entwicklungsabschnitten. In regelmäßigen Abständen folgt einer sich geschlechtlich fortpflanzenden Generation eine sich ungeschlechtlich fortpflanzende Generation. Diese Art der Fortpflanzung wird als Generationswechsel bezeichnet.

An der Unterseite vieler Wedel bilden sich in den Sommermonaten runde bräunliche Häufchen, die mehrere Sporenkapseln enthalten.

In den Sporenkapseln reifen staubfeine ungeschlechtliche Sporen heran. Durch sie breiten sich die Farne aus und pflanzen sich ungeschlechtlich fort. Die gesamte Farnpflanze mit Wurzel und Spross wird deshalb als ungeschlechtliche Generation bezeichnet.

Aus den Sporen entwickeln sich bei günstigen Bedingungen innerhalb weniger Tage etwa pfenniggroße, grüne, herzförmige Gebilde, die Vorkeime. An der Unterseite der Vorkeime werden männliche und weibliche Geschlechtsorgane ausgebildet, in denen die Geschlechtszellen heranreifen. Die männlichen Geschlechtszellen sind begeißelt und werden auch als Schwärmer bezeichnet. Innerhalb eines Wassertropfens schwimmen sie zu den weiblichen Geschlechtsorganen und befruchten die Eizelle.

Der Vorkeim mit den männlichen und weiblichen Geschlechtsorganen ist die geschlechtliche Generation. Nach wenigen Monaten entwickelt sich aus der befruchteten Eizelle eine junge Farnpflanze, die neue ungeschlechtliche Generation.

Wedelunterseite mit Sporenhäufchen

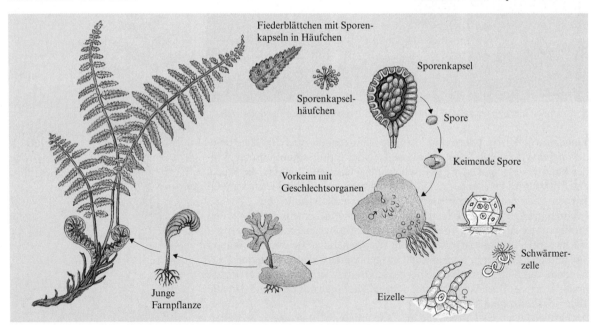

Generationswechsel bei Farnen

---

Die Farnpflanzen erreichten ihre größte Verbreitung vor rund 300 Millionen Jahren. Zu ihnen gehören die Bärlappe, die Schachtelhalme und die Farne.

Farnpflanzen sind Sprosspflanzen. Ihr Körper ist in Wurzel, Sprossachse und Blätter gegliedert. Sie besitzen Leitbündel, Festigungsgewebe und einen Verdunstungsschutz.

Bei der Fortpflanzung folgen im Generationswechsel ungeschlechtliche und geschlechtliche Generation aufeinander.

## AUFGABEN

1. Woran kannst du Sporenpflanzen erkennen?
2. Welche Bedeutung haben Moose für den Wasserhaushalt?
3. Aus welchen Pflanzen wurden die Steinkohlevorkommen gebildet?

# Gruppen der Samenpflanzen

Die Samenpflanzen umfassen zwei verschiedene Pflanzengruppen. Während in der Gruppe „Nacktsamer" der Samen frei, „nackt" auf dem Fruchtblatt liegt, ist er bei der Gruppe „Bedecktsamer" in einer Frucht eingeschlossen, also „bedeckt".

Pinienkerne (Samen der Nuss-Kiefer) auf den Samenschuppen des Zapfens

Same der Haselnuss in der holzigen Fruchtschale

Samen im Fruchtfleisch der Tomate

Nacktsamer und Bedecktsamer schließen viele Untergruppen ein. Arten mit ähnlichen Merkmalen (z. B. im Bau von Blüten und Blättern) gehören zu einer Pflanzenfamilie. Bei den Bedecktsamern ist die Anzahl der Keimblätter das wichtigste Gruppenmerkmal. Es gibt einkeimblättrige und zweikeimblättrige Pflanzen. Beide Gruppen unterscheiden sich auch durch den Bau der Sprossachsen und der Laubblätter. Beispielsweise verlaufen die Blattadern bei den einkeimblättrigen Pflanzen in der Regel parallel, bei den zweikeimblättrigen aber netzartig. Die Artenanzahl der in Deutschland wild vorkommenden bedecktsamigen Pflanzen wird auf etwa 3 000 Arten geschätzt.

## Schon gewusst?

Bei einer Reihe von Nacktsamern stehen mehrere Samenschuppen zusammen und bilden einen holzigen Zapfen, beispielsweise bei Kiefern und Tannen. Bei den Eiben dagegen stehen die Samenschuppen einzeln. Sie sind fleischig und becherförmig.

Lärchenzapfen

Früchte der Robinie

Maiglöckchen mit Früchten

## AUFGABEN

1. Suche auf einer Wanderung zwei Pflanzen! Notiere ihre Merkmale! Ordne sie den Pflanzengruppen (z. B. Farne, Samenpflanzen, Nacktsamer) zu!
2. Betrachte eine frische oder eine der abgebildeten Pflanzen genau und beschreibe sie! An welchen Merkmalen würdest du sie wiedererkennen?
3. Bedecktsamige Pflanzen sind Holzgewächse oder Kräuter; nacktsamige Pflanzen sind immer Holzgewächse. Nenne weitere Unterschiede zwischen beiden Gruppen!
4. Welche der oben abgebildeten Pflanzen sind Nacktsamer und welche Bedecktsamer? Begründe!

# Familien der Bedecktsamer

**Süßgräser.** Pflanze mit einem Keimblatt, krautig. Sprossachse außer an den Knoten meist hohl.
Laubblätter schmal, ungeteilt, die Sprossachse als Scheide umfassend.
Blattadern verlaufen parallel.
Blüten ohne Kelch und Krone, von einer Deckspelze und einer Vorspelze eingehüllt. Blüten meist in Ähren oder Rispen.
3 Staubblätter mit langen Staubfäden, ein Fruchtknoten mit 2 fiedrigen Narben.
Früchte: Körnerfrüchte
Vertreter: Getreide-Arten, Knäuelgras, Rispengras, Schilf, Zuckerrohr

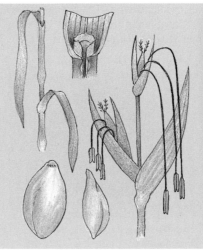

Einjähriges Rispengras

**Liliengewächse.** Pflanze mit einem Keimblatt, meist krautig. Oft mit Knollen, Zwiebeln oder Erdsprossen (Rhizomen).
Laubblätter ungeteilt, ganzrandig, Blattadern parallel.
Blüten mit gleichartiger Blütenhülle (nicht in Kelch- und Kronblätter unterschieden).
6 Staubblätter,
ein Fruchtknoten.
Früchte: trocken oder fleischig, mit vielen Samen
Vertreter: Tulpe, Maiglöckchen, Goldstern, Spargel, Zwiebel, Lauch, Herbst-Zeitlose

Blaustern

**Buchengewächse.** Pflanze mit 2 Keimblättern, Sprossachse holzig.
Laubblätter ungeteilt, Blattrand gezähnt oder gelappt.
Blütenhülle unscheinbar, kelchartig oder nicht vorhanden.
Blüten eingeschlechtig, entweder 4 bis 10 Staubblätter oder ein Fruchtknoten mit 3 bis 6 Griffeln. Viele Blüten, die zusammen oder auch einzeln stehen.
Vertreter: Rot- Buche, Ess-Kastanie, Stiel-Eiche, Trauben-Eiche

Ess-Kastanie

**Doldengewächse.** Pflanze mit 2 Keimblättern, krautig, Sprossachse hohl,
längsgerieft.
Laubblätter meist gefiedert oder mehr
oder weniger stark geteilt.
Blüten mit 5 Kelchblättern (oft nicht
ausgebildet), 5 Kronblättern und
5 Staubblättern,
ein Fruchtknoten mit 2 Griffeln,
bei der Reife in 2 Teilfrüchte
zerfallend.
Blüten in Dolden.
Vertreter: Dill, Mannstreu, Fenchel,
Möhre, Bärenklau, Giersch

Riesen-Bärenklau

Im Verlauf von Jahrmillionen haben sich viele verschiedene Pflanzengruppen entwickelt, die sich durch bestimmte Merkmale voneinander unterscheiden. Ein wesentliches Unterscheidungsmerkmal ist die Art der Fortpflanzung.

**Algen.** Leben im Wasser,
Fortpflanzung durch Sporen

**Moose.** Leben an feuchten Orten,
Fortpflanzung durch Sporen

**Pflanzen**
Enthalten Chlorophyll,
ernähren sich autotroph

**Farne.** Mit Wurzeln, Sprossachse,
Laubblättern,
Fortpflanzung durch Sporen

**Samenpflanzen.** Mit Wurzeln, Sprossachse, Laubblättern und Blüten,
Fortpflanzung durch Samen

**Nacktsamer.** Samen liegen frei auf
dem Fruchtblatt.
Holzgewächse
Viele Familien, zum Beispiel
Kieferngewächse, Eibengewächse

**Bedecktsamer.** Samen sind in der Frucht eingeschlossen.
Holzgewächse und Kräuter

**Einkeimblättrige.** Mit einem Keim-
blatt. Blattadern parallel.
Viele Familien, zum Beispiel
Süßgräser, Liliengewächse

**Zweikeimblättrige.** Mit 2 Keimblättern. Blattadern netzartig.
Viele Familien, zum Beispiel
Buchengewächse, Doldengewächse,
Kreuzblütengewächse, Lippenblüten-
gewächse, Schmetterlingsblütengewächse

## AUFGABEN

1. Welche anderen Pflanzenfamilien kennst du?
   Notiere für diese Pflanzenfamilien jeweils einige
   charakteristische Merkmale und nenne von jeder
   dieser Pflanzenfamilien drei Artbeispiele!

2. Zu welcher Gruppe der Bedecktsamer gehören die
   Süßgräser?
3. Ermittle, zu welchen Pflanzengruppen Dill, Zwiebel
   und Weizen gehören!

# Bau und Funktion der Wurzel

Keimender Samen der Rosskastanie
mit Keimwurzel

Keimender Samen der Garten-Bohne
mit Keimwurzel

„Wenn die Wurzel vertrocknet, dann stirbt der Baum." – Dieses Sprichwort betont die grundlegende Bedeutung der Wurzeln für die Pflanzen. Keimt ein Same, so entwickelt sich als erstes Organ die Wurzel. Wurzeln verankern die Pflanze im Boden und geben ihr Halt. Wasser und gelöste Nährsalze, die für Wachstum, Ernährung und andere Lebensfunktionen unerlässlich sind, werden durch die Wurzeln aufgenommen und in den Spross weitergeleitet.

**Äußerer Bau.** Bei allen Nacktsamern und Zweikeimblättrigen entwickelt sich die Keimwurzel zu einer starken Hauptwurzel; bei den Einkeimblättrigen stirbt die Keimwurzel bald ab und aus unteren Sprossteilen bilden sich Beiwurzeln (sprossbürtige Wurzeln). Haupt- und Beiwurzeln bilden im Verlaufe ihres Wachstums Seitenwurzeln, die sich wiederum verzweigen, so dass ein dichtes Geflecht entsteht.
Flachwurzler (z. B. Fichte, Mais) bilden ihr Wurzelsystem hauptsächlich in den oberen Bodenschichten aus. Tiefwurzler (z. B. Kiefer, Sonnenblume) dringen mit ihren Wurzeln bis in die tieferen Bodenschichten ein.
An den Enden wachsen die Wurzeln ständig weiter. So gelangen die Wurzelhaarzonen in immer neue Bodenschichten mit genügend Wasser und Nährsalzen. Lockere Zellschichten schützen dabei die zarte Wurzelspitze wie eine Haube. Die inneren Schichten der Wurzelhaube werden stets neu gebildet, während die äußeren absterben und eine schleimige Gleitschicht liefern, die das Eindringen der Wurzel in den Boden erleichtert.

## Schon gewusst?

Wurzelgeflechte halten zwischen ihren dichten Verzweigungen den Boden wie mit einem Netz fest. Sie verhindern, dass die Erde vom Wind fortgeweht oder vom Wasser weggespült wird. An Meeresküsten, auf Deichen oder an Berghängen werden daher häufig Flachwurzler als Erosionsschutz angepflanzt.

Die Zellen der Wurzelhaube enthalten kleine Teilchen, die auf Umweltreize (z. B. Schwerkraft) reagieren. Sie bestimmen die Richtung des Wurzelwachstums.

Einzeln stehende Roggenpflanzen bilden umfangreiche Wurzelgeflechte aus. Sämtliche Wurzeln einer Roggenpflanze würden – aneinandergereiht – eine Länge von 80 km erreichen.

Große Waldbäume senken ihre Wurzeln 10 m tief in den Boden. Ihr Wurzelsystem ist so ausgedehnt wie die Krone.

Wurzelgeflecht

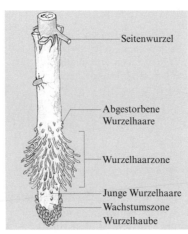

Bau einer Wurzelspitze

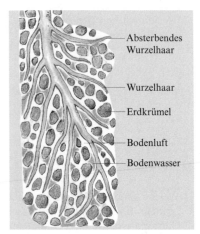

Wurzelhaare

**Innerer Bau.** An mikroskopischen Präparaten von Längs- oder Querschnitten durch eine Wurzel sind verschiedene Gewebe zu erkennen.

Nach außen wird die Wurzel durch die Zellschicht der Wurzelhaut (Rhizodermis) begrenzt. Kurz hinter der Wurzelspitze bilden viele Hautzellen Wurzelhaare aus. Das sind einzellige Ausstülpungen, durch deren dünne Wände Wasser und die darin gelösten Nährsalze aus dem Boden in die Wurzel gelangen. Die zahlreichen feinen Wurzelhaare vergrößern die Wasser und Nährsalze aufnehmende Oberfläche außerordentlich.

Unter der Wurzelhaut ist die Wurzelrinde zu erkennen. In den Zellen der Wurzelrinde speichern viele Pflanzen Stärke und andere Nährstoffe. Einige Pflanzen mit solchen Speicherwurzeln werden als Kulturpflanzen genutzt (z. B. Möhre, Zuckerrübe).

Das Innere der Wurzel bildet der Zentralzylinder mit dem Leitgewebe aus Gefäßen und Siebröhren.

In den Gefäßen gelangt das durch die Wurzelhaare aufgenommene Wasser in die oberirdischen Organe. Die Gefäßwände sind durch schrauben-, netz- oder ringförmige Verdickungen versteift. Diese Versteifungen verhindern, dass die Gefäße zusammengedrückt werden und der Wasserstrom dann unterbrochen wird.

Die Siebröhren leiten Nährstoffe, die in den grünen Blättern gebildet worden sind, in die Wurzelteile.

## Schon gewusst?

Wurzelhaare können etwa 1,5 cm lang werden, sie wachsen in wenigen Stunden zu ihrer gesamten Länge heran. Meist sterben sie nach wenigen Tagen ab.

Für eine 4 Monate alte Roggenpflanze wurden rund 14 Milliarden Wurzelhaare errechnet, das ergäbe eine Länge von 10 000 km und eine Fläche von über 400 m².

Durch ein feines Netz von Hohlräumen in der Wurzelrinde gelangt Luft an alle Teile der Wurzel. Das ist wichtig, denn auch Pflanzenzellen müssen atmen.

In Sumpf- oder Moorgebieten mit schlecht durchlüfteten Böden bilden manche Pflanzen besondere Atemwurzeln aus, die nicht in den Boden, sondern in die Luft wachsen. Zu diesen Pflanzen gehören beispielsweise Sumpfzypressen. Auch die Mangrovenpflanzen – Gehölze tropischer Küsten, die in Salzwasserschlick stehen – haben Atemwurzeln.

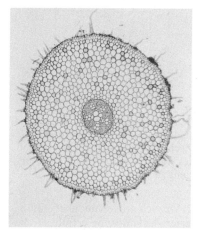

Längsschnitt und Querschnitt durch eine Wurzel

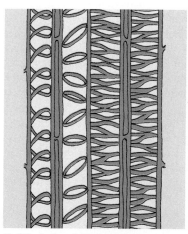

Wurzelhaut mit
Wurzelhaaren

Zentralzylinder
mit Gefäßen
und Siebröhren

Rinde

Wurzelhaube

Längsschnitt und Querschnitt durch eine Wurzel (schematisch)

Gefäßwände mit Versteifungen

**Wasseraufnahme – ein physikalischer Vorgang.** Warum dringt das Wasser aus dem Boden in die Wurzelhaare? Warum bleibt es nicht im Boden? Bei der Beantwortung dieser Fragen können einige Versuche helfen.

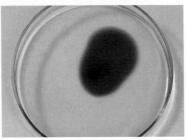

*Diffusion:* In eine Petrischale mit Wasser werden vorsichtig (z. B. mit einer Pinzette) einige Kaliumpermanganatkristalle gelegt. Die Kristalle sind deutlich von der Flüssigkeit getrennt.

Nach einiger Zeit ist um die Kaliumpermanganatkristalle im Wasser eine Durchmischung der Stoffe aufgrund von Teilchenbewegung zu beobachten.

Schließlich sind die Wasserteilchen und die aus den Kaliumpermanganatkristallen stammenden Teilchen gleichmäßig in der Petrischale verteilt. Dieser Vorgang wird als Diffusion bezeichnet.

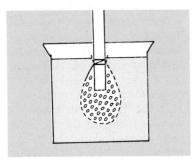

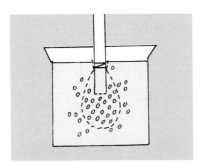

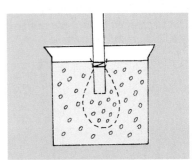

In einem weiteren Versuch wird ein Stoffsäckchen mit etwas Zucker an einem Glasrohr befestigt und in ein Glas mit Wasser gehängt.

Wasserteilchen dringen durch den Stoff und lösen den Zucker; Teilchen der Zuckerlösung dringen durch den Stoff ins Wasser; das ist an der Schlierenbildung zu sehen.

Zum Schluss liegt im Glas und im Stoffsäckchen als Ergebnis von Diffusionsvorgängen die gleiche Zuckerkonzentration vor.

*Osmose:* Der 3. Versuch wird wie der 2. Versuch aufgebaut, aber statt des Stoffsäckchens wird ein mit konzentrierter Zuckerlösung gefülltes Cellophansäckchen (z. B. aus Einmachfolie) verwendet. Bei der Beobachtung des Versuchs stellt man fest, dass auch nach langer Wartezeit keine Schlieren im Wasser zu erkennen sind. Stattdessen beginnt der Wasserspiegel im Glasrohr zu steigen. Wasserteilchen sind durch das Cellophan hindurchgedrungen. Die Zuckerteilchen aber sind so groß, dass sie die feinen Poren im Cellophan nicht passieren können. Die Cellophanfolie ist eine halb durchlässige Membran. Diffusion durch eine halb durchlässige Membran wird als Osmose bezeichnet.

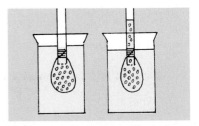

Osmoseversuch mit Zuckerlösung in einer halb durchlässigen Membran

Die Teilchen aneinander grenzender Flüssigkeiten (oder auch Gase) durchdringen sich gegenseitig so lange, bis sie gleichmäßig im gesamten Raum verteilt sind. Dieser Vorgang heißt Diffusion.

Diffusion findet auch statt, wenn die Flüssigkeiten durch einen voll durchlässigen Stoff – eine durchlässige Membran – getrennt sind.

Sind zwei Flüssigkeiten jedoch durch eine halb durchlässige Membran getrennt, diffundieren nur die Teilchen des Lösungsmittels (z. B. Wasserteilchen) durch die Membran. Dieser Vorgang heißt Osmose.

**Funktion der Wurzelhaare.** Die Aufnahme von Wasser in die Wurzelhaare wird durch Osmose bewirkt. Die Zellmembran bildet eine halb durchlässige Membran. Über sie gelangt das Bodenwasser in die Zelle, der Zellsaft aber kann nicht nach außen dringen. Etwas Ähnliches haben wir bereits modellhaft in dem Osmoseversuch mit einer Zuckerlösung festgestellt. Innerhalb der Wurzelhaare vermischen sich Zellsaft und Bodenwasser durch Diffusion. Der Zellsaft der Wurzelhaare enthält im Vergleich zum Zellsaft in den Nachbarzellen mehr Wasserteilchen. Diese gelangen durch Osmose und Diffusion weiter in die Zellen der Rinde und des Zentralzylinders. In den Gefäßen wird das Wasser dann zu den anderen Organen der Pflanze geleitet. Wasser kann auch innerhalb der Zellwände bis in die inneren Rindenschichten der Wurzel gelangen.

## Schon gewusst?

Durch die Aufnahme von Wasser in die Zelle nimmt das Zellsaftvolumen zu, es drückt gegen die Zellwände und erzeugt den osmotischen Druck. Wird nach starken Regenfällen viel Wasser in die Pflanzenzellen aufgenommen, kann der osmotische Druck so groß werden, dass die Zellwände platzen.

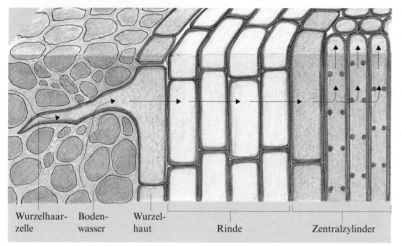

Wurzelhaar-zelle  Boden-wasser  Wurzel-haut  Rinde  Zentralzylinder

Aufnahme und Weiterleitung von Wasser in der Wurzel

Durch zu starke Wasseraufnahme geplatzte Pflaume

> Wurzeln verankern die Pflanzen im Boden und nehmen Wasser und gelöste Nährsalze auf. Ihre Verzweigungen reichen bei Tief- und Flachwurzlern unterschiedlich tief in den Boden. Zu den Wurzelgeweben gehören Wurzelhaut mit Wurzelhaaren, Rinde sowie Zentralzylinder mit Gefäßen und Siebröhren.
> Durch osmotische Vorgänge gelangt das Bodenwasser mit gelösten Nährsalzen in die Wurzelhaarzellen. Durch Diffusion und Osmose wird es zu den Gefäßen geleitet.

## AUFGABEN

1. Betrachte das Dauerpräparat eines Wurzelquerschnitts mit dem Mikroskop! Vergleiche mit der Abbildung im Buch! Skizziere und beschrifte die einzelnen Gewebeschichten!
2. Betrachte die Wurzel einer Keimpflanze (z. B. Kresse, Bohne, Radieschen) mit der Lupe! An welchem Wurzelabschnitt kannst du die Wurzelhaare entdecken?
   Lege die Wurzel dann auf Millimeterpapier und miss die Länge der Wurzelhaarzone! Versuche auch, die Länge von Wurzelhaaren zu messen!
3. Pflanzen in Blumentöpfen oder -kästen müssen mit Nährsalzlösung oder Düngerstäbchen versorgt werden. Warum gedeihen wild wachsende Pflanzen ohne zusätzliche Zufuhr von Nährsalzen?
4. Erläutere den Unterschied zwischen Osmose und Diffusion!
5. Durch welche Vorgänge gelangen Wasser und gelöste Nährsalze in die Wurzelhaarzelle?
6. Beschreibe den Weg, den Wasser und gelöste Nährsalze aus dem Boden bis in die Gefäße der Wurzel nehmen!

# Bau und Funktion der Sprossachse

**Gestalt und Gliederung.** Sprossachsen sind sehr vielgestaltige Pflanzenorgane. Sie können holzig oder krautig sein. Sie sind unverzweigt oder bilden zahlreiche Seitentriebe. Manche sind nur wenige Millimeter lang, andere messen mehr als 100 Meter. Sprossachsen wachsen aufrecht oder sind niederliegend, sie winden sich um Stützen, klettern an Wänden empor oder fluten im Wasser.

Die Stellen der Sprossachse, an denen die Blätter ansitzen, sind meist etwas verdickt. Sie werden Knoten genannt. An den Knoten, unmittelbar über dem Blattansatz (Blattachsel), entwickeln sich die Knospen der Seitentriebe (Zweige). Die Abschnitte zwischen den Knoten – Zwischenknotenstücke – sind glatt und unverzweigt.

**Funktionen.** Trotz verschiedener Formen erfüllen die Sprossachsen stets die gleichen Funktionen. Sie bringen Laubblätter und Blüten in eine günstige Stellung: Laubblätter kommen ins Licht und Blüten werden vom Wind oder von bestäubenden Tieren (z. B. Insekten) leicht erreicht.

Außerdem werden in der Sprossachse Stoffe geleitet. Wasser und die darin gelösten Nährsalze gelangen aus der Wurzel in Blätter, Blüten oder Früchte; Nährstoffe, die in den Blättern oder anderen grünen Pflanzenorganen gebildet wurden, werden in andere Pflanzenteile transportiert.

**Sprossumwandlungen (Metamorphosen).** Einige Sprossachsen speichern Nährstoffe in ihren Geweben. Bis auf wenige Ausnahmen (z. B. Kohlrabi, Zuckerrohr) wachsen solche Sprossachsen im Erdboden. An ihren Knoten entwickeln sich im Frühjahr und Sommer oft Seitentriebe, die über die Erdoberfläche emporwachsen und neue Pflanzen bilden.

Manche Pflanzen trockener Standorte speichern Wasser in ihren dicken und fleischigen Sprossachsen (z. B. Kakteen).

## Schon gewusst?

Sprossachsen, besonders die Seitentriebe, können auch als Dorn, als Ranke oder wie ein Blatt ausgebildet sein. Dass es doch Sprossachsen sind, erkennt man zum Beispiel daran, dass sie in Blattachseln entspringen oder dass sie Blüten tragen.

Mäusedorn mit blattförmig verbreiterten Sprossen

Hopfenranken winden sich empor.

Kaktussprosse speichern Wasser.

Kohlrabis speichern Nährstoffe.

Schwertlilien bilden Seitentriebe.

**Sprossachsen mikroskopisch betrachtet.** Sprossachsenquerschnitte unterschiedlicher Pflanzen zeigen bei mikroskopischer Betrachtung einen sehr ähnlichen Aufbau, weil sie gleichartige Gewebe aufweisen.

Am stärksten fallen in den Querschnitten die Leitbündel auf. Ihr Holzteil besteht aus feinen Wasser leitenden Röhren, den Gefäßen. Das sind lang gestreckte Zellen, die ohne Querwände aneinander grenzen. Sie sind abgestorben und enthalten kein Zellplasma. Ihre Seitenwände sind durch unterschiedlich geformte Leisten verdickt.

Der Siebteil der Leitbündel besteht aus Nährstoffe leitenden Siebröhren. Die Querwände dieser Zellen enthalten Löcher (Siebplatten), durch die das Plasma der einzelnen Zellen miteinander verbunden ist.

Das Festigungsgewebe hat stark verdickte Zellwände. Dadurch wird verhindert, dass Gefäße und Siebröhren zusammengedrückt werden. Es gibt der Sprossachse zusätzlichen Halt.

Da die Zellen der Leitgewebe sehr stark spezialisiert sind, können sie sich nicht mehr teilen. Neue Leitgewebezellen entstehen nur im Bildungsgewebe (Kambium) in den Leitbündeln.

Wächst die Sprossachse in die Dicke, platzt schließlich die Epidermis an vielen Stellen auf und stirbt ab. Außen liegen jetzt Rindenzellen. Sie bilden Korkschichten aus, durch die Wasser und Nährstoffe nicht hindurchdringen können. Dadurch werden aber auch diese äußeren Rindenzellen nicht mehr versorgt und sterben ab. Abgestorbene Rinde mit Korkschichten heißt Borke. Sie fällt besonders bei Holzgewächsen auf.

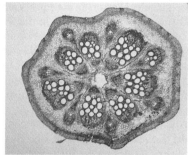

Holzteil    Bildungsgewebe    Siebteil

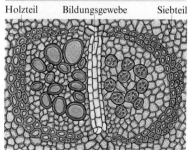

Sprossachsenquerschnitt (oben);
Leitbündelquerschnitt (unten)

① **Epidermis mit Kutikula.** Deck- oder Abschlussgewebe; die Zellen bilden nach außen ein festes, fast wasserundurchlässiges Häutchen. Diese Kutikula schützt vor Verdunstung.

② **Rinde.** Schützt die inneren Teile. Die Zellen enthalten oft Chlorophyll.

③ **Mark (Grundgewebe).** In den dünnwandigen Zellen können Stoffe gespeichert werden. Durch die zahlreichen Hohlräume zwischen den Zellen gelangt Luft bis zu den innersten Geweben.

④ **Leitbündel.** Enthalten Leitgewebe (Gefäße und Siebröhren), in dem Mineralsalz-Ionen, Wasser und Nährstoffe geleitet werden, sowie Festigungsgewebe, das der Sprossachse Halt gibt.

⑤ **Bildungsgewebe (Kambium).** Dient dem Wachstum der Sprossachse. Aus teilungsfähigen Zellen bilden sich die neuen Zellen aller Gewebe (z. B. Grund-, Leit- und Festigungsgewebe).

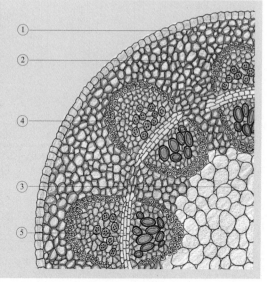

Gewebe in der Sprossachse einer Samenpflanze

## AUFGABEN

1. Nenne mindestens drei Pflanzenarten, deren Sprosse klettern oder winden!
2. Welche Pflanzenarten mit unterirdisch wachsenden Sprossachsen kennst du? Zähle sie auf!
3. Beschreibe anhand der Abbildungen auf dieser Seite den Aufbau und die Funktionen von Sprossachsen!
4. Zeichne die Sprossachse einer krautigen Pflanze (z. B. Nelke, Taubnessel) und den Zweig einer holzigen Pflanze (z. B. Linde, Forsythie)! Beschrifte Knoten und Zwischenknotenstücke!
5. Betrachte den Querschnitt einer Sprossachse mit dem Mikroskop! Skizziere das mikroskopische Bild! Beschrifte die Gewebe!

**Leitung des Wassers in der Sprossachse.** Wasser gelangt durch Osmose und Diffusion aus dem Boden in die Wurzelhaarzellen und weiter durch die Zellschichten der Wurzelrinde bis in die Gefäße der Leitbündel. Das Wasser wird ununterbrochen von der Wurzel in die Leitbündel gedrückt. Dieser Wurzeldruck ist aber in der Regel nicht groß genug, um ausreichende Mengen an Wasser bis in die Spitzen der oft meterhohen Pflanzen zu transportieren. Beim Wassertransport wirken noch andere physikalische Gesetzmäßigkeiten mit.

Alle Teile eines Stoffes ziehen sich gegenseitig an. Diese Erscheinung ist die Kohäsion; sie verleiht den Stoffen ihre Festigkeit. Sie ist bei festen Stoffen größer als bei flüssigen. Aber auch die Teilchen von zwei aneinander grenzenden Stoffen ziehen sich gegenseitig an; so beispielsweise in einem mit Wasser gefüllten Glasrohr die Teilchen in der Wand des Glasrohrs und die Teilchen des Wassers. Diese Erscheinung heißt Adhäsion.

In engen, haardünnen Röhrchen, sogenannten Kapillaren, wirken beide Kräfte gemeinsam. Durch Adhäsion werden Wasserteilchen an den Wänden der Kapillaren hochgezogen, und durch Kohäsion ziehen sie weitere Wasserteilchen nach. Dadurch steigt das Wasser im Röhrchen hoch. Das Zusammenwirken von Adhäsion und Kohäsion ist nur in sehr dünnen Röhrchen möglich. Dieser Vorgang wird als Kapillarität bezeichnet.

Wasser kann in Pflanzen viele Meter hoch transportiert werden.

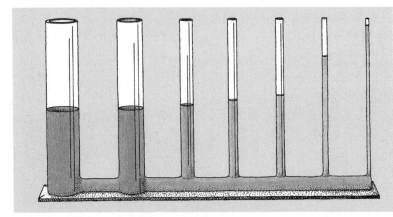

Kapillarität: Wasser steigt in engen Röhrchen nach oben

Sprossachsen sind im äußeren Bau vielgestaltig, erfüllen aber alle die gleichen Funktionen: Sie bewirken eine günstige Stellung der Blätter und Blüten. Außerdem leiten sie Wasser mit Mineralsalz-Ionen sowie Nährstoffe. Ihr innerer Bau ist weitgehend gleich. Sprossachsen bestehen aus Epidermis, Rinde, Leitbündeln, Bildungsgewebe und Mark.

In den Gefäßen der Sprossachsen wird Wasser aus der Wurzel bis in die Blätter geleitet. Wurzeldruck und Kapillarität sind wesentliche Ursachen dafür. Bei der Kapillarität wirken Adhäsion – die Anziehung von Teilchen aneinander grenzender Stoffe – und Kohäsion – die Anziehung der Teilchen in einem Stoff – zusammen.

## Schon gewusst?

Die Tatsache, dass man mit Bleistift oder Kreide auf Papier schreiben kann, beruht auf der Adhäsion. Teilchen des Papiers und der Bleistiftmine beziehungsweise der Kreide ziehen sich an.

Die feinen Hohlräume zwischen den Erdkrümeln wirken wie Kapillaren. In ihnen steigt Grundwasser durch Kapillarität bis in die obersten Erdschichten.

Auch das Aufsteigen von Öl oder geschmolzenem Wachs in Lampen- oder Kerzendochten beruht auf Kapillarkräften.

### AUFGABEN

1. Warum erfolgt der Wassertransport in den Gefäßen nicht durch Diffusion und Osmose? Beachte hierzu den Bau der Gefäße!

2. Erläutere die Begriffe Adhäsion und Kohäsion!

3. Beschreibe den Wassertransport in der Sprossachse einer Samenpflanze!

# Experimente mit Sprossachsen

## Voraussetzungen für die Wasserleitung in der Sprossachse

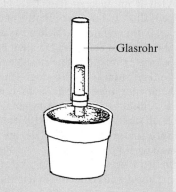

Glasrohr

1. Schneide von einer gut entwickelten Topfpflanze (z. B. Fleißiges Lieschen, Fuchsie) den oberen Teil so ab, dass nur die untersten 2 bis 3 cm der Sprossachse stehen bleiben! Befestige ein passendes Glasrohr so über dem Sprossachsenstumpf, dass das Rohr mehrere Zentimeter über die Sprossachse emporragt (evtl. mit Kitt oder Gummiring abdichten). Gieße den Topf ausgiebig! Beobachte das Geschehen und notiere deine Feststellung!
Ermittle im Lehrbuchtext die Bezeichnung für die in diesem Experiment ermittelte Erscheinung!

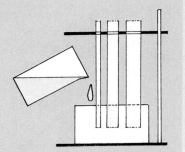

2. Befestige drei Glasröhrchen mit unterschiedlicher lichter Weite (5 mm, 3 mm, 1 mm) senkrecht in einer flachen Schale mit Wasser! Beobachte den Wasserstand in den Röhrchen! (Angefärbtes Wasser erleichtert die Beobachtung.)
Notiere deine Beobachtung und formuliere eine Erklärung!
Diskutiere die Richtigkeit deiner Erklärung mit deinen Mitschülerinnen und Mitschülern!

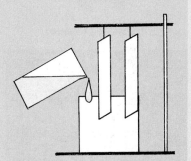

3. Hänge in ein Glas zwei gleich große Streifen Filterpapier! Achte darauf, dass ein Streifen frei hängt und der andere der Glaswand anliegt! Fülle vorsichtig so viel Wasser in das Glas, dass die Streifen mit etwa 1/4 bis 1/3 ihrer Länge eintauchen!
Beobachte und notiere deine Beobachtung!
Formuliere eine Erklärung und diskutiere ihre Richtigkeit mit den Mitschülerinnen und Mitschülern!

## Orte der Wasserleitung in der Sprossachse

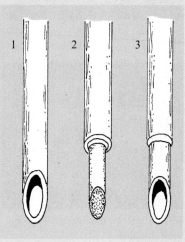

1    2    3

Arbeitet bei diesem Versuch möglichst in Gruppen!
- Schneidet drei etwa gleich große, beblätterte Holunderzweige unter Wasser frisch an!
- Entfernt mit Messer und Korkbohrer an den Zweigenden jeweils 3 cm hoch: beim 1. Zweig Holz und Mark, beim 2. Zweig Rinde und Holz, beim 3. Zweig Rinde und Mark (Vergleicht die Abbildung)!
- Stellt die Zweige in Standzylinder und füllt so viel Wasser ein, dass nur die präparierten Zweigenden im Wasser stehen.
- Deckt die Wasserflächen jeweils mit Öl ab und markiert den Wasserstand!
- Beobachtet das Aussehen der Zweige und die Wasserstände nach einigen Stunden! Notiert eure Beobachtungen!
- Findet heraus, in welchem Teil der Zweige Wasser geleitet wird!

# Bau und Funktion der Laubblätter

**Vielfalt im äußeren Bau.** Laubblätter bestehen aus der Blattspreite und dem Blattstiel mit dem Blattgrund. Oft kann man an der Ausbildung dieser Teile erkennen, zu welcher systematischen Gruppe eine Pflanze gehört. So hüllt beispielsweise bei allen 8 000 Süßgräserarten der Blattgrund den Stängel röhrenförmig ein; Nacktsamer haben – mit Ausnahme des Ginkgobaums – nadel- oder schuppenförmige Blätter, und bei fast allen Schmetterlingsblütengewächsen ist die Blattspreite aus mehreren Teilen, den Blättchen, zusammengesetzt.

Auch die Ausbildung des Blattrandes und die Stellung der Blätter an der Sprossachse sind Merkmale, an denen man die Pflanzen unterscheiden und bestimmen kann.

In den Blattspreiten fallen oft die Blattadern auf. Das sind die Leitbündel, die aus der Sprossachse in das Blatt ziehen.

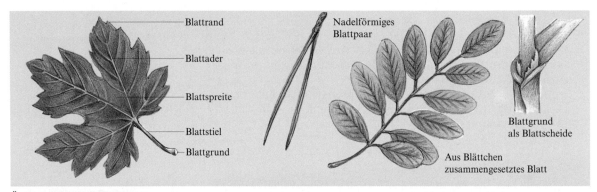

Blattrand

Blattader

Blattspreite

Blattstiel

Blattgrund

Nadelförmiges Blattpaar

Aus Blättchen zusammengesetztes Blatt

Blattgrund als Blattscheide

Äußerer Bau von Laubblättern

Stängellose Kratzdistel (Blätter sitzend, rosettig)

Pestwurz (Blätter auf der Unterseite behaart)

Zitronen-Melisse (Blätter kreuzgegenständig)

Efeu (Blätter an fruchtbaren Trieben nicht gelappt)

Geißblatt (Blätter den Stängel umfassend)

Lebensbaum (Blätter schuppenförmig)

# Wir bestimmen Sträucher und Bäume nach ihren Blättern

**Ausgewählte Sträucher**

| | | |
|---|---|---|
| 1 | Strauch mit Dornen oder Stacheln . . . . . . . . . . . . . . . . . . | 2 |
| 1* | Strauch ohne Dornen oder Stacheln . . . . . . . . . . . . . . . . | 4 |
| 2 | Blätter einfach, ungeteilt (Abb. 2 und 3) . . . . . . . . . . . . . | 3 |
| 2* | Blätter aus 5 bis 7 Blättchen zusammengesetzt (Abb. 1). | **Rose** |
| 3 | Blätter länglich-eiförmig, kahl. | **Feuerdorn** |
| 3* | Blätter linealisch bis lanzettlich, unterseits behaart. | **Sanddorn** |
| 4 (1) | Blätter zusammengesetzt (Abb. 4 und 5) . . . . . . . . . . | 5 |
| 4* | Blätter einfach (Abb. 6 bis 10) . . . . . . . . . . | 6 |
| 5 | Blätter mit 5 bis 7 Blättchen (Abb. 4). | **Holunder** |
| 5* | Blätter mit mehr als 11 Blättchen (Abb. 5). | **Essigbaum** |
| 6 (4) | Blattrand glatt (Abb. 6 bis 8) . . . . . . . . . . . | 7 |
| 6* | Blattrand gesägt (Abb. 9 und 10) . . . . . . . . . . | 9 |
| 7 | Blattspreite herzförmig (Abb. 6). | **Flieder** |
| 7* | Blattspreite rundlich bis eiförmig (Abb. 7 und 8) . . . . . . . . . . | 8 |
| 8 | Blattspreite länglich-eiförmig, 5 bis 7 cm lang (Abb. 7). | **Hartriegel** |
| 8* | Blattspreite rundlich-eiförmig, selten über 3 cm lang (Abb. 8). | **Schneebeere** |
| 9 (6) | Blätter wechselständig, unterseits wenig behaart (Abb. 9). | **Hasel** |
| 9* | Blätter gegenständig, unterseits filzig behaart (Abb. 10). | **Wolliger Schneeball** |

8 Schneebeere      9 Hasel      10 Schneeball

**Ausgewählte Bäume**

| | | |
|---|---|---|
| 1 | Blätter einfach (Abb. 11 bis 15) . . . . . . . . . . | 2 |
| 1* | Blätter zusammengesetzt (Abb. 16 bis18) . . . . . . . . . . . . | 6 |
| 2 | Blätter ungeteilt (Abb. 11 bis 13) . . . . . . . . . . . . | 3 |
| 2* | Blätter gelappt (Abb. 14 und 15) . . . . . . . . . . | 5 |
| 3 | Blattrand gebuchtet (Abb. 11). | **Eiche** |
| 3* | Blattrand gesägt (Abb. 12 und 13) . . . . . . . . . | 4 |
| 4 | Spreite herzförmig (Abb. 12). | **Linde** |
| 4* | Spreite eiförmig, schief, eine Seite am Blattstiel herabgezogen (Abb. 13). | **Ulme** |
| 5 (2) | Blätter 3- bis 5lappig, Lappen stumpf oder spitz. Früchte zu zweien, mit breiten Flügeln (Abb. 14). | **Ahorn** |
| 5* | Blätter immer 5lappig, Lappen spitz. Früchte zahlreich, in hängenden, kugeligen Fruchtständen (Abb. 15). | **Platane** |
| 6 (1) | Blätter gefingert (Abb. 16). | **Rosskastanie** |
| 6* | Blätter gefiedert (Abb. 17 und 18) . . . . . . . . . . | 7 |
| 7 | Blättchen ganzrandig. Am Grunde des Blattstiels oft Dornen (Abb. 17). | **Robinie** |
| 7* | Blättchen am Grund mit Drüsenzähnen. Blatt bis 1 m lang (Abb. 18). | **Götterbaum** |

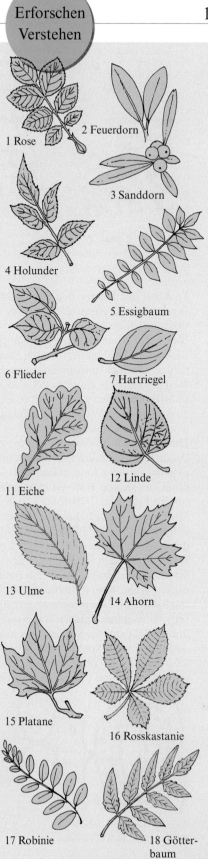

1 Rose
2 Feuerdorn
3 Sanddorn
4 Holunder
5 Essigbaum
6 Flieder
7 Hartriegel
11 Eiche
12 Linde
13 Ulme
14 Ahorn
15 Platane
16 Rosskastanie
17 Robinie
18 Götterbaum

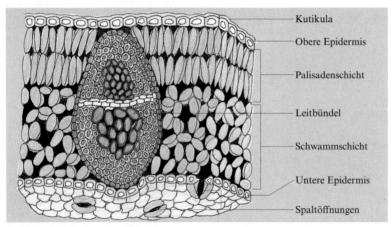

Der innere Bau eines Laubblattes

Kutikula
Obere Epidermis
Palisadenschicht
Leitbündel
Schwammschicht
Untere Epidermis
Spaltöffnungen

**Funktion und innerer Bau der Laubblätter.** Pflanzen bilden im Licht aus Wasser und Kohlenstoffdioxid den Nährstoff Traubenzucker (Glucose). Dazu ist Chlorophyll nötig. Chlorophyll heißt auf deutsch Blattgrün. Der Name sagt schon, dass dieser wichtige Farbstoff besonders in den Blättern vorkommt. Laubblätter sind die Hauptorgane für die Stoffbildung. Dabei nehmen sie Kohlenstoffdioxid aus der Luft auf und geben Sauerstoff an die Luft ab, in Blättern findet also auch ein Gasaustausch statt. Sie verdunsten außerdem große Mengen an Wasser und bewirken so maßgeblich, dass stets neues Wasser mit gelösten Nährsalzen aus dem Erdboden aufgenommen werden kann.

Diesen vielfältigen Funktionen entspricht der innere Bau der Blätter. Die länglichen Zellen der Palisadenschicht enthalten besonders viele Chloroplasten. In den Chloroplasten befindet sich der grüne Farbstoff Chlorophyll, mit dessen Hilfe Glucose gebildet wird. Sie liegen dicht unter der oberen Epidermis (Oberhaut), so können sie viel Licht aufnehmen.

Unter der Palisadenschicht bilden meist kugelige Zellen die lockere Schwammschicht. Durch die Zellzwischenräume gelangt Luft in alle Teile der Blätter. In den Gefäßen der Leitbündel werden Wasser und gelöste Nährsalze, in den Siebröhren Wasser und gelöster Zucker geleitet.

Die obere und untere Epidermis haben eine oft wachsartige Schutzschicht, die Kutikula. Aber während die überwiegend gleichartigen Zellen der oberen Epidermis eine geschlossene Schicht bilden, sind bei den meisten Blättern in die untere Epidermis spezielle Zellen eingelagert, die ihre Form verändern können. Sie können sich mehr oder weniger stark krümmen und dadurch kleine Spalten, die sogenannten Spaltöffnungen, öffnen oder schließen. Diese Zellen heißen Schließzellen. Sie regulieren die Wasserdampfabgabe und den Gasaustausch mit der Umwelt.

# Schon gewusst?

Vor dem Blattfall im Herbst wird am Blattgrund des Blattstiels eine Schutzschicht gebildet. Dabei wird Korkstoff in die Zellwände und Zellzwischenräume eingelagert. So entstehen nach dem Abfallen der Blätter keine „offenen" Stellen in der Sprossachse. Die Schutzschicht ist dann als „Blattnarbe" sichtbar. Oft sind auch die Ansatzstellen der Leitbündel zu erkennen. Die Blattnarbe der Rosskastanie ähnelt einem Hufeisen, daher hat die Pflanze ihren Namen.

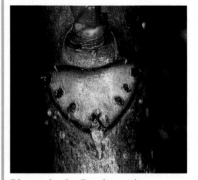

Blattnarbe der Rosskastanie

Die Blätter einer cinzigen ausgewachsenen Birke geben am Tag etwa 400 l Wasser durch Transpiration ab.

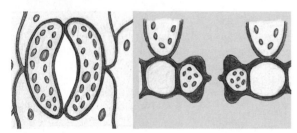

Gelangt Wasser aus dem Blatt in die Schließzellen, krümmen sie sich, der Spalt öffnet sich.

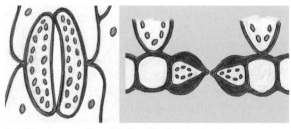

Bei Wassermangel erschlaffen die Zellen, der Spalt schließt sich.

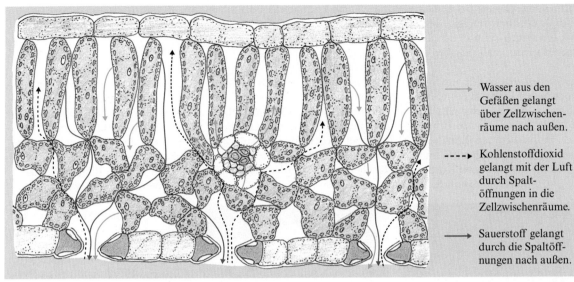

Wasser aus den Gefäßen gelangt über Zellzwischenräume nach außen.

Kohlenstoffdioxid gelangt mit der Luft durch Spaltöffnungen in die Zellzwischenräume.

Sauerstoff gelangt durch die Spaltöffnungen nach außen.

Stoffaustausch und Stofftransport in Laubblättern bei der Fotosynthese

**Stoffaustausch und Stofftransport in den Blättern.** Mit der Luft gelangt Kohlenstoffdioxid durch die Spaltöffnungen in die Zellzwischenräume. Da bei der Glucosebildung in den grünen Blattzellen Kohlenstoffdioxid verbraucht wird, sind innerhalb der Zellen weniger Kohlenstoffdioxidteilchen vorhanden als außerhalb. Kohlenstoffdioxid diffundiert daher bei der Fotosynthese aus den Zellzwischenräumen in die Zelle. Es wird verbraucht, und neues Kohlenstoffdioxid wird aufgenommen.

Gleichzeitig wird bei der Fotosynthese Sauerstoff frei. In der Zelle sind mehr Sauerstoffteilchen enthalten als außerhalb. Deshalb diffundiert Sauerstoff aus den Zellen in die Zellzwischenräume und gelangt durch die Spaltöffnungen in die Außenluft.

Durch die Spaltöffnungen wird auch Wasser an die Umwelt verdampft. Diese Wasserabgabe heißt Transpiration. Das Wasser stammt aus den Gefäßen im Blatt, es muss immer wieder ersetzt werden. Der dabei entstehende Sog ist eine wesentliche Ursache für den ständigen Wasserstrom in der Pflanze, von den Wurzelhaaren über die Gefäße der Leitbündel bis zu den Blättern. Diese Erscheinung wird als Transpirationssog bezeichnet.

An heißen, trockenen Tagen wird oft mehr Wasser von den Blättern abgegeben, als über die Wurzelhaare aus dem Boden aufgenommen werden kann. Dann sinkt der Wassergehalt in den Schließzellen und die Spaltöffnungen schließen sich. Die Pflanze kann so die Wasserabgabe regulieren. Bei geschlossenen Spaltöffnungen ist die Aufnahme von Kohlenstoffdioxid jedoch stark eingeschränkt.

Den verschiedenen Funktionen der Blätter – Traubenzuckerbildung, Gasaustausch, Wasserabgabe – entspricht ihr innerer Bau. Die Zellen der Palisadenschicht sind Hauptorte der Traubenzuckerbildung. Über die Zellzwischenräume der Schwammschicht und durch die Spaltöffnungen findet der Gasaustausch statt. Durch Diffusion gelangt Kohlenstoffdioxid in die Zellen hinein und Sauerstoff aus den Zellen heraus. Über die Spaltöffnungen geben die Blätter Wasser an die Umwelt ab (Transpiration), dadurch wird ständig Wasser aus dem Boden nachgesaugt (Transpirationssog).

**AUFGABEN**

1. Betrachte die Pflanzenfotos in diesem Kapitel! Beschreibe von 3 Pflanzen die Blätter möglichst genau! Beziehe auch die Stellung an der Sprossachse mit ein!

2. Beschreibe den inneren Bau eines Blattes! Ordne jeder Schicht bzw. jedem Gewebe die Funktion zu!

3. Zeichne je ein Laubblatt von 3 verschiedenen Pflanzenarten! Notiere außer dem Pflanzennamen die Form von Blattspreite und Blattrand!

4. Betrachte einen Blattquerschnitt mit dem Mikroskop! Skizziere das Bild! Beschrifte die Teile!

5. Alle Spaltöffnungen eines Blattes werden mit einem Klebstoff luftdicht verschlossen. Erläutere, was das für Folgen für das Blatt hat!

6. Welche Wirkung hat ein heißer, trockener Sommertag auf die Traubenzuckerbildung im Blatt?

7. Was geschieht, wenn der Wassergehalt in den Schließzellen sehr hoch ist?

8. Beschreibe den Weg des Wassers aus dem Boden durch die Pflanze! Welche physikalischen Gesetzmäßigkeiten wirken dabei?

**Blattmetamorphosen.** Bei manchen Pflanzen sind Laubblätter oder Laubblattteile so umgewandelt, dass sie als Blätter kaum noch zu erkennen sind. Sie dienen dann in der Regel nicht mehr der Stoffbildung und dem Gasaustausch, sondern haben andere Funktionen.

*Blattranken* winden sich um Stützen (z. B. benachbarte Pflanzen) und halten so die Sprossachse in die Höhe. Bei der Garten-Erbse sind nur die vorderen Blättchen des zusammengesetzten Blattes als Ranke ausgebildet, beim Kürbis ist das ganze Blatt umgewandelt.

Blattranken der Garten-Erbse

*Blattdornen* haben ein verholztes Festigungsgewebe. Sie sind meist stechend spitz und bilden einen wirksamen Schutz gegen Tierfraß. Dass die Dornen der Berberitze umgewandelte Blätter sind, ist gut zu erkennen, weil unmittelbar über ihrer Ansatzstelle Seitentriebe gebildet werden. Bei Disteln aber sind nur die Blattspitzen und die Zähne am Blattrand dornig.

Blattdornen der Berberitze

*Speicherblätter* enthalten in ihren Geweben Nährstoffe, die im Frühjahr dem Wachstum junger Pflanzen dienen. Sie kommen bei allen Zwiebelgewächsen (z. B. Tulpe, Lilie) vor. Die Speicherblätter der Küchenzwiebel werden als Gemüse genutzt.

Speicherblätter der Küchenzwiebel

*Hochblätter* bilden eine schützende Hülle für die Knospen von Blüten oder Blütenständen. Bei einigen Pflanzenarten sind sie schuppenförmig und unscheinbar (z. B. Graspelzen, Spreublätter der Korbblüten), bei anderen Arten sind sie groß und auffallend gefärbt (z. B. Wachtelweizen, Calla, Anthurium). Sie locken dann auch Insekten an.

Hochblatt vom Aronstab

*Fangblätter* kommen bei sogenannten Fleisch fressenden Pflanzen vor. Sie geben einen Saft ab, der kleine Tiere (z. B. Insekten) anlocken, zersetzen und verdauen kann. Die dabei freigesetzten Eiweißstoffe werden von den Blättern aufgenommen. Fangblätter sind besonders auffällig gestaltet. Bei der tropischen Kannenpflanze bildet die Blattspitze eine Kanne, in welche die Insekten hineinfallen.
Der heimische Sonnentau fängt Fliegen, Mücken und Käfer. Drüsen an den Blattspreiten sondern klebrige Tropfen ab, die solche Insekten festhalten und verdauen.

Fangblätter einer Kannenpflanze

# Untersuchungen an Blättern

1. Stelle eine reich beblätterte Grünpflanze in einem Blumentopf an einen warmen, hellen Ort!
Stülpe ein ausreichend großes Glasgefäß oder eine durchsichtige Plastiktüte so über die Pflanze, dass diese weitgehend von der Außenluft abgeschnitten ist!
Betrachte nach etwa 30 min die Innenwand des Glases beziehungsweise der Tüte!
Was stellst du fest?
Notiere deine Beobachtungen!
Erkläre die Erscheinung!

Plastiktüte

2. Stelle 2 gleich große beblätterte Zweige von einem Laubgehölz (z. B. Birke, Forsythie) in 2 Standzylinder mit Wasser!
Decke die Wasseroberfläche mit einer dünnen Ölschicht ab (Verdunstungsschutz) und markiere jeweils den Wasserstand!
Schneide von einem der Zweige alle Blätter ab!
Stelle beide Gefäße an einen hellen Ort!
Kontrolliere am nächsten Tag in beiden Gefäßen den Wasserstand!
Erkläre die beobachteten Veränderungen!

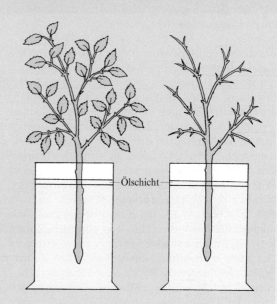

Ölschicht

3. Lege ein Fliederblatt mit der Unterseite nach oben über einen Korken!
Führe mit einer Rasierklinge (eine Klingenschneide zum Anfassen mit Heftpflaster überkleben) einen flachen schrägen Schnitt in das Blatt!
Ziehe mit einer Pinzette, am Schnittrand beginnend, ein Stückchen Epidermis ab und fertige ein Frischpräparat an!
Betrachte das Präparat mit dem Mikroskop! Suche bei kleiner Vergrößerung Stellen mit gut zu erkennenden Spaltöffnungen!
Betrachte eine Spaltöffnung mit 250facher Vergrößerung!
Zeichne die Epidermiszellen und die Schließzellen!
Welche Unterschiede zwischen beiden Zelltypen stellst du fest?
Stelle auf gleiche Weise ein Frischpräparat von der Epidermis der Blattoberseite her!
Mikroskopiere mit gleicher Vergrößerung!
Vergleiche das Bild der oberen mit dem der unteren Epidermis!
Notiere das Ergebnis!

Flächenschnitt

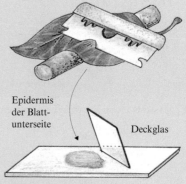

Epidermis der Blattunterseite

Deckglas

Objektträger

# Pflanzen trockener Standorte

Pflanzenbestand einer Trockenwiese

Kiefern sind an trockene Standorte angepasst.

An trockenen Standorten haben viele Pflanzenarten schmale, oft nadelförmige Blätter. Bei einigen Arten sind die Blattspreiten gefaltet, bei anderen sind die Blattränder nach unten eingerollt. Häufig ist die Epidermis, besonders an der Blattunterseite, dicht mit Haaren bedeckt. Ein Blattquerschnitt zeigt, dass die Spaltöffnungen dadurch in einem Hohlraum liegen, in dem sich der abgegebene Wasserdampf sammeln kann und aus dem er nur langsam in die Umgebung diffundiert. Die Transpiration ist daher herabgesetzt. So reicht die oft relativ geringe Menge an Wasser, die von den Wurzeln aufgenommen werden kann, doch für das Leben dieser Pflanzen aus. Eine mehrschichtige Epidermis und eine dicke Kutikula schützen die Pflanzen trockener Standorte zusätzlich vor zu starker Verdunstung. Viele Wüstenpflanzen sind auf ganz andere Weise dem Wassermangel angepasst. Sie nehmen in günstigen Zeiten (z. B. nach Regenfällen) viel Wasser auf und speichern es in besonders ausgebildeten Zellen. Nach und nach wird es von dort an andere Zellen abgegeben. Durch das Wasserspeichergewebe haben diese Pflanzen dicke, fleischige Blätter oder ebensolche Sprossachsen. Sie werden als Sukkulenten bezeichnet.

## Schon gewusst?

Große Kugelkakteen von etwa 2 m Höhe können bis zu 800 l Wasser speichern. In Mexiko werden sie in Trockenzeiten als „lebende Brunnen" genutzt.

Spargel gehört zu den Pflanzen, die sehr gut an trockene Lebensräume angepasst sind. Seine Blätter sind zu kleinen Dornen oder Schuppen umgebildet. Traubenzucker wird beim Spargel hauptsächlich in den grünen Sprossachsen gebildet, die oft blattartig verbreitert sind.

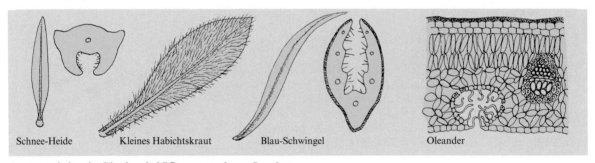

Schnee-Heide       Kleines Habichtskraut       Blau-Schwingel       Oleander

Angepasstheiten im Blattbau bei Pflanzen trockener Standorte

## AUFGABEN

1. Spaltöffnungen von Trockenlandpflanzen liegen oft in einem verdunstungsgeschützten Raum. Erkläre, inwiefern dies als Angepasstheit an den Standort zu bezeichnen ist!

2. Sammle Blätter von verschiedenen Pflanzen trockener Standorte (z. B. Kiefernheide, Trockenrasen)! Stelle fest, ob und auf welche Weise sie an trockene Lebensräume angepasst sind!

# Pflanzen im und am Wasser

Seerosen haben Schwimmblätter.

Pflanzen am Ufer eines Gewässers (Blutweiderich blühend)

Wasserpflanzen sind in besonderer Weise an ihren Lebensraum angepasst. Großflächige Blattspreiten und luftgefüllte Hohlräume, die das ganze Blatt durchziehen, erleichtern das Schwimmen auf der Wasseroberfläche. Die Spaltöffnungen liegen gehäuft auf der Blattoberseite, so werden der Gasaustausch mit der Luft und die Transpiration ermöglicht.

Die Unterwasserblätter haben meist keine Spaltöffnungen. Der Gasaustausch findet durch die sehr dünnwandigen Epidermiszellen statt. Beim Tausendblatt und beim Wasserhahnenfuß sind die Blattspreiten fein zerschlitzt, sodass ihre Oberfläche stark vergrößert wird.

In der feuchten und oft kühlen Luft am Rande der Gewässer ist die Abgabe von Wasserdampf aus den Blättern an die Umgebung erschwert. Pflanzen dieser Standorte sind in ihrem Blattbau daran angepasst. Die Epidermis bildet keine Kutikula, ihre Zellen sind dünnwandig und oft ist die Oberfläche durch warzenförmige Vorstülpungen vergrößert. Auch die innere Oberfläche ist relativ groß, Palisaden- und Schwammschicht sind locker und von vielen Zellzwischenräumen durchzogen. Die Spaltöffnungen liegen oft in vorgewölbten Zellen.

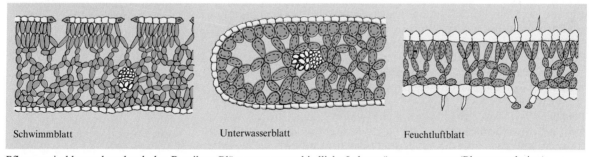

Schwimmblatt          Unterwasserblatt          Feuchtluftblatt

Pflanzen sind besonders durch den Bau ihrer Blätter an unterschiedliche Lebensräume angepasst (Blattquerschnitte).

## AUFGABEN

1. Stelle einen Heidekrautstängel und einen gleich großen Stängel von Sumpf-Vergissmeinnicht in ein Gefäß ohne Wasser! Beobachte nach $1/2$, 1 und 2 Stunden! Was stellst du fest? Begründe!

2. Stelle Frischpräparate der oberen und der unteren Epidermis von Seerosenblättern her! Betrachte sie mit dem Mikroskop! Skizziere beide Präparate, vergleiche und erkläre!

# Pflanzen helfen heilen

Sammeln von Birkenblättern

**Das Problem.** Im Unterricht wurden Infektionskrankheiten behandelt. Der Biologielehrer, Herr Müller, erinnert sich, dass durch nasskaltes Wetter im Herbst fast die Hälfte der Klasse nach und nach an Husten und Heiserkeit erkrankt war. Er will nun wissen, wie bei den einzelnen Schülern die Erkrankung behandelt wurde. Lisa erzählt, dass ihr warme Umschläge um den Hals und Inhalationen mit Salbei geholfen haben. Außerdem hat sie am Tag mehrmals heißen Kamillentee getrunken. Gegen diese Behandlung hatte der Arzt nichts einzuwenden. Die Mutter von Maria sammelt regelmäßig im Frühjahr Huflattichblüten. Schon als Kind ist sie damit kuriert worden. Nun hat sie diese Behandlung auch bei ihrer Tochter mit Erfolg angewandt. Robert dagegen erhielt eine Packung Tabletten, die er über 10 Tage regelmäßig einnehmen musste. Am Ende war auch er geheilt. Auf der Ratgeberseite einer Zeitung hatte er jedoch gelesen, dass pflanzliche Heilmittel bei den verschiedensten Erkrankungen wieder mehr an Bedeutung gewinnen. „Allerdings sind meine Kenntnisse darüber völlig unzureichend. Wir alle müssten über die Heilwirkung von Pflanzen mehr wissen." Herr Müller fand diese Idee ausgezeichnet. „In der nächsten Biologiestunde werden wir ausführlicher darüber sprechen, jeder stellt dazu schon erste Überlegungen an."

**Planung.** Zwei Tage später war es dann so weit. „Ohne Bücher wird es nicht gehen, schließlich müssen wir unsere Kenntnisse über Heilpflanzen erweitern und auch über die Inhaltsstoffe Bescheid wissen", meint Antje. „Vielleicht lassen sich auch Experimente durchführen, die die Wirkung von Heilpflanzen verdeutlichen", schlägt Robert vor. „Wir sollten uns nicht nur auf die Aussagen aus Büchern verlassen. Wie wäre es, wenn wir zu diesem Thema unsere Eltern, Großeltern oder sogar einen Apotheker befragen?", diese Idee hat Anne.
Herr Müller gibt zu bedenken, dass es allein mit dem Zusammentragen von Fakten nicht getan ist. „Schließlich wollen wir den Mitschülern am Ende unsere Ergebnisse zeigen. Also sollten wir uns auch über eine entsprechende Präsentation unserer Arbeit Gedanken machen."

## Kleines Gesundheitslexikon

**Heilpflanzen:** Pflanzen, die wegen ihres Gehalts an bestimmten Wirkstoffen zur Bereitung von heilenden Mitteln dienen, werden als Heilpflanzen bezeichnet. Oft enthalten sie mehrere Wirkstoffe, sodass ihre Wirkungsbreite größer sein kann als die von chemisch hergestellten Präparaten. Von den etwa 600 000 Pflanzen der Erde sind bisher nur 6 % auf ihre heilende Wirkung hin untersucht worden. Etwa 10 % der Arzneimittel sind in Deutschland reine Heilpflanzenpräparate.
Heilpflanzen müssen zum richtigen Zeitpunkt gesammelt werden. Oft werden sie auch in Gärten und auf Feldern angebaut.

**Heiserkeit:** Entzündung der Schleimhaut des Kehlkopfes, beispielsweise durch Erkältung hervorgerufen, die zu einer belegten oder rauhen Stimme führt.

**Husten:** Beim Husten erfolgen krampfhafte Ausatmungsstöße der Atmungsorgane. Dadurch wird der Auswurf von schleimigen Stoffen aus den Atemwegen bewirkt, die beispielsweise durch erkältungsbedingte Entzündungen der Schleimhaut hervorgerufen werden.

**Schnupfen:** Absonderung eines schleimigen Sekrets aus der Nase, verbunden mit einer Schleimhautentzündung durch Bakterien. Auslöser ist meist eine Erkältung.

**Inhalation:** Einatmen von heilenden Dämpfen, die zum Beispiel mit einem Inhalator erzeugt und auf die Schleimhäute der Atemwege gebracht werden.

Maria schlägt vor Heilpflanzen zu sammeln, zu trocknen und zu Tee zu verarbeiten. „Wir könnten sogar eine Verkostung organisieren. Ein heißer Kamillentee wird uns bestimmt guttun." Am Ende der Stunde erklären sich Robert und Anne bereit, für das angestrebte Projekt einen Planungsvorschlag zu erarbeiten.

**Die Arbeit beginnt.** Der Planungsvorschlag sieht vor, dass in der Klasse 3 Gruppen mit unterschiedlichen Arbeitsaufgaben gebildet werden.
Gruppe 1 sammelt aus Büchern Informationen nach folgender Gliederung: Pflanzenart, Vorkommen, Sammelgut, Sammelzeit, Anwendung und Wirkung.
Gruppe 2 führt Befragungen zur Wirkung von Heilpflanzen durch. Die Notizen sollen Antwort auf folgende Fragen geben:

Welche Pflanzenart wird verwendet?
Welche Pflanzenteile werden gesammelt?
Bei welchen Krankheiten erfolgt eine Anwendung?
Wie erfolgt die Anwendung?
Welche Wirkung tritt ein?

**Präsentation der Ergebnisse.** Schon bei der Planung der Arbeit wurde vereinbart, dass Gruppe 3 eine Ausstellung „Pflanzen helfen heilen" vorbereitet. „Diese Art der Darstellung wird unsere Arbeitsergebnisse am besten darstellen", meint Herr Müller. „Die Ausstellung soll verschiedene Heilpflanzen unserer Gegend zeigen und den Besuchern außerdem auf Schrifttafeln wichtige Informationen geben". Maria und Maik wollen selbst hergestellte Tees zur Verkostung anbieten.

### Hinweise für Sammler

- Sammle nur Heilpflanzen, die du genau kennst!
- Beachte beim Sammeln die Naturschutzbestimmungen!
- Sammle nur bei trockenem Wetter!
- Sammle nur frische und saubere Pflanzenteile!
- Trockne das Sammelgut rasch, aber nicht in der prallen Sonne!
- Schütze getrocknete Pflanzen vor Feuchtigkeit!
- Verwende gesammelte Heilpflanzen innerhalb eines Jahres!

| Art:<br>Familie: | Hänge - Birke<br>Birkengewächse |
|---|---|
| Vorkommen:<br><br>Sammelgut:<br><br>Sammelzeit:<br>Anwendung:<br>Nebenwirkungen: | Auf armen, trockenen und feuchten, sauren Böden.<br>Blätter, im Dunklen trocknen und aufbewahren.<br>Mai bis Juli<br>Als harntreibender Tee.<br>Keine bekannt. |

Aus der Ausstellung „Heilpflanzen"

Johanniskraut (Tüpfel-Hartheu)

**Vorkommen:** Wegränder, Bahndämme und Brachflächen mit trockenen Böden
**Sammelgut:** Oberirdische Pflanzenteile mit Blättern und Blüten
**Sammelzeit:** Juli bis August
**Anwendung:** Wirkt als Tee beruhigend und harntreibend; fördert bei äußerlicher Anwendung die Wundheilung.

Huflattich

**Vorkommen:** Felder, Wegränder, Bahndämme, Geröllhalden; besonders an lehmigen Stellen
**Sammelgut:** Blüten, Blätter
**Sammelzeit:** Blüten März und April, Blätter April und Mai
**Anwendung:** Wirkt als Tee bei Husten, Reizhusten, Heiserkeit und Schnupfen schleimlösend und beruhigend.

### AUFGABEN

1. Ergänze den Inhalt und die Planung dieses Projekts mit weiteren Ideen und Vorschlägen!
2. Welche Fragen würdest du Erwachsenen über Heilpflanzen stellen?
3. In welcher Form könnten den Schülern anderer Klassen und den Eltern die Arbeitsergebnisse präsentiert werden?
4. Warum solltest du über die Inhaltsstoffe von Heilpflanzen gut informiert sein?

# Blüten und Blütenstände

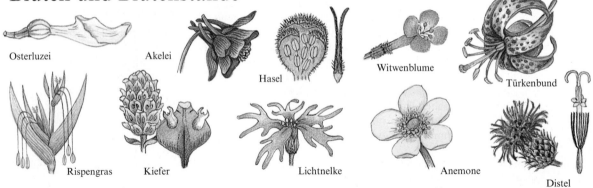

Osterluzei  Akelei  Hasel  Witwenblume  Türkenbund

Rispengras  Kiefer  Lichtnelke  Anemone  Distel

Blütenformen heimischer Pflanzen

**Bau und Funktion der Blüten.** „Wie sehen Blüten aus?" Diese Frage ist kaum allgemeingültig zu beantworten, denn es gibt eine Fülle sehr unterschiedlicher Blütenformen. Aber auf die Frage „Wie ist eine Blüte gebaut?" lässt sich leicht eine Antwort finden.

Blüten bestehen fast immer aus den gleichen Teilen: Auf einer Blütenachse sitzen übereinander

*Kelchblätter* – sie schützen die Blütenknospen vor Verletzungen, vor Trockenheit oder vor Kälte;

*Kronblätter* – sie haben ebenfalls Schutzfunktion für die inneren Blütenteile, außerdem locken sie Insekten an;

*Staubblätter* – in ihnen werden die männlichen Fortpflanzungszellen (Pollenkörner, Blütenstaub) gebildet;

*Fruchtblätter* – auf ihnen werden die weiblichen Fortpflanzungszellen (Eizellen) gebildet; bei bedecktsamigen Pflanzen sind sie zum Stempel mit Fruchtknoten, Griffel und Narbe verwachsen, aus ihnen entwickelt sich die Frucht.

Die Blüten der meisten Pflanzen sind zwittrig. Bei einigen Pflanzenarten sind in den Blüten außer der Blütenhülle entweder nur Staubblätter (männliche Blüten) oder nur Fruchtblätter (weibliche Blüten) ausgebildet. Solche Blüten nennt man eingeschlechtig oder auch getrenntgeschlechtig. Stehen männliche und weibliche Blüten auf der gleichen Pflanze, ist die Pflanze einhäusig (z. B. Hasel). Stehen männliche und weibliche Blüten auf unterschiedlichen Pflanzen, ist die Pflanze zweihäusig (z. B. Weide).

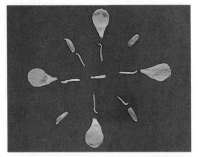

Teile einer Rapsblüte

Teile einer Taubnesselblüte

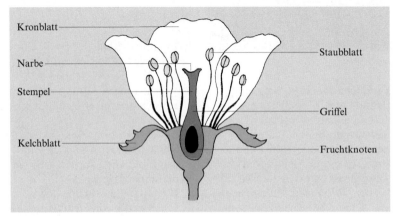

Teile einer Blüte (schematisch)

Kronblatt

Narbe

Stempel

Kelchblatt

Staubblatt

Griffel

Fruchtknoten

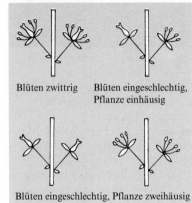

Blüten zwittrig

Blüten eingeschlechtig, Pflanze einhäusig

Blüten eingeschlechtig, Pflanze zweihäusig

Geschlechtsverhältnisse von Blüten

**An ihren Blüten kann man sie erkennen.** Die Ausbildung der einzelnen Blütenteile ist bei allen Arten einer Pflanzenfamilie ähnlich. Auch die Anordnung der Blüten an der Sprossachse – sie stehen einzeln oder bilden Blütenstände – ist oft ein Erkennungsmerkmal für Pflanzengruppen. So ist die Familie der Doldenblütengewächse danach benannt, dass ihre Blüten stets in Dolden angeordnet sind, bei Kreuzblütengewächsen bilden die Kelch- und die Kronblätter jeweils ein Kreuz.

Mohngewächse

2 Kelchblätter, frei
4 bis 6 Kronblätter, frei
6 bis viele Staubblätter
1 Fruchtknoten, oberständig
Blüten einzeln oder in Dolden
Beispiele für Vertreter:
Klatsch-Mohn, Schlaf-Mohn,
Schöllkraut

Nachtschattengewächse

5 Kelchblätter, verwachsen
5 Kronblätter, am Grunde verwachsen
Meist 8 Staubblätter
1 Fruchtknoten mit 2 Narben
Blüten einzeln oder in Rispen
Beispiele für Vertreter:
Kartoffel, Tomate, Tabak, Paprika

Schmetterlingsblütengewächse

5 Kelchblätter, verwachsen
5 Kronblätter,
davon 1 als Fahne, 2 als Flügel,
2 zum Schiffchen verwachsen
10 Staubblätter,
zum Teil verwachsen
1 Fruchtknoten
Blüten in Trauben oder Köpfchen
Beispiele für Vertreter:
Klee, Goldregen, Erbse, Linse,
Erdnuss

Korbblütengewächse

Kelchblätter zu Haaren, Borsten
oder Schuppen umgebildet
5 Kronblätter, röhrenförmig oder
zungenförmig verwachsen
5 Staubblätter, die Staubbeutel bilden eine Röhre
1 Fruchtknoten, 1 Griffel mit 2
Narben
Blüten in Körben
Beispiele für Vertreter:
Aster, Margerite, Gänseblümchen,
Studentenblume, Salat

Blüten und Blütenstände ausgewählter Pflanzenfamilien

Blüten sind Fortpflanzungsorgane, sie können zwittrig oder eingeschlechtig sein. Pflanzen mit eingeschlechtigen Blüten können ein- oder zweihäusig sein. An der Anzahl und Ausbildung der Blütenteile sowie an der Anordnung der Blüten an der Sprossachse lassen sich viele Pflanzenfamilien erkennen.

## AUFGABEN

1. Erläutere die Begriffe eingeschlechtig, getrenntgeschlechtig, zwittrig, einhäusig, zweihäusig!
2. An welchen Blütenmerkmalen kannst du Pflanzen der Familie Kreuzblütengewächse erkennen? Nenne drei Vertreter dieser Pflanzengruppe!
3. Zerlege Blüten unterschiedlicher Pflanzen (z. B. Silberblatt, Kirsche, Duftwicke)! Gehe beim Abtrennen der einzelnen Blütenteile von außen nach innen vor! Ordne sie auf einem Blatt Papier, wie es die Abbildungen beim Abschnitt Blütenbau zeigen!

## ZUSAMMENFASSUNG

Pflanzen sind Organismen, die Chlorophyll enthalten und sich autotroph von Kohlenstoffdioxid, Wasser und Mineralsalzen ernähren. Zu ihnen gehören Algen, Moose, Farnpflanzen und Samenpflanzen.

Samenpflanzen sind wie andere Organismen an ihren jeweiligen Lebensraum angepasst.

Ihre Organe – Wurzel, Sprossachse, Laubblätter und Blüten – sind im Bau den jeweiligen Funktionen angepasst.

Wurzeln verankern die Pflanzen im Boden, sie nehmen Wasser mit Mineralsalz-Ionen auf. Bei der Aufnahme, Leitung und Abgabe von Stoffen wirken physikalische Gesetzmäßigkeiten mit.

Die Sprossachsen tragen die Laubblätter und Blüten. In ihren Gefäßen wird Wasser bis in die Spitze der Pflanze geleitet. Dabei wirken Wurzeldruck, Kapillarität und der Transpirationssog. In den Siebröhren wird durch Osmose und Diffusion gelöster Zucker geleitet.

Die Laubblätter sind die Hauptorte der Traubenzuckerbildung. Durch Spaltöffnungen in ihrer Epidermis werden Gase ausgetauscht und Wasser wird in Form von Wasserdampf abgegeben. Diese Vorgänge werden über die Schließzellen geregelt.

Die Blüten sind die Fortpflanzungsorgane der Pflanzen. In ihnen werden männliche Fortpflanzungszellen (Pollen) und weibliche Fortpflanzungszellen (Eizellen) gebildet.

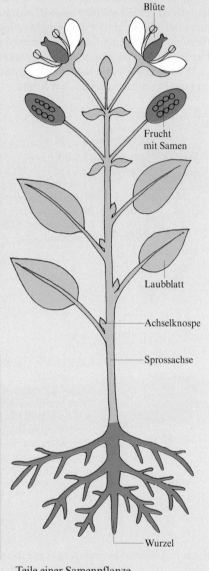

Teile einer Samenpflanze

Blüte

Frucht mit Samen

Laubblatt

Achselknospe

Sprossachse

Wurzel

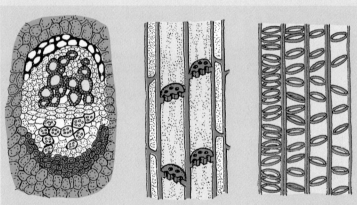
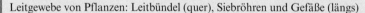

Leitgewebe von Pflanzen: Leitbündel (quer), Siebröhren und Gefäße (längs)

## AUFGABEN

1. Erläutere die physikalischen Vorgänge Osmose und Diffusion! Nimm als Beispiel den Weg des Wassers vom Boden bis in die Gefäße der Wurzel!

2. Zeichne schematisch den Querschnitt einer Sprossachse! Beschrifte die einzelnen Gewebe!

3. Fertige eine Tabelle über den Bau und die Funktion der Laubblätter an! Schreibe in die linke Spalte die verschiedenen Gewebe beziehungsweise Schichten und ordne ihnen in der rechten Spalte die entsprechenden Funktionen zu!

4. Beschreibe, wie die Schließzellen in den Blättern der Pflanzen gebaut sind und wie sie funktionieren!

5. Erläutere, durch welche Merkmale im Blattbau Pflanzen trockener Standorte an ihren Lebensraum angepasst sind!

6. Vergleiche Pflanzen mit Tieren! Stelle in einer Tabelle alle für Pflanzen typischen Merkmale zusammen!

7. Wähle zwei Pflanzenfamilien aus! Nenne und beschreibe von jeder mindestens drei Arten!

8. Wodurch unterscheiden sich Pilze von Pflanzen?

# Stoff- und Energiewechsel der Pflanzen

Das Sonnenlicht, das die Erde erreicht, hat 160 Millionen Kilometer zurückgelegt. Die Laubblätter der Pflanzen wandeln in ihren Chloroplasten einen Teil dieser Lichtenergie um. Dadurch können sie Zucker und andere organische Stoffe bilden.
Für das gesamte Leben auf unserem Planeten gibt es keinen wichtigeren Vorgang.

# Wir untersuchen die Ernährungsweise der Pflanzen

### 1. „Ernähren" sich Pflanzen von Licht?

Du weißt aus der Zellenlehre, dass bei der Belichtung von Chloroplasten in Pflanzenzellen Glucose (Traubenzucker) gebildet und zunächst meist in Stärke umgewandelt wird. Diese müsste zum Beispiel in belichteten Laubblättern mit Iod-Kaliumiodidlösung nachweisbar sein (schwarzblaue Färbung).

Teilweise abgedunkeltes Laubblatt

Stärke ist nur in den belichteten Teilen der Laubblätter nachweisbar.

### Experimentelle Überprüfung:

1. Schneide Blätter von Kapuzinerkresse, Buschbohne oder Geranie ab, die einige Stunden dem direkten Sonnenlicht ausgesetzt waren. Tauche sie mit einer Pinzette etwa zwei Minuten in siedendes Wasser und bringe sie danach in ein Becherglas mit heißem Alkohol. (Vorsicht: Schutzbrille aufsetzen. Alkohol darf nur im Wasserbad erhitzt werden, nie mit offener Flamme!) Damit wird das Chlorophyll (Blattgrün) aus den Blättern herausgelöst. Sie sehen nun gelblich-weiß aus. Bringe sie in eine Petrischale und tropfe Iod-Kaliumiodidlösung darauf!

2. Lege um Blätter einer lange Zeit unbelichteten Pflanze einen Streifen aus Aluminiumfolie und befestige ihn mit Büroklammern. Belichte die Pflanze anschließend einige Stunden und führe dann den Stärkenachweis durch. Fertige ein Versuchsprotokoll an!

3. Überprüfe, ob unbelichtete, z. B. am frühen Morgen gepflückte Blätter Stärke enthalten! Notiere deine Beobachtungen!
Vergleiche die Ergebnisse der drei Experimente und erkläre sie! Warum sollten Blätter für die Tierfütterung abends geerntet werden?

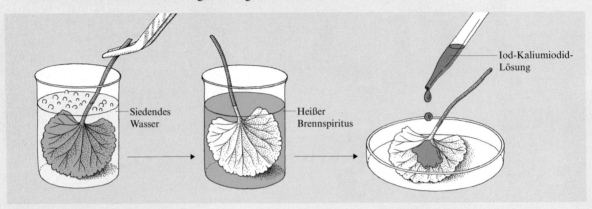

Stärkenachweis in Laubblättern

### 2. Gibt Wasserpest bei Belichtung Sauerstoff ab?

Pflanzen geben als Reaktionsprodukt der Fotosynthese Sauerstoff an die Umwelt ab. Bei Wasserpflanzen müsste dieser in Form von Gasblasen im Wasser „auftauchen".

**Experimentelle Überprüfung:**
Bestimme die Anzahl der in einer Minute gebildeten Gasblasen! Nachdem das Gas sich angesammelt hat, kannst du mit einem glimmenden Holzspan prüfen, ob es Sauerstoff ist.
Vergleiche deine Beobachtungsergebnisse mit der Vorbetrachtung! Erkläre, warum ein Aquarium, in dem man z. B. Guppys halten will, bepflanzt wird!

Wasserpest wird belichtet

Sauerstoffnachweis

### 3. Pflanzen nehmen Kohlenstoffdioxid als Nährstoff auf

Die Pflanzen benötigen das mit ihren Blättern aufgenommene Kohlenstoffdioxid für die Fotosynthese. Sie bilden aus der dabei produzierten Glucose zum Teil auch andere organische Stoffe. Dadurch können Pflanzen wachsen. In Luft, die frei von Kohlenstoffdioxid ist, müssten sie dagegen „verhungern".

**Experimentelle Überprüfung:**
Ziehe in zwei Glasschalen oder in kleinen Blumentöpfen junge Kressepflanzen an. Stelle eines der Gefäße – entsprechend der Abbildung – unter eine Glasglocke. (Durch die Kalilauge wird das Kohlenstoffdioxid der Luft gebunden). Das zweite Gefäß stellst du auf das Fensterbrett.
Beobachte nach 2, 3 und 4 Tagen! Betrachte Farbe und Aussehen der Pflanzen! Miss die Längen der Sprosse und zähle die Blätter! Vergleiche die Ergebnisse und erkläre die Unterschiede!

„Kohlenstoffdioxid-Hungerkultur":
Die Glasschale mit den Kressepflanzen steht in einer größeren Schale, die mit Kalilauge gefüllt ist.

Normal entwickelte Keimpflanzen

Entwicklung von Keimpflanzen bei Kohlenstoffdioxidmangel

# Wie ernähren sich Pflanzen?

**Der Fotosynthese auf der Spur.** 1771 machte der Engländer JOSEPH PRIESTLEY (1733 bis 1804) einige interessante Beobachtungen. Zunächst ließ er in einem abgeschlossenen Gefäß eine Kerze brennen und stellte fest, dass die Kerze schliesslich erlosch. Sie konnte auch später in der „verbrauchten" Luft nicht erneut angezündet werden. Mäuse wurden unter einer Glasglocke bald ohnmächtig und starben. Stellte der Forscher aber eine Pfefferminzpflanze darunter, dann konnten nach zehn Tagen eingesetzte Mäuse unter der Glasglocke atmen. Wir würden heute sagen: Die Luft wurde durch den Sauerstoffverbrauch bei der Verbrennung der Kerze oder bei der Atmung der Mäuse zunehmend sauerstoffarm und nach Abgabe von Sauerstoff durch die Pflanze wieder zu „frischer" Luft.

Der Niederländer JAN INGENHOUSZ fand 1779, dass nur grüne Pflanzenteile bei Belichtung Sauerstoff abgeben. Der Franzose JEAN SENEBIER (1742 bis 1809) konnte durch Experimente beweisen, dass Pflanzen Kohlenstoffdioxid aus der Luft aufnehmen. Fast 100 Jahre später wies der deutsche Botaniker JULIUS SACHS (1832 bis 1897) in den Laubblättern von Pflanzen, die dem Licht ausgesetzt waren, mit Iodlösung Stärke nach: Die Pflanzen stellen also organische Stoffe wie zum Beispiel Stärke selbst her. Da für diesen Stoffaufbau Licht notwendig ist, nennt man ihn Fotosynthese (Photos, griech.: Licht; Synthesis, griech.: Zusammensetzung).

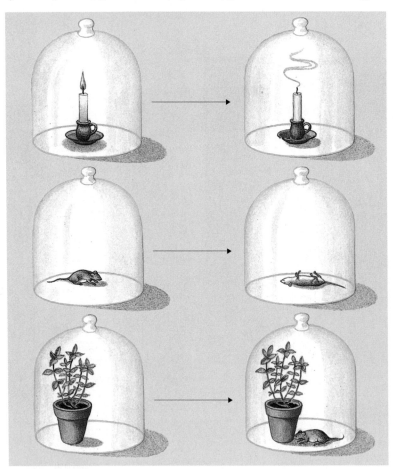

Versuche JOSEPH PRIESTLEYS in stark vereinfachter Darstellung

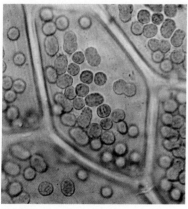

Zellen mit Chloroplasten

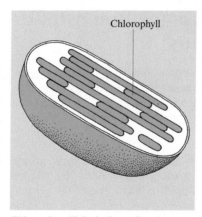

Chlorophyll

Chloroplast (Schnittdarstellung)

**Fotosynthese in den Chloroplasten.** Chloroplasten befinden sich vor allem in den Zellen der Palisaden- und Schwammschicht der Laubblätter. Sie sind meist linsenförmig und haben eine stark gefaltete innere Membran, in die das Chlorophyll eingelagert ist. Die Faltung bewirkt eine starke Vergrößerung der inneren Oberfläche. Zugleich entstehen abgegrenzte Räume, in denen Teilreaktionen geordnet nacheinander ablaufen können.

Wasser wird von den Pflanzen mit den Wurzeln aufgenommen und in den Wasserleitungsbahnen über die Sprossachse bis in die Zellen der Blätter transportiert. Das Kohlenstoffdioxid aus der Luft gelangt durch die Spaltöffnungen in die Blätter und dann durch die Zellzwischenräume in die Zellen hinein zu den Chloroplasten.

*Umwandlung von Lichtenergie und Bildung von Glucose:* Die Ausgangsstoffe sind Wasser und Kohlenstoffdioxid, also relativ energiearme anorganische Stoffe. Für die Bildung von Glucose ist Energie ($E$) notwendig. Energie der Lichtstrahlung wird in Energie umgewandelt, die dann in Glucose als chemische Energie ($E_R$) gespeichert ist. Das Chlorophyll startet diesen Vorgang, wenn es belichtet wird. Bei einer der folgenden Reaktionen entsteht Sauerstoff, der aus den Blättern in die Umwelt gelangt. Aus der durch weitere Teilreaktionen unter Verbrauch des Kohlenstoffdioxids entstandenen Glucose wird Stärke gebildet. Glucose ist „Ausgangsmaterial" für die Bildung zahlreicher organischer Körperstoffe (z. B. Eiweiße, Fette, andere Kohlenhydrate). Dabei werden auch die von den Wurzeln mit dem Bodenwasser aufgenommenen Mineralsalze benötigt.

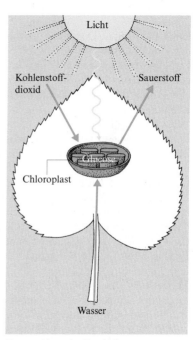

Fotosynthese im Laubblatt

### Wortgleichung für die Fotosynthese

Ausgangsstoffe (A) $\longrightarrow$ Reaktionsprodukte (R)

$$\text{Wasser} + \text{Kohlenstoffdioxid} \xrightarrow[\text{Chlorophyll}]{\text{Licht}} \text{Glucose} + \text{Sauerstoff}$$

$$E_A \quad < \quad E_R$$

In den Chloroplasten der Pflanzen wird unter Einwirkung von Lichtenergie aus Wasser und Kohlenstoffdioxid der organische Stoff Glucose gebildet (Fotosynthese). Pflanzen können also körpereigene energiereichere organische Stoffe aus anorganischen körperfremden Ausgangsstoffen selbst herstellen (autotrophe Assimilation).

Als „Nebenprodukt" entsteht bei der Fotosynthese gasförmiger Sauerstoff, der an die Umwelt abgegeben wird.

### AUFGABEN

1. Stelle die im Text genannten Ausgangsstoffe, Endprodukte und Bedingungen der Fotosynthese zusammen!
2. Plane ein Experiment, mit dem du die Versuche PRIESTLEYS mit der Kerze und einer Pflanze nachvollziehen kannst!
3. Vergleiche die geschilderten Ergebnisse der historischen Experimente von J. PRIESTLEY bis J. SACHS !

# Fossile und nachwachsende Brennstoffe – geht uns die Energie aus?

Seit Millionen von Jahren produzieren Pflanzen bei der Fotosynthese organische energiehaltige Stoffe. In früheren Erdzeitaltern entstanden aus einem Teil dieser Biomasse Kohle, Erdöl und Erdgas. Von diesen fossilen Brennstoffen sind heute die Energieversorgung und damit die Existenz der Menschheit abhängig.

**Kohle.** In flachen Seen und tropischen Sümpfen versanken abgestorbene Pflanzen und durch Erdbewegungen auch ganze Wälder. Sie wurden durch Schwemmsand, Gestein und Wasser luftdicht abgeschlossen und konnten deshalb nicht verwesen. Aus der Biomasse bildete sich Torf. Daraus entstand unter dem hohen Druck der darüberliegenden Schichten und bei hohen Temperaturen im Verlaufe von Millionen Jahren Kohle.

**Erdöl und Erdgas.** Das Plankton flacher Gewässer lagerte sich am Grunde der Gewässer ab und wurde mit Sand und Geröll überschichtet. Unter Luftabschluss wandelten Fäulnisbakterien die Biomasse des Planktons in mächtige Faulschlammschichten um. Daraus bildeten sich unter dem hohen Druck der Deckschichten und bei Temperaturen von etwa 200 °C Erdöl und Erdgas.

**In 300 Millionen Jahren entstanden – in 300 Jahren verbraucht.** Kohle, Erdöl und Erdgas sind Brennstoffe, in denen Sonnenenergie in Form chemischer Energie gespeichert ist. Die Neubildung fossiler Brennstoffvorräte aus Biomasse würde – falls überhaupt möglich – wieder Millionen von Jahren dauern. Deshalb sind sie als Energiequelle für den Menschen nicht erneuerbar. Sie gehen bei der Verbrennung verloren. Ein Hauptprodukt der Verbrennung fossiler Brennstoffe ist Kohlenstoffdioxid. Sein Gehalt in der Luft ist durch die zunehmende Verbrennung von Kohle, Erdöl und Erdgas in den letzten 100 Jahren deutlich angestiegen.

**Verstärkung des Treibhauseffekts?** Kohlenstoffdioxid wirkt in der Erdatmosphäre ähnlich wie das Glasdach eines Treibhauses: Es lässt Lichtstrahlung der Sonne durch, hält aber die Wärmeabstrahlung von der Erde zurück. Wenn der Kohlenstoffdioxidgehalt steigt, wird dieser Treibhauseffekt verstärkt – die Atmosphäre wird wärmer. Die weltweite Vernichtung von Wäldern trägt dazu ebenfalls bei, weil es dadurch weniger Bäume gibt, die für die Fotosynthese Kohlenstoffdioxid aufnehmen.

Schon ein geringer langfristiger Temperaturanstieg (z. B. um 0,5 °C) könnte zu weltweiten Klimaveränderungen führen: Gletscher und die Eiskappen von Nord- und Südpol würden zu schmelzen beginnen. Regenfälle und Überschwemmungen nähmen in manchen Gebieten zu. Langzeitige Trockenperioden könnten in anderen Regionen zur Steppen- und Wüstenbildung führen. Die Verbreitung von Tieren und Pflanzen, landwirtschaftliche Anbauflächen und Erträge sowie weitere wichtige Lebensbedingungen der Menschheit würden sich nachhaltig verändern.

**Schlussfolgerungen.** Die weltweite Erschöpfung der Vorräte an fossilen Brennstoffen ist vorausgehbar und Folgen der Verstärkung des Treibhauseffekts gefährden möglicherweise die Existenz der Menschheit. Deshalb sind wir gezwungen, über die Energieversorgung der Zukunft nachzudenken. Dafür müssen auch neue Lösungen gesucht werden.

Braunkohle mit noch deutlich erkennbarer Holzstruktur

Plankton: im Wasser schwebende Kleintiere und Algen

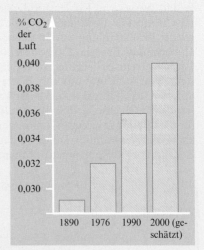

Kohlenstoffdioxidgehalt von in Gletschereis eingeschlossener Luft

Bei der Verbrennung von 1 l Benzin entstehen 2,4 kg Kohlenstoffdioxid.
Ein Auto, das jährlich 20 000 km fährt, gibt dabei etwa 10 t Kohlenstoffdioxid an die Umwelt ab.

**Energiepolitik für die Zukunft.** Der Energiebedarf der Menschheit hat sich von 1890 bis 1990 verfünffacht. Die wenigen Industriestaaten haben zur Zeit einen Anteil von 70 % am jährlichen Energiebedarf der gesamten Weltbevölkerung. So benötigt zum Beispiel Deutschland mehr Energie als Indien mit seiner 14-mal größeren Bevölkerung.

In Deutschland werden gegenwärtig 90 % des Energiebedarfs durch Kohle, Erdöl und Erdgas gedeckt, die weltweit in absehbarer Zeit verbraucht sein werden. Was ist für kommende Generationen bis zu den Jahren 2050, 2080 oder 2200 zu tun? Zur Lösung des Energieproblems sind staatliche, nationale und internationale Entscheidungen, Verordnungen, Gesetze und Verträge sowie Forschungsmittel dringend erforderlich.

**Kernenergie.** Kernkraftwerke liefern beispielsweise auch für einige deutsche Bundesländer einen beträchtlichen Anteil des elektrischen Stroms. Im Gegensatz zu Kohlekraftwerken verursachen sie keine Umweltverschmutzung durch Rauchgase oder Asche. Die Möglichkeit von Reaktorunfällen mit verheerenden Folgen und das ungelöste Problem der gefahrlosen Lagerung radioaktiver Abfälle sind jedoch wichtige Gründe dafür, dass die Stromerzeugung mit Kernkraftwerken umstritten ist.

**Wind- und Wasserkraftwerke.** Wind und Wasser sind unerschöpfliche und „saubere" Energieträger. Hinsichtlich des Baus von Wasserkraftwerken sind in Deutschland nahezu alle Möglichkeiten ausgeschöpft, weltweit gibt es noch große Reserven. Deutschland steht mit an der Spitze der Stromerzeugung aus Windkraft. Durch großen Flächenbedarf und hohe Kosten sind der Nutzung dieser Energiequelle aber Grenzen gesetzt.

**Sonnenenergie.** Sonnenenergie wird noch mehrere Milliarden Jahre zur Verfügung stehen. Solarzellen könnten zur Strom- und Wärmeerzeugung, aber auch zur Herstellung von Wasserstoff eingesetzt werden. Dieser ist in Tanks und Pipelines transportierbar. Bei der Verbrennung von Wasserstoff wird viel Energie frei, als Verbrennungsprodukt entsteht nur Wasser.

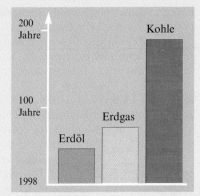

Prognose zur Erschöpfung der Energiereserven auf der Erde

Kernkraftwerk

Haus mit Solaranlage

Windenergie-Park

---

AUFGABEN

1. Kohle, Erdöl und Erdgas sind Brennstoffe, deren Energie letztlich von der Sonne stammt. Erkläre!
2. Werte das Säulendiagramm auf dieser Seite aus: Ziehe Schlussfolgerungen zur Energieversorgung im kommenden Jahrhundert!
3. Erläutere Vorgänge, bei denen in Haushalt, Technik und Industrie Kohlenstoffdioxid entsteht!
4. Werte das Säulendiagramm auf Seite 166 aus. Wie kannst du dazu beitragen, dass künftig weniger Kohlenstoffdioxid in die Atmosphäre gelangt?

**Energie aus nachwachsender Biomasse.** In der jährlich weltweit durch die Fotosynthese neu gebildeten Biomasse ist eine Energiemenge gespeichert, die dem Zehnfachen des gegenwärtigen menschlichen Verbrauchs entspricht. Damit gibt es regelmäßig nachwachsende Energieträger, die bisher nur teilweise zur Energieversorgung genutzt werden.

**Brennholz.** Es deckt in Afrika etwa 50 % der Energieversorgung, in allen anderen Entwicklungsländern im Durchschnitt 15 % bis 20 %. In den Industrieländern wurde es durch fossile Brennstoffe ersetzt. Heute hat es dort an der Energieversorgung nur einen Anteil von 1 %.
Staaten mit großen Tropenwaldgebieten – wie Indien, Brasilien und Indonesien – sind die führenden Brennholzproduzenten. Um den steigenden Bedarf zu decken, müssten die Aufforstungen in den Entwicklungsländern bedeutend gesteigert werden. Dadurch würde auch der fortschreitenden Vernichtung der Tropenwälder entgegengewirkt.

**Biogas.** Mist, Gülle, Klärschlamm und organischer Müll können unter Luftabschluss von Methanbakterien zu Biogas vergoren werden. Biogas besteht zu 60 % aus dem brennbaren Gas Methan und kann deshalb zur Wärmeerzeugung eingesetzt werden.

Zuckerrohr

**Bioalkohol.** Durch Vergärung von stärke- und zuckerhaltigen Pflanzenteilen kann „Bioalkohol" hergestellt werden. Er dient als Kraftstoff oder Zusatz für Kraftstoffe. Gegenwärtig laufen Untersuchungen, Zellulose aus schnell wachsenden Pflanzen zu vergären. Dazu werden Schilfarten getestet, die 3- bis 4-mal soviel Biomasse produzieren wie andere Pflanzen. In Brasilien gewinnt man Bioalkohol aus Zuckerrohr und Maniok. In absehbarer Zeit soll er in größerem Umfang als Kraftstoff eingesetzt werden.

**Benzin aus Pflanzenmilchsaft.** Wolfsmilchgewächse enthalten in ihrem Milchsaft Verbindungen, aus denen man eine benzinähnliche Flüssigkeit gewinnt, die als Kraftstoff verwendet werden kann. Geeignete Pflanzen sind der Milchbusch, eine 7 m hohe Pflanze Südafrikas, Indiens und Brasiliens, sowie die Springwolfsmilch (Maulwurfskraut), eine Pflanze unserer Breiten. Aus dem Milchsaft des Milchbuschs können im Jahr bereits bis zu 6 000 l Benzin/ha gewonnen werden. Die Benzin-Ausbeute des Maulwurfskrauts beträgt 4 000 l/ha.

Schilf

**Rapsfelder als Biodieselfelder.** Raps ist eine in Deutschland häufig angebaute Ölpflanze, die vielfältig nutzbar ist. Sie gehört zu den Kreuzblütengewächsen. Rapsöl wird im Ergebnis von Fotosynthese und anschließender Fettbildung in den Rapssamen gespeichert. Die Jahresproduktion von Rapsöl liegt in Deutschland bei etwa 1,3 Millionen Tonnen. Über 80 % davon werden zu Speiseöl oder Margarine verarbeitet. Aus dem Rest stellt man vor allem Dieselkraftstoff (Biodiesel) her.
Nach der Ernte wird das Öl in Ölmühlen aus den Rapssamen gepresst. Dieses wird durch ein chemisches Verfahren – eine sogenannte Umesterung – in Biodiesel umgewandelt. Biodiesel weist gegenüber herkömmlichem Dieselkraftstoff bessere, die Umwelt weniger belastende Abgaswerte auf. Er kann in allen Dieselmotoren eingesetzt werden.
Raps für die Herstellung von Biodiesel wird in Deutschland gegenwärtig auf einer Fläche von 350 000 Hektar angebaut. Diese Felder liefern jährlich etwa 370 000 Tonnen Biodiesel.
Fortschritte in der Rapszüchtung könnten Energieeinsparungen im Rapsanbau und bei der Ölproduktion ermöglichen.

Maulwurfskraut

Tankfahrzeug mit aus Rapsöl hergestelltem Biodiesel

Eine Erweiterung der Rapsanbauflächen für Biodiesel auf etwa 1 Million Hektar erscheint möglich. Dadurch könnten in Zukunft etwa 5 % bis 10 % des Dieselkraftstoffbedarfs in Deutschland durch den Verbrauch von Biodiesel aus Rapsöl gedeckt werden.

**Biodiesel aus anderen Pflanzen.** Der Kopaivabaum (Brasilien) liefert durch Anzapfen seiner Rinde in 2 bis 3 Stunden 20 l bis 30 l Balsam, der zum Betrieb von Dieselmotoren eingesetzt werden kann. Ein Baum kann im Abstand von 6 Monaten angezapft werden. Zur Kraftstoffherstellung ist auch das Öl von Eukalyptusbäumen geeignet.

**Ein Blick in die Zukunft.** Für die Lösung der Energieprobleme der Zukunft gibt es kein „Patentrezept". Wie auch heute werden weltweit unterschiedliche Energiequellen nebeneinander genutzt werden müssen. Da die Weiterführung und Steigerung der Stromerzeugung aus Kernenergie gegenwärtig stark umstritten ist, könnten Kohle, Erdöl und Erdgas schrittweise durch Wind- und Wasserkraft, die Verbrennung von Wasserstoff sowie durch Sonnenenergie ersetzt werden. Sonnenenergie ist direkt mit Solarzellen bzw. Sonnenkollektoren oder indirekt über die Gewinnung von Energie aus nachwachsender Biomasse nutzbar.

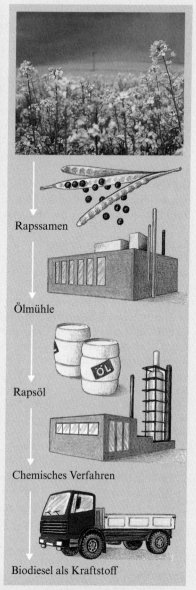

Rapssamen

Ölmühle

Rapsöl

Chemisches Verfahren

Biodiesel als Kraftstoff

Herstellung von Biodiesel aus Raps

## AUFGABEN

1. Erkläre, warum der Treibhauseffekt durch das Aufforsten von Wäldern vermindert werden kann!
2. Stelle Möglichkeiten zur Energieerzeugung aus nachwachsenden Brennstoffen in einer Tabelle zusammen!
3. Erläutere den Ablauf der Herstellung von Biodiesel aus Raps!
4. Sammle Pressemeldungen über die Stromerzeugung aus Windkraft und erläutere in einem Kurzvortrag deren Möglichkeiten und Grenzen!

5. Unterbreite begründete Vorschläge zur Energieeinsparung in deinem privaten Haushalt!
6. Entscheide und begründe, ob Energiesparen zur Lösung des Energieproblems beitragen kann!
7. Ermittle aus Presseberichten Argumente für und gegen die Stromerzeugung aus Kernenergie. Stelle sie in der Klasse zur Diskussion!
8. Erläutere und begründe in einem Kurzvortrag deine Vorstellungen über die zukünftige Energieversorgung in deinem Heimatgebiet!

# Vermutungen werden durch Experimente widerlegt – oder bestätigt

### 1. Atmen auch die Pflanzen?

Wenn Pflanzen Sauerstoff einatmen, dann müsste in einem zum Teil mit frischem Pflanzenmaterial (z. B. Blüten) gefüllten abgeschlossenen Gefäß der Sauerstoffgehalt schließlich so weit sinken, dass eine brennende Kerze erlischt.
Ein Endprodukt der Atmung ist Kohlenstoffdioxid, das die Pflanzenzellen an die Luft abgeben. Es müsste mit klarem Kalkwasser nachweisbar sein.

### Experimentelle Überprüfung:

Fülle einen von zwei Standzylindern etwa zur Hälfte mit frischen Blüten (z. B. von Flieder, Wucherblume, Dahlie, Klee, Rose). Stelle auf die Blüten ein kleines Becherglas mit klarem Kalkwasser. Verschließe das Gefäß mit einer Glasplatte. Der zweite Zylinder bleibt leer, er wird ebenfalls mit einer Glasplatte verschlossen. Öffne am nächsten Tag den Zylinder und nimm das Becherglas mit dem Kalkwasser heraus! Betrachte das Kalkwasser und notiere die Veränderungen!
Senke einen brennenden Kerzenstummel an einem Draht in den Zylinder hinein!
Notiere deine Beobachtungen!
Führe die gleiche Probe mit dem zweiten Zylinder durch! Vergleiche!

1. Entscheide anhand deiner Beobachtungen: Atmen Pflanzen auch? Begründe deine Antwort!
2. Was musst du an der Versuchsanordnung ändern, wenn du grüne Pflanzenteile – z. B. Laubblätter – verwendest?
3. „Verbessern" Pflanzen jederzeit die Luft?

Versuchsbeginn

Kalkwasser nach 24 Stunden

Versuchsbeginn

Ende des Versuchs

Zum Vergleich: Nachweis des Kohlenstoffdioxidgehalts in ausgeatmeter Luft beim Menschen

## 2. Geben Pflanzen bei der Atmung Wärme ab?

Bei der Atmung der Pflanzenzellen wird ein Teil der chemischen Energie von Glucose in Wärme umgewandelt und an die Umwelt abgegeben. Dadurch müssten Temperaturerhöhungen eintreten, die man mit Thermometern messen könnte.

### Experimentelle Überprüfung:
Ein Thermosbehälter ist zu zwei Dritteln mit gequollenen, keimenden, ein zweiter mit trockenen Erbsen gefüllt. Setze Thermometer auf! Lies die Temperatur in beiden Gefäßen nach 5, 10, 20 und 30 Minuten und dann mehrmals nach je einer Stunde ab! Vergleiche die Temperaturen in den Thermosflaschen mit der jeweiligen Raumtemperatur!
Erkläre die Messergebnisse für beide Versuche! Vergleiche deine Überlegungen mit der Vorbetrachtung zu diesem Experiment!

Nachweis der Wärmeabgabe

## 3. Bei der alkoholischen Gärung entstehen . . .

20 g Glucose werden in 200 ml Wasser (etwa 30° C) gelöst und in einen Erlenmeyerkolben (400 ml) gefüllt. 10 g Bäckerhefe werden in dieser Lösung aufgeschlämmt. Fülle klares Kalkwasser in das aufgesetzte Gärröhrchen! Nach 24 Stunden wird die Flüssigkeit aus dem Erlenmeyerkolben filtriert. Das Filtrat wird vorsichtig auf 80° C bis 90° C erhitzt, bis etwa 4 ml Destillat im Reagenzglas aufgefangen sind.

Wie hat sich das Kalkwasser im Gärröhrchen verändert? Erkläre!
Prüfe den Geruch des Destillats!
Stelle eine chemische Wortgleichung für die alkoholische Gärung auf!
Bringe 10 Tropfen Destillat auf einen Metalldeckel (Konservendose) und versuche, sie zu entzünden! Erkläre!
Warum wird bei der Vergärung einer bestimmten Menge Zucker weniger Wärme frei als bei ihrer Veratmung?
Führe dieselben Versuche durch, nachdem die Versuchsanordnung in einem Kühlschrank (bei etwa 5° C) stand! Erkläre die Ergebnisse im Vergleich zum Versuch bei Zimmertemperatur!

Versuchsbeginn

Versuch nach 24 Stunden

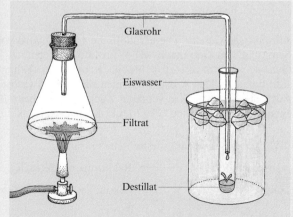

Glasrohr

Eiswasser

Filtrat

Destillat

Destillation des Filtrats

# Lebensnotwendige Energie durch Atmung oder Gärung

**Äußere Atmung.** Menschen und Tiere nehmen Sauerstoff auf und scheiden Kohlenstoffdioxid aus. Schon einfache Experimente beweisen, dass auch die Pflanzen bei Tag und Nacht ununterbrochen atmen. Der Sauerstoff gelangt durch Diffusion aus der Luft in den Pflanzenkörper. Er wird in den Mitochondrien der Zellen zur Energiefreisetzung benötigt.

**Innere Atmung in den Zellen.** Sie läuft in den Mitochondrien ab. Das sind ovale Zellbestandteile, deren innere Membran stark gefaltet ist. Daran befinden sich die Enzyme für die Zellatmung, bei der Glucose zu Kohlenstoffdioxid und Wasser abgebaut wird. Bei einer der Teilreaktionen wird Sauerstoff verbraucht (biologische Oxidation). Energie ($E_A$) der Glucose wird in den Energiespeicher-Stoff ATP übernommen, während er aus seiner Vorstufe ADP entsteht. ATP kann Energie auf andere Stoffe bzw. auf energiebedürftige Stoffumwandlungen in den Zellen übertragen. Ohne ATP sind die Lebensvorgänge (z. B. Stoffwechsel, Wachstum, Fortbewegung, Reaktionen auf Reize) im Organismus nicht möglich. Ein Teil der Energie aus Glucose wird als Wärme frei. Kohlenstoffdioxid und Wasser haben insgesamt einen geringeren Energiegehalt ($E_R$) als die Glucose.
In den Pflanzen laufen im Licht Fotosynthese und Atmung zugleich ab. Beim Wachstum bauen sie mehr Stoffe auf, als sie gleichzeitig veratmen.

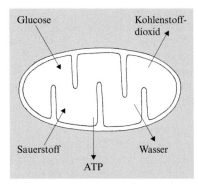

Ausgangstoffe und Reaktionsprodukte der Atmung in einem Mitochondrium (stark schematisch)

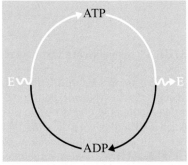

ATP als Energieüberträger-Stoff

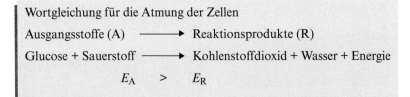

Wortgleichung für die Atmung der Zellen

Ausgangsstoffe (A) $\longrightarrow$ Reaktionsprodukte (R)

Glucose + Sauerstoff $\longrightarrow$ Kohlenstoffdioxid + Wasser + Energie

$$E_A \quad > \quad E_R$$

**Gärungsformen.** Manche Zellen können ihre Energiefreisetzung ohne Sauerstoff betreiben. Auch dabei wird Glucose schrittweise durch Enzyme abgebaut. Ein Teil ihrer Energie wird zu Wärme, ein anderer zu „ATP-Energie", welche die Zellen für ihre Lebensvorgänge benötigen. Im Vergleich zur Atmung ist der Abbau durch Gärungen unvollständig. Gärprodukte wie Alkohol (Ethanol) oder Milchsäure sind deshalb noch relativ energiereiche Stoffe.

*Alkoholische Gärung:* Die alkoholische Gärung wird vom Menschen zur Bereitung von Getränken wie Wein und Bier genutzt. Hefepilze bauen Glucose ohne Sauerstoffverbrauch zu Alkohol (Ethanol) und Kohlenstoffdioxid ab. Den Alkohol scheiden sie als Stoffwechselendprodukt aus. Auch die Backhefepilze vergären Zucker, das dabei außer dem Alkohol entstehende gasförmige Gärprodukt Kohlenstoffdioxid lockert den Teig.

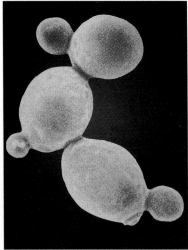

Hefepilzzellen vergären Glucose.

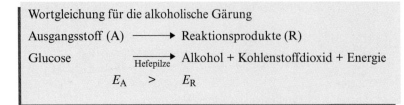

Wortgleichung für die alkoholische Gärung

Ausgangsstoff (A) $\longrightarrow$ Reaktionsprodukte (R)

Glucose $\xrightarrow{\text{Hefepilze}}$ Alkohol + Kohlenstoffdioxid + Energie

$$E_A \quad > \quad E_R$$

## Schon gewusst?

Enzyme sind Wirkstoffe, die Reaktionen im Stoffwechsel auslösen oder beschleunigen. Die Enzyme sind danach unverändert.

Michsäurebakterien sind an der Herstellung von Milchprodukten beteiligt.

*Milchsäuregärung:* Milchsäure und Kohlenstoffdioxid werden von den Milchsäurebakterien als Gärungsendprodukte abgegeben. Dadurch bewirken diese Bakterien, dass Milch sauer wird. Wenn man Weißkohl zerschneidet und ihn fest in einen luftdichten Behälter stampft, dann entsteht darin nach einiger Zeit Sauerkraut. Milchsäurebakterien haben die in den Kohlblättern enthaltene Glucose abgebaut.
Die ausgeschiedene Milchsäure hemmt die Entwicklung von Fäulnisbakterien und wirkt dadurch konservierend auf Nahrungsmittel.

Ungekühlt und gekühlt gelagerte Äpfel

---

Wortgleichung für die Milchsäuregärung

Ausgangsstoff (A) $\longrightarrow$ Reaktionsprodukte (R)

Glucose $\xrightarrow[\text{Milchsäurebakterien}]{}$ Milchsäure + Kohlenstoffdioxid + Energie

$$E_A \quad > \quad E_R$$

---

Atmung und Gärung werden ebenso wie die Fotosynthese durch äußere Faktoren beeinflusst. Eine Erhöhung der Temperatur beschleunigt die Atmungsintensität, während sie bei einem erhöhten Kohlenstoffdioxidgehalt der Luft abnimmt. Deshalb kann die Gewichtsabnahme von Samen, Knollen und Früchten durch Atmung beispielsweise bei kühler Lagerung erheblich verringert werden.

---

Atmung und Gärung sind Formen der Dissimilation, des Abbaus körpereigener organischer Stoffe (z. B. Glucose) unter Energiefreisetzung für die Lebensvorgänge im Organismus. Ein Teil der Energie dieser Stoffe wird in ATP-Energie umgewandelt. Damit werden die Lebensvorgänge in den Zellen betrieben. Bei der Atmung wird in den Mitochondrien Glucose unter Sauerstoffverbrauch zu Kohlenstoffdioxid und Wasser abgebaut. Manche Zellen decken ihren Energiebedarf ohne Sauerstoffverbrauch durch Gärung. Dabei wird die Glucose im Vergleich zur Atmung unvollständig abgebaut.
Einige Gärungsformen werden vom Menschen technisch genutzt.

---

## AUFGABEN

1. Warum werden die Mitochondrien als „Kraftwerke der Zellen" bezeichnet?
2. Grünpflanzen sollen nachts nicht in Schlafräumen stehen. Erkläre!
3. Vergleiche Atmung und Fotosynthese!
4. In einem Gefäß mit keimenden Erbsen steigt die Temperatur nach kurzer Zeit. Erkläre!

# Stoffkreislauf und Energiefluss

**Pflanzen als Produzenten.** Wenn du Pflanzenbestände genauer beobachtest, dann kannst du feststellen, wie sich viele Tiere direkt von pflanzlicher Biomasse ernähren: Raupen fressen Blätter, Blattläuse saugen Säfte, Vögel fressen Samen und Früchte. Auch abgefallene Blätter und abgestorbene Pflanzenteile sind nach einigen Monaten „verschwunden". Regenwürmer, Hundertfüßer, Asseln, verschiedene Pilze und Bakterien ernähren sich von ihnen. Die von den Pflanzen gebildeten organischen Stoffe dienen letztlich allen anderen Organismen als Nahrungsquelle. Deshalb werden die Pflanzen auch als die Produzenten in den Lebensräumen bezeichnet.

**Tiere sind Konsumenten.** Tiere ernähren sich als Pflanzenfresser direkt, als Fleischfresser indirekt von den organischen Stoffen der Pflanzen. Sie sind in den Nahrungsketten also die von den Pflanzen abhängigen Verbraucher (Konsumenten). Die Tiere wandeln lediglich 10 % bis 20 % der aufgenommenen organischen Nährstoffe in körpereigene Biomasse um. Den größten Teil der Nährstoffe verbrauchen ihre Körperzellen zur Atmung.

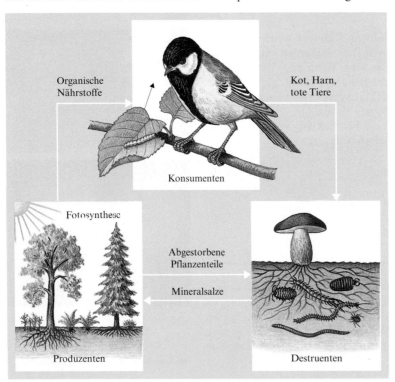

Beziehungen zwischen Produzenten, Konsumenten und Destruenten

**Destruenten.** Ausscheidungsprodukte der Konsumenten sowie die Biomasse toter Konsumenten und Produzenten werden von Kleinlebewesen, Pilzen und Bakterien abgebaut. Diese Organismen wirken also in den Nahrungsnetzen als „Zersetzer" (Destruenten) organischen Materials. Sie ernähren sich von den organischen Stoffen und bilden daraus allmählich anorganische Verbindungen (Kohlenstoffdioxid, Wasser und Mineralsalze), die von den Produzenten erneut zur Produktion organischer Stoffe verwendet werden. In den Lebensräumen gibt es also Stoffkreisläufe, in denen Produzenten, Konsumenten und Destruenten verbunden sind.

## Schon gewusst?

Die Fotosynthese beginnt bei den meisten Pflanzen erst bei 0° C. Ihre höchste Leistung erreicht sie bei Temperaturen zwischen 30° C und 40° C.

Nahrungspyramiden veranschaulichen den Nahrungsverbrauch in einem Lebensraum: Beispielsweise benötigt ein Hecht zum Aufbau von 1 kg Körpermasse etwa 10 kg Beutefische. Diese haben vorher 100 kg Kleinkrebse, die Kleinkrebse 1 000 kg Grünalgen gefressen.

Die Gesamtheit der in einem Lebensraum (z. B. Wald oder See) von Produzenten, Konsumenten und Destruenten gebildeten organischen Stoffe wird als dessen Biomasse bezeichnet.
Biomasse und Energie nehmen in einer Nahrungspyramide von Stufe zu Stufe ab.

**Stoffkreisläufe und Energiefluss.** Produzenten, Konsumenten und Destruenten sind in den Stoffkreisläufen voneinander abhängig. Sie bilden miteinander vernetzte Nahrungsketten, an deren Anfang immer Pflanzen stehen. Die Fotosynthese versorgt fast alle Lebewesen mit Energie. Sie trägt auch wesentlich zur verhältnismäßig stabilen Zusammensetzung der Luft bei: Die Pflanzen geben bei der Fotosynthese Sauerstoff ab und verbrauchen Kohlenstoffdioxid.

Die Nahrungsketten sind ständig von der Umwandlung der Sonnenenergie durch die Pflanzen abhängig. Denn für die Energie gibt es in den Lebensräumen nur eine „Einbahnstraße" (Energiefluss): Ein Teil der chemischen Energie der organischen Stoffen wird von den Organismen durch Atmung bzw. Gärung in Wärme umgewandelt. Sie wird an die Umgebung abgegeben und ist so für den Stoffwechsel der Organismen in den Nahrungsketten nicht mehr direkt nutzbar. Die Energie nimmt also in jeder Nahrungskette von Glied zu Glied ab. Bei der Fotosynthese der Produzenten fließt „von außen" immer wieder Energie in die Nahrungsketten ein. Nur dadurch können die Lebensvorgänge in den zu einem Nahrungsnetz gehörenden Pflanzen, Tieren, Pilzen und Bakterien ablaufen.

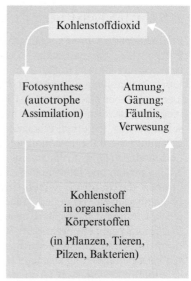

Kreislauf des Kohlenstoffs in der Natur (schematische Darstellung)

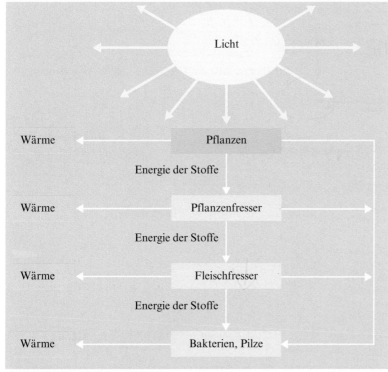

Energiefluss in der lebenden Natur

Produzenten, Konsumenten und Destruenten sind durch Stoffkreisläufe und Energiefluss miteinander verbunden. Am Anfang der Nahrungsketten stehen Pflanzen. Sie wandeln bei der Fotosynthese Lichtenergie um und produzieren damit für sich und die Ernährung der heterotrophen Organismen (Tiere, Pilze, Bakterien) energiereiche organische Stoffe. Dadurch – sowie durch die regulierende Wirkung auf die Zusammensetzung der Luft – ist die Existenz höher entwickelter Lebewesen auf der Erde von der Fotosynthese der Produzenten abhängig.

AUFGABEN

1. Erläutere Unterschiede zwischen Atmung und Gärung!
2. Skizziere und beschreibe eine selbst gewählte Nahrungskette!
3. Ein Mensch verbraucht an einem Tag etwa 750 l Sauerstoff. Auf der Erde leben 5 Milliarden Menschen. Warum wird der Sauerstoff nicht aufgebraucht?

## ZUSAMMENFASSUNG

Pflanzen bilden aus anorganischen Stoffen bei der Fotosynthese energiereichere organische Stoffe. Sie sind von der Zufuhr organischer Nährstoffe aus der Umwelt unabhängig (autotrophe Ernährungsweise). Demgegenüber sind Menschen, Tiere, Pilze und die meisten Bakterien direkt oder indirekt von organischen Stoffen, die durch Pflanzen produziert werden, abhängig. Sie müssen sie mit der Nahrung aufnehmen (heterotrophe Ernährungsweise). Produzenten, Konsumenten und Destruenten sind in ihren Lebensräumen durch Stoffkreisläufe und Energiefluss in Nahrungsnetzen verbunden. Alle Organismen bauen aus körperfremden, aus der Umwelt aufgenommenen Stoffen körpereigene organische Stoffe auf (Assimilation). In den Organismen wird ein Teil dieser Stoffe zur Energiefreisetzung abgebaut (Dissimilation). Diese erfolgt mit Sauerstoff (Atmung) oder ohne Sauerstoff (Gärung).

Die Lebensvorgänge der Organismen wie Bewegung, Sinnes- und Nervenfunktionen, Wachstum sowie Fortpflanzung und Individualentwicklung sind vom Stoff- und Energiewechsel abhängig.

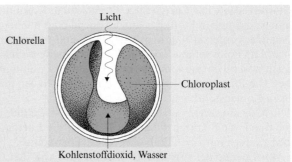

Ernährungsweise der Pflanzen (autotrophe Assimilation)

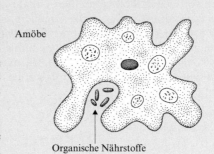

Ernährungsweise der Tiere (heterotrophe Assimilation)

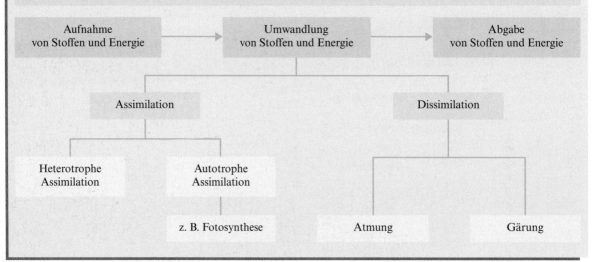

## AUFGABEN

1. Vergleiche autotrophe und heterotrophe Ernährungsweise!
2. Beschreibe Zusammenhänge zwischen Assimilation und Dissimilation und stelle sie schematisch dar!
3. Mäusebussarde sind Fleischfresser. Begründe, warum sie in ihrer Ernährung trotzdem von Pflanzen abhängig sind!
4. Erkläre, warum auf dem Waldboden nicht meterhohe Schichten von Laub und Tierleichen liegen!
5. Beschreibe den Stoffkreislauf in einem Wald!
6. In der Natur gibt es Stoffkreisläufe, aber keinen Kreislauf der Energie. Erkläre!
7. Erläutere, warum die Fotosynthese die Grundlage für das Leben auf der Erde bildet!

# Lebenserscheinungen bei Pflanzen

Die Pflanzen haben –
wie die Tiere und der Mensch–
„innere Uhren". Sie können
äußere Einwirkungen, zum Beispiel Helligkeitsunterschiede im
Tagesverlauf, als Reize aufnehmen. Darauf reagieren sie
mit Bewegungen wie dem Öffnen
und Schließen der Blüten. Auch
Pflanzen reagieren also auf Reize.
Welche Merkmale des Lebens
kennzeichnen sie noch? Und wie
laufen die Lebensvorgänge bei
ihnen ab? Auf den folgenden
Seiten werden Tatsachen dazu
dargestellt.

# Geschlechtliche Fortpflanzung von Samenpflanzen

Nektar saugender Dickkopffalter

Stäubende Haselkätzchen

Honigbiene auf einem Weidenkätzchen

**Bestäubung.** Bei Samenpflanzen beginnt die geschlechtliche Fortpflanzung mit der Bestäubung. Dabei gelangt Pollen auf die Narbe einer Blüte oder – bei Nacktsamern – direkt auf eine Samenanlage.

Je nachdem, ob der Pollen aus den Staubblättern auf die Narbe derselben Blüte oder auf die Narbe einer anderen Blüte gelangt, unterscheidet man zwischen Selbstbestäubung und Fremdbestäubung.

Die Pollenübertragung kann durch Insekten oder andere Tiere, durch Wind oder durch Wasser erfolgen. Die Blüten sind an die unterschiedlichen Arten der Bestäubung angepasst. Beispielsweise ist bei Blüten mit Windbestäubung die Blütenhülle klein und unscheinbar. Die Staubblätter liegen frei (z. B. Haselkätzchen) oder hängen weit aus den Blüten heraus (z. B. Süßgräser), sodass der Wind den Pollen aus den reifen Staubblättern herausschütteln und verbreiten kann. An den gefiederten oder pinselförmigen Narben bleibt der Blütenstaub leicht hängen.

Tiere werden durch auffällig gefärbte oder geformte Blütenhüllen, Duft- und Nektardrüsen angelockt. Sie fressen Pollen (z. B. Käfer) oder saugen Nektar (z. B. Bienen, Hummeln, Schmetterlinge, Kolibris). Dabei bleibt Blütenstaub an ihnen hängen, der in anderen Blüten an der Narbe abgestreift werden kann.

Blüten und bestäubende Insekten sind einander in ihrem Bau sowie in ihrem Verhalten gegenseitig angepasst. Beispielsweise ist die Kronröhre des Wiesen-Salbei so lang, dass eine Hummel mit ihrem Rüssel gerade den Nektar erreicht. Dabei drückt sie mit dem Kopf gegen einen „Hebel" am Grunde der Staubblätter. Diese werden herabgedrückt und es gelangt Pollen auf den Rücken der Hummel. Beim Besuch der nächsten Blüten streift sie mit dem Rücken zuerst an den hervorstehenden Griffeln entlang und der Pollen bleibt an den Narben hängen.

Tabakpflanzen, Nachtkerzen und Jelängerjelieber öffnen ihre Blüten nachts. Süßer Duft und helle Blütenfarben locken Nachtfalter an, die mit ihrem langen Rüssel Nektar aus den Kronröhren saugen und dabei Pollen übertragen.

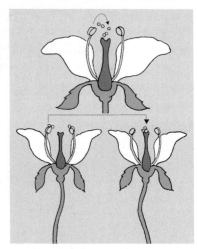

Selbstbestäubung (oben) und Fremdbestäubung (unten)

Pollenübertragung auf eine Hummel in einer Salbei-Blüte

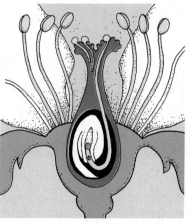

Pollenkörner auf einer Narbe (Lilie)    Fertig ausgebildeter Pollenschlauch

**Befruchtung.** Reife Narben sondern eine Flüssigkeit ab, die bewirkt, dass die Hülle eines Pollenkorns aufplatzt, wenn es damit in Berührung kommt. Der Pollen keimt aus und bildet einen Pollenschlauch. Dieser wächst durch den Griffel hindurch, bis er die Samenanlage im Fruchtknoten erreicht hat. Der Kern einer Spermazelle aus dem Pollenschlauch verschmilzt mit dem Kern der Eizelle in der Samenanlage. Damit ist die Befruchtung abgeschlossen.

Auch bei den Nacktsamern wächst ein Pollenschlauch in die Samenanlage hinein und die Kerne der männlichen und der weiblichen Geschlechtszelle verschmelzen miteinander.

**Entwicklung des Samens.** Die befruchtete Eizelle (Zygote) beginnt sich zu teilen. Es entsteht ein kugelförmiger Zellhaufen, aus dem sich ein Embryo (Keimling) entwickelt. Er besteht aus der Keimwurzel, dem Keimspross und aus ein oder zwei Keimblättern. Andere Zellen der Samenanlage bilden ein Speichergewebe. Darin werden Nährstoffe gespeichert, von denen sich der Embryo beim Auskeimen ernährt. Bei vielen Arten gelangen diese Nährstoffe während der Entwicklung des Samens in die Keimblätter. Diese sind dann dick und fleischig (z. B. bei Bohne und Erbse).

Der Samen löst sich von der Wand des Fruchtknotens, wenn er ausgereift ist. Die Samenschale wird danach hart und trocken. Dadurch kann der Samen bis zum Auskeimen überdauern.

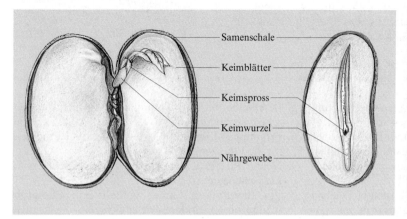

Samenschale

Keimblätter

Keimspross

Keimwurzel

Nährgewebe

Bau des Samens bei Bohne (links) und Rizinus (rechts)

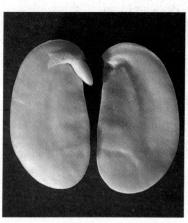

Keimling der Feuerbohne

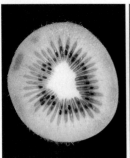

Kiwi          Aprikose          Papaya

Linde

Löwenzahn

Flugfrüchte

Labkraut

Klette

Klettfrüchte

Eichel

Eberesche

Fressfrüchte

Springkraut

Mohn

Streufrüchte

**Früchte.** Während der Entwicklung des Samens verändert sich auch der Fruchtknoten, er wird zur Frucht. Bei einigen Arten verwächst er dabei mit Teilen der Blütenachse (Apfelfrucht), bei anderen verwachsen mehrere Fruchtknoten miteinander und bilden eine Sammelfrucht (z. B. Erdbeere, Himbeere).

Das Fruchtknotengewebe wird unterschiedlich ausgebildet. Es kann saftig und fleischig (z. B. bei Kiwi, Papaya, Tomate und Wassermelone), holzig und trocken (z. B. bei Haselnüssen) oder pergamentartig fest (z. B. bei Bohnen) sein. Bei manchen Pflanzenarten werden die äußeren Schichten des Fruchtknotens fleischig, die inneren steinhart. Das trifft zum Beispiel für Aprikosen, Pfirsiche, Kirschen und Pflaumen zu.

Früchte dienen dem Schutz und der Verbreitung der Samen. Saftige Früchte werden von Tieren gefressen, die unverdaulichen Samen werden ausgeschieden und gelangen so an neue Standorte. Trockene Früchte öffnen sich und streuen die Samen aus (z. B. Mohn). Bei anderen ist die Fruchtwand mit Haken oder Stacheln besetzt. Dadurch können sie sich im Fell von Säugetieren festsetzen und durch diese verbreitet werden (z. B. Klette). Früchte können auch als Flugorgane (z. B. Ahorn, Linde, Pusteblume) ausgebildet sein.

Die geschlechtliche Fortpflanzung der Samenpflanzen beginnt mit der Bestäubung. Die Pollenübertragung erfolgt meist durch Insekten oder durch Wind. Die Blüten sind der Bestäubungsform angepasst. Bei der Befruchtung verschmilzt ein Spermakern aus dem Pollenschlauch mit dem Kern der Eizelle in der Samenanlage. Die befruchtete Eizelle entwickelt sich zum Embryo. Aus der Samenanlage entsteht der Samen. Der Fruchtknoten entwickelt sich zur Frucht. Durch die Früchte wird die Verbreitung der Samen im Lebensraum der Pflanzen ermöglicht.

## AUFGABEN

1. Erläutere den Unterschied zwischen Bestäubung und Befruchtung!
2. Werden die Narben der Gerste durch Insekten oder durch Wind bestäubt? Begründe deine Meinung!
3. Beschreibe, wie ein Spermakern aus einem Pollenkorn bis zur Eizelle gelangt!
4. Suche von 4 Pflanzenarten reife Früchte! Zeichne sie und notiere dazu ihre Verbreitungsform! Begründe deine Zuordnung!

5. Beschreibe die Entwicklung einer befruchteten Eizelle bis zum Samen!
6. Erläutere die Bedeutung von Samen und Früchten für die Pflanzen!
7. Nenne Pflanzen, deren Samen und Früchte vom Menschen genutzt werden!
8. Ein Embryo im Samen enthält kein Blattgrün (Chlorophyll). Erkläre, wie er sich beim Auskeimen ernährt!

# Der Lebenslauf der Samenpflanzen

Die Individualentwicklung einer Samenpflanze beginnt mit der Befruchtung der Eizelle und der Bildung von Embryo und Samen. Die Samen halten eine arttypische, erblich bedingte Samenruhe ein. Bei günstigen Umweltbedingungen (z. B. ausreichende Wasserversorgung und optimale Temperaturen) keimen sie aus. Viele heimische Samenpflanzen sind Frostkeimer, beispielsweise Apfel, Linde, Rittersporn. Sie keimen erst, nachdem sie Temperaturen um den Gefrierpunkt ausgesetzt waren.

Zeitliche Reihenfolge während der Individualentwicklung von Sonnenblumen (von links nach rechts): Keimung – junge Keimpflanze – blühende Pflanze – fruchtende Pflanze mit abgestorbenen Laubblättern

**Keimung.** Die Keimung beginnt mit der Quellung. Der Samen nimmt Wasser auf und vergrößert sein Volumen, bis die Samenschale platzt. Als erstes Organ schiebt sich die Keimwurzel hervor. Sie wächst und dringt in den Boden ein. Wenn über die Wurzel Wasser und Nährsalze aufgenommen werden, beginnt auch der Keimspross in die Länge zu wachsen. Nach kurzer Zeit entfalten sich an der Sprossspitze die ersten Laubblätter. Sie ergrünen bald. Aus dem Embryo ist eine junge Pflanze mit autotropher Ernährung geworden.

**Wachstumsphase.** Junge Pflanzen wachsen rasch. In den Wachstumszonen der Laubblätter, der Spross- und Wurzelspitzen teilen sich die Zellen der Bildungsgewebe in schneller Folge und strecken sich in die Länge. Die Bildungsgewebe in den Sprossachsen und Wurzeln lassen die meisten Pflanzen auch in die Dicke wachsen.

## Schon gewusst?

| Pflanzenart/Organ | Wachstum (cm je Tag) |
|---|---|
| Banane/Blattscheide | 160 |
| Bambus/Sprosse | 57 |
| Kürbis/Sprosse | 14 |
| Zaunrübe/Sprosse | 8 |
| Spargel/Sprosse | 11 |
| Erbse/Wurzel | 3 |
| Saubohne/Keimwurzel | 2 |
| Hanf/Sprosse | 7 |
| Hafer, Keimblatt | 4 |

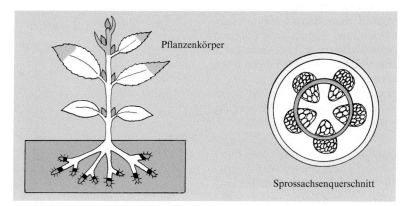

Wachstumszonen (orange: Bildungsgewebe; grün, schwarz: Streckungszonen)

## AUFGABEN

1. Beschreibe die Entwicklung einer Bohnenpflanze von der Keimung bis zum Absterben!
2. Kennzeichne im Schulgarten (Hausgarten, Balkonkasten) eine Pflanze und beobachte sie über drei Wochen hinweg! Notiere an jedem zweiten Tag die von dir beobachteten Veränderungen (wie z. B. Länge der Pflanze, Knospenbildung, Blattfall)!

**Fortpflanzungsphase.** Nach einer gewissen Zeit setzen in einigen Spross-
knospen Differenzierungsvorgänge ein. Aus den Knospenzellen entwik-
keln sich keine Laubblätter, sondern Blüten mit Staubblättern und Fruchtblättern. In den Fruchtblättern können nun durch Befruchtung wiederum
Samen gebildet werden.

Individualentwicklung einer einjährigen Pflanze (z. B. Bohne)

Individualentwicklung einer mehrjährigen Pflanze (z. B. Busch-Windröschen)

**Lebensdauer von Samenpflanzen.** Wie andere Lebewesen altern und sterben auch die Pflanzen. Einjährige Samenpflanzen bilden schon im ersten
Jahr nach der Keimung Samen. Danach sterben die Pflanzen ab. Pflanzen
wie z. B. Bohnen oder Löwenzahn wachsen schnell und bilden eine große
Anzahl von Samen. Die meisten Samen kommen jedoch nicht zur Keimung, weil sie nicht die dazu notwendigen Umweltbedingungen (z. B. Boden, Wasser) vorfinden. Mit der sehr großen Anzahl der Samen und ihrer
Verbreitung ist aber gewährleistet, dass einige von ihnen keimen und aus
ihnen neue Pflanzen entstehen können, die selbst wieder Samen bilden.
Andere Pflanzen (z. B. Kokospalmen) bilden hingegen nur wenige, aber
sehr große Samen mit einer großen Menge an gespeicherten Nährstoffen.
Dadurch ist gesichert, dass aus relativ vielen ihrer Samen neue Pflanzen
entstehen. Bei Stauden und Holzgewächsen dauert es zwei oder mehr
Jahre, ehe die Pflanzen blühen und Samen bilden. Diese Pflanzen leben
meist mehrere bis viele Jahre und bilden mehrmals Samen aus.
Bäume können ein sehr hohes Alter erreichen. Ihr Absterben ist wahrscheinlich eine Folge der für sie immer schwieriger werdenden Versorgung
mit Wasser und Mineralsalzen aus dem Boden.

> Die Individualentwicklung einer Samenpflanze läuft in aufeinanderfol-
> genden Phasen ab. Bei der Keimung wird aus dem Embryo eine junge
> Pflanze (Keimungsphase). Sie wächst und entwickelt sich (Wachstums-
> phase), bis sie selbst Samen bildet (Fortpflanzungsphase).

# Lebenslanges Wachstum

Im Gegensatz zu Tieren wachsen Samenpflanzen ihr ganzes Leben lang. Auch bei einjährigen Pflanzen wachsen Sprossachse und Wurzel noch in die Länge, wenn sie schon Samen bilden. Allerdings lässt bei älteren Pflanzen die Schnelligkeit des Wachstums nach. Das Wachstum der Pflanzen beruht auf Zellteilungen mit Plasmawachstum und auf Zellstreckungen.

**Plasmawachstum und Zellteilungen.** Nach einer Zellteilung nimmt in der Regel das Plasma in den Tochterzellen zu, sie wachsen bis auf die Größe der Ausgangszelle heran und können sich erneut teilen.

**Zellstreckungswachstum.** Dabei wird durch bestimmte Wirkstoffe die feste Zellulosezellwand weich und elastisch. Die Zelle nimmt dann vermehrt Wasser auf und bildet große, mit Zellsaft gefüllte Vakuolen. Sie streckt sich, soweit es die Elastizität der Zellwand zulässt. Oft sind auch bestimmte äußere Einwirkungen, wie Temperatur oder Licht, notwendig, um diese Vorgänge auszulösen. Beim Streckungswachstums differenzieren sich die Zellen, sie werden beispielsweise zu Zellen des Leitgewebes, des Festigungsgewebes oder einer anderen Gewebeform. Ausgewachsene, differenzierte Zellen können sich nicht mehr teilen oder strecken.

Bei Samenpflanzen nimmt die Größe durch Streckungswachstum deutlich zu. Das ist beispielsweise bei der Entfaltung der Laubblätter im Frühling (Laubaustrieb) zu beobachten.

Geöffnete Blattknospen an einem Zweig der Rosskastanie

Der gleiche Zweig nach 6 Tagen

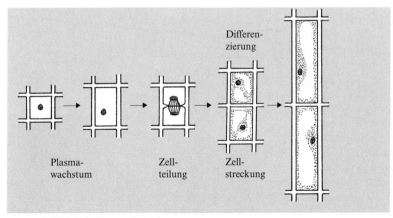

Phasen des Zellwachstums bei Pflanzen

Das Wachstum führt zu einer nicht umkehrbaren Größenzunahme. Es ist ein Merkmal aller Lebewesen. Das Wachstum der Samenpflanzen beruht auf Zellteilungen mit Plasmazunahme und Zellstreckungen.

## Schon gewusst?

Durch Streckungswachstum erreichen Zellen das Vielfache ihrer Ausgangsgröße, in einigen Fällen sogar das 50fache.

Sprossachsen wachsen etwa 1,5 cm am Tag. Bambussprosse in tropischen Gebieten wachsen rund 20-mal so schnell.

Das Zellteilungswachstum dauert bei Samenpflanzen etwa 15 bis 30 Stunden; bei Bakterien unter günstigen Bedingungen nur 0,5 Stunden.

## AUFGABEN

1. Vergleiche das Wachstum von Wirbeltieren und Samenpflanzen! Nenne mindestens eine Übereinstimmung und einen Unterschied!
2. Betrachte Dauerpräparate (Wurzelspitze, Sprossquerschnitt) unter dem Mikroskop! Zeichne jeweils einige Zellen aus differenziertem Gewebe!
3. Erläutere den Begriff Wachstum!
4. Beschreibe den Ablauf und die Folgen des Zellteilungs- und Zellstreckungswachstums!
5. Vergleiche das Wachstum bei der Bildung eines pflanzlichen Embryos mit dem Wachstum beim Auskeimen der jungen Pflanze!

# Wir beobachten und messen das Wachstum bei Samenpflanzen

1. Lasse fünf Erbsen oder fünf Bohnensamen in einer flachen Schale mit Wasser etwa 24 Stunden quellen. Gieße das Wasser ab, halte die Samen aber feucht! Nummeriere sie!

   a) Wenn die Keimwurzeln sichtbar sind, dann lege sie auf Millimeterpapier und miss so ihre Länge! Wiederhole die Messungen nach 6, 24 und 48 Stunden. Notiere jeweils die Werte! Errechne, das Wievielfache ihrer Länge die Wurzeln nach 6, 24 bzw. 48 Stunden erreicht haben! Formuliere eine Verallgemeinerung!

   b) Wenn die Keimwurzeln etwa 1 cm lang sind, markiere mit einem dünnen Farbstrich gleich lange Abschnitte auf den Wurzeln (Achtung: benutze dazu wasserfeste Farbstifte!). Kontrolliere nach 24 Stunden die Längen der Abschnitte! Erkläre das Ergebnis!

Gekeimte Bohnensamen

Markierte Keimwurzel

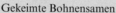

| | 1. | 2. | 3. | 4. | 5. |
|---|---|---|---|---|---|
| 1. Messung | | | | | |
| nach 6 Std. | | | | | |
| nach 24 Std. | | | | | |
| nach 48 Std. | | | | | |

Muster für das Anlegen eines Versuchsprotokolls

2. Streue in drei Blumentöpfe mit Erde jeweils einige Kressesamen. Stelle sie an einen warmen, hellen Ort und halte die Erde feucht. Überprüfe und beobachte täglich Keimung und Wachstum!

   Sind die jungen Pflanzen etwa 5 cm hoch, decke den ersten Topf mit einem Karton vollständig ab – beachte dabei die Höhe der Pflanzen! Decke den zweiten Topf mit einem Karton ab, in dessen dem Licht zugekehrter Seitenwand ein Loch geschnitten ist. Lasse den dritten Topf unbedeckt!

   Entferne nach zwei Tagen die Kartons und notiere Aussehen und Stellung der Pflanzen. Vergleiche und erkläre deine Beobachtungen!

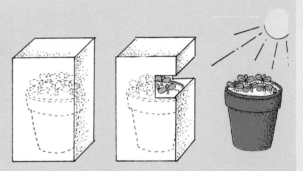

Junge Kressepflanzen bei verschiedenen Lichtverhältnissen

3. Stecke in drei Blumentöpfe je drei gequollene Bohnensamen 2 cm bis 3 cm tief in feuchte Erde. Stelle sie warm und hell auf und halte die Erde feucht! Sind die Keimsprosse mit den Keimblättern sichtbar, entferne im ersten Topf beide Keimblätter von den Pflanzen, im zweiten Topf ein Keimblatt! (Im dritten Topf bleiben die Pflanzen unverändert.)

   Miss täglich die Längen aller Pflanzen und trage die Messwerte in ein Koordinatensystem ein (s. nebenstehendes Muster) – verwende für jeden Topf eine andere Farbe!

   Zeichne nach fünf Tagen für die Pflanzen in jedem Topf eine Wachstumskurve. Vergleiche und erkläre die Verläufe der drei Kurven!

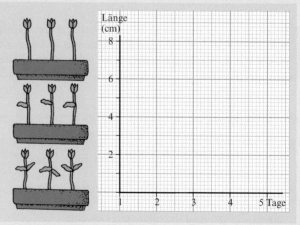

# Reizbarkeit ohne Nerven, Bewegungen ohne Muskeln

Umgetretene oder von heftigem Regen niedergedrückte Pflanzen wachsen nicht waagerecht am Boden liegend weiter. Warum richten sie sich an ihren Spitzen wieder auf? Worauf ist es zurückzuführen, dass Tulpen in der Abendkühle ihre Blüten schließen? Wie kommt es, dass Bohnenpflanzen sich an anderen Pflanzen oder Stützen emporranken?
Im mikroskopischen Bild einer Sprossachse sind Schließzellen, Leit-, Abschluss- oder Festigungsgewebe zu erkennen, aber keine Sinneszellen, Nervenzellen oder Nervenfasern. Trotzdem nehmen Pflanzen Reize auf und reagieren zum Beispiel auf Wärme oder Licht.

**Bewegungen.** Die Reaktionen der Pflanzen sind Bewegungen, die meist auf unterschiedlich starkem Wachstum beruhen. Das Streckungswachstum der Pflanzen wird durch Wachstumshormone beeinflusst, die normalerweise gleichmäßig in den wachsenden Pflanzenteilen, zum Beispiel in der Sprossspitze, verteilt sind. Durch äußere Reize (Berührung, Druck) können die Wachstumshormone vermehrt an eine Seite des Pflanzenteils gelangen. Daraufhin strecken sich die Zellen an dieser Seite stärker und dadurch krümmt sich der gesamte Pflanzenteil (z. B. eine Ranke).
Seltener kommen Bewegungen durch Änderungen des Zellsaftvolumens vor. Sie treten in sogenannten Gelenkpolstern an den Blattstielen einiger Pflanzen auf. Durch bestimmte Reize strömt dabei Zellsaft aus den Zellen der einen Seite in Zellen der anderen Seite des Gelenkpolsters. Die Zellen mit niedrigerem Zellsaftgehalt schrumpfen und der Blattstiel klappt nach unten. Diese Bewegungen können recht schnell ablaufen. Sie sind Ursache für die „Schlafbewegungen" von Blättern, mit denen Feuer-Bohne, Sauerklee und andere Pflanzen auf abnehmende Helligkeit reagieren. So funktionieren auch die Fangblätter von Insekten fressenden Pflanzen, die auf Berührungsreize reagieren.

Rankenbildung beim Hopfen

Eine Pflanze richtet sich wieder auf.

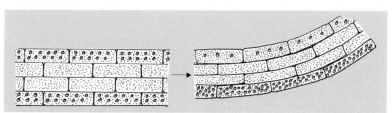
Krümmungsbewegung durch ungleiches Wachstum (rot: Wachstumshormon)

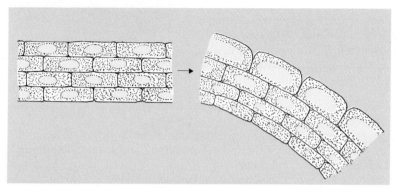
Krümmungsbewegungen durch Änderung des Zellsaftvolumens (blau: Zellsaft)

Kleeblätter nach einer Schlafbewegung

**Auslösende Reize.** Licht, Schwerkraft und Berührung sind Reize, die Bewegungsreaktionen von Pflanzen auslösen können.

**Licht.** Wenn eine Sprossachse ungleichmäßig von Licht getroffen wird, dann gelangt auf ihre im Schatten liegende Seite mehr Wachstumshormon. Dieser Sprossteil wächst schneller, die Sprossachse krümmt sich zum Licht.

Gleichmäßige Belichtung      Einseitige Belichtung

**Berührung.** Berührt eine Blatt- oder Sprossranke eine Stütze, so gelangt auf die der Berührung entgegengesetzte Seite mehr Wachstumshormon. Dieser Rankenteil wächst dadurch schneller. Die Ranke krümmt sich zur Stütze hin. Da Berührungsreize länger wirken können, winden sich Ranken oft mehrfach um die Stütze.

Wachstumsbewegungen einer Ranke nach erfolgtem Berührungsreiz

**Schwerkraft.** Die Schwerkraft beeinflusst die Verteilung von Wachstumshormonen in den Pflanzenorganen. In Wurzeln erhält die diesem Reiz abgewandte, in Sprossachsen die ihm zugewandte Seite mehr Hormon. Dadurch wachsen Wurzeln der Schwerkraft folgend nach unten, Sprossachsen der Schwerkraft entgegen nach oben.

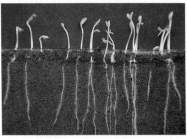 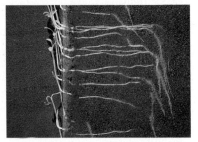

Wachstum in Normalstellung      Wachstum in veränderter Stellung

Das Öffnen und Schließen von Zapfen der Nadelgehölze beruht nicht auf Reizbarkeit und Wachstum. Bei feuchtem Wetter nehmen die Zellen an der Außenseite der Schuppen Wasser auf. Sie quellen, werden größer und schließen die Schuppen dadurch aneinander. Bei trockenem Wetter verdunstet das Wasser, die Zellen schrumpfen und die Zapfen öffnen sich. So können Samen nur bei trockenem Wetter ausgestreut werden.

> Pflanzen können Reize aufnehmen und mit Bewegungen reagieren. Wachstumsbewegungen beruhen auf der ungleichen Verteilung von Wachstumshormonen in der Pflanze, die durch Reize ausgelöst wird.

Bei Trockenheit offener, bei feuchtem Wetter geschlossener Kiefernzapfen

## AUFGABEN

1. Erläutere den Ablauf einer Krümmungsbewegung, die durch Licht ausgelöst wird!
2. Für Pflanzen ist es wichtig, auf den Lichteinfall reagieren zu können. Erkläre!
3. Vergleiche die Reizbarkeit von Pflanzen und Tieren!
4. Eine umgebrochene Pflanze richtet sich an der Sprossspitze wieder auf, nicht am Stängelgrund. Erkläre!
5. Beschreibe ein Beispiel, an dem du Reaktionen von Pflanzen auf einen Reiz beobachtet hast!

# Worterläuterungen

*Adaptation:* Anpassung des Auges an unterschiedliche Lichtstärken durch Verengung oder Erweiterung der Pupillen.

*AIDS:* erworbene Immunschwächekrankheit (Acquired Immune Deficiency Syndrome). Sie wird von HI-Viren (HIV) ausgelöst. Das Immunsystem des Menschen ist schließlich so geschädigt, dass sonst harmlose Infektionskrankheiten zum Tode führen.

*Akkommodation:* Anpassung des Auges an unterschiedliche Entfernungen durch Veränderung der Linsenform (dadurch Änderung der optischen Brechkraft der Linse).

*Assimilation:* Umwandlung aus der Umwelt aufgenommener körperfremder Stoffe in körpereigene Stoffe. Dafür benötigen die Lebewesen Energie.

*Atmung:* die Aufnahme von Sauerstoff und die Abgabe von Kohlenstoffdioxid bei Lebewesen. Der Sauerstoff wird in den Mitochondrien der Zellen verbraucht. Energiereiche organische Stoffe werden oxidativ zu Wasser und Kohlenstoffdioxid abgebaut. Die dabei freigesetzte Energie wird zum Teil in ATP gespeichert.

*ATP:* Adenosintriphosphat. Organischer Stoff, der in allen Organismen als Energiespeicher- und überträger wirkt.

*Autotrophe Ernährung:* Ernährung von anorganischen Stoffen. Energie wird von autotrophen Organismen nicht diesen Nährstoffen, sondern anderen Quellen (vor allem dem Sonnenlicht) entnommen.

*Befruchtung:* die Vereinigung von Eizelle und Samenzelle. Aus einer befruchteten Eizelle entsteht ein neues Lebewesen.

*Bestäubung:* die Übertragung von Pollen auf die Narbe einer Blüte. Nach der Art der Übertragung werden Windbestäubung und Insektenbestäubung, nach der Herkunft der Pollen Selbstbestäubung und Fremdbestäubung unterschieden.

*Chitin:* festes, widerstandsfähiges Material des Außenskeletts der Gliederfüßer.

*Chlorophyll:* das Blattgrün in den Chloroplasten der Pflanzen. Es wirkt bei der Fotosynthese als Katalysator.

*Chloroplasten:* Zellbestandteile grüner pflanzlicher Zellen. Sie bestehen aus Eiweißen und Chlorophyll. In ihnen läuft die Fotosynthese ab.

*Diffusion:* durch die Brown'sche Molekularbewegung verursachter Konzentrationsausgleich zwischen den Teilchen in Gasen oder Flüsigkeiten.

*Dissimilation:* schrittweiser Abbau organischer Stoffe (z. B. Zucker, Fette, Eiweiße) durch Atmung oder Gärung. Dabei wird chemische Energie aus diesen Stoffen in die für die Zellen bzw. Organismen lebensnotwendige ATP-Energie umgewandelt.

*Drogen:* Stoffe, die durch Wirkung auf das Gehirn kurzzeitig anregend wirken und/oder Sinnestäuschungen hervorrufen (z. B. Rauschgifte, Beruhigungsmittel, Genussmittel). Ihr Gebrauch kann zu starker Abhängigkeit (Sucht) mit schweren Gesundheitsschäden führen.

*Enzyme:* Eiweiße, welche den Ablauf von Stoffwechselvorgängen (z. B. die Verdauungsvorgänge) steuern. Sie werden in den Zellen gebildet.

*Eizellen:* weibliche Fortpflanzungszellen der Lebewesen. Sie dienen der geschlechtlichen Fortpflanzung.

*Embryo:* Keimling, ein neues Lebewesen, das sich aus einer befruchteten Eizelle entwickelt, während der Zeit, bevor es geboren wird oder aus einem Ei schlüpft; bei Samenpflanzen ist es die im Samen angelegte neue Pflanze.

*Embryonalentwicklung:* allmähliche Ausbildung des fertigen Lebewesens mit allen seinen Organen aus einer befruchteten Eizelle. Daran schließt sich die Jugendentwicklung an. Sie kann mit einem Gestaltwandel (Metamorphose) verbunden sein (z. B. bei Fröschen und Insekten).

*Fortpflanzung:* Hervorbringen von Nachkommen. Bei der geschlechtlichen Fortpflanzung entwickeln sich die Jungen aus befruchteten Eizellen. Bei ungeschlechtlicher Fortpflanzung gehen neue Lebewesen meist aus Teilen eines Elternorganismus hervor (z. B. Knospung bei Polypen, Bildung von Ablegern bei Samenpflanzen). Fortpflanzung ist ein Merkmal aller Lebewesen.

*Fotosynthese:* wichtigste Form der autotrophen Assimilation. Energieärmere anorganische Stoffe (Wasser, Kohlenstoffdioxid) werden unter Nutzung von Lichtenergie durch die Mitwirkung des Blattgrüns (Chlorophyll) in energiereiche Kohlenhydrate (Traubenzucker, Stärke) umgewandelt. Als „Nebenprodukt" wird von den Pflanzen Sauerstoff an die Umwelt abgegeben.

*Gärung:* Form der Dissimilation, bei der organische Stoffe (z. B. Glucose) unter Energiefreisetzung enzymatisch zu energieärmeren Stoffen (z. B. Alkohol) abgebaut werden.

*Getrenntgeschlechtigkeit:* Bei getrenntgeschlechtigen Lebewesen (z. B. bei Wirbeltieren und vielen Wirbellosen) treten nebeneinander Männchen und Weibchen auf.

*Häutung:* Abwerfen des alten, nicht mitwachsenden Außenskeletts und Neubildung eines größeren Außenskeletts beim Wachstum von Gliederfüßern; auch Abstreifen der alten Oberhaut bei Kriechtieren.

*Heterotrophe Ernährung:* Heterotroph lebende Organismen ernähren sich von energiereichen organischen Nährstoffen (Kohlenhydrate, Fette, Eiweiße).

*Komplexauge:* aus zahlreichen Einzelaugen zusammengesetztes Auge vieler Gliederfüßer. Jedes Einzelauge bildet einen Ausschnitt der Umgebung ab, sodass ein zusammengesetztes Bild entsteht. Viele Gliederfüßer können mit ihren Komplexaugen auch Farben wahrnehmen.

*Larve:* Jugendform vieler Tiere, die oft anders aussieht als die dazugehörigen Eltern (z. B. Kaulquappen der Froschlurche, Raupen der Schmetterlinge).

*Metamorphose:* Verwandlung, Gestaltwandel; Entwicklung vom befruchteten Ei über eine Larve zum fertig entwickelten Tier (z. B. Frösche, Gliederfüßer). Die M. kann auch ein Ruhestadium (Puppe) aufweisen (z. B. Insekten). Unvollständige M.: Larven sehen den Eltern sehr ähnlich (z. B. Heuschrecken). Vollständige M.: Larven sehen ganz anders als die Eltern aus (z. B. Schmetterlinge).

*Organische Stoffe:* die meisten chemischen Verbindungen des Elements Kohlenstoff mit anderen Elementen (z. B. H, O, N, S, P). Eiweiße, Zucker und Fette sind Beispiele für biologisch wichtige organische Stoffe.

*Osmose:* Diffusion durch halbdurchlässige Membranen (durch Zellmembranen können z. B. nur Wassermoleküle diffundieren, nicht aber größere Teilchen). Die Wasseraufnahme von Zellen beruht auf Osmose.

*Parasiten:* Lebewesen, die an oder in einem Wirt (z. B. Tier, Pflanze) leben, sich vom Wirt ernähren und ihn schädigen. Außenparasiten sitzen außen an ihren Wirten (z. B. Blutegel, Zecken). Innenparasiten leben im Innern ihrer Wirte (z. B. Leberegel). Manche Parasiten suchen ihre Wirte nur zur Nahrungsaufnahme auf (z. B. Stechmücke, Zecke); Dauerparasiten halten sich zeitlebens am oder im Wirt auf (z. B. Bandwurm, Krätzmilbe).

*Punktaugen:* Einzelaugen vieler Gliederfüßer, mit denen nur hell und dunkel unterschieden werden kann.

*Reflexe:* unwillkürliche – angeborene oder erworbene – Reaktionen des tierischen bzw. menschlichen Organismus auf Reize.

*Reize:* Einwirkungen (aus der Umwelt oder aus dem Körperinneren) auf Sinneszellen, die bei hinreichender Stärke Aktionen und Reaktionen des Organismus auslösen.

*Samen:* enthält den aus der befruchteten Eizelle hervorgegangenen Embryo einer Samenpflanze und meist auch Nährstoffe. Samen dienen der Vermehrung und räumlichen Ausbreitung der Pflanzen.

*Samenzellen:* männliche Fortpflanzungszellen. Sie dienen der geschlechtlichen Fortpflanzung.

*Skelett:* Stützorgan, häufig Ansatzstelle der Muskeln. Wirbeltiere haben ein Innenskelett aus zahlreichen Knochen. Wirbellose besitzen kein Skelett (z. B. Bandwürmer) oder ein Außenskelett aus Chitin bzw. aus Kalk (z. B. Gliederfüßer, Weichtiere).

*Synapsen:* Kontaktstellen zwischen zwei Nervenzellen oder von einer Nervenzelle zu einer Muskeleinheit. Viele Nervenzellen können damit ihre Information an 1000 bis 10 000 andere Nervenzellen übertragen.

*Umwelt:* Zur Umwelt eines Lebewesens gehören andere Lebewesen sowie Faktoren der Luft, des Wassers und des Bodens, die auf das Lebewesen einwirken.

*Verdauung:* Vorgang, bei dem Nährstoffe (Kohlenhydrate, Fette, Eiweiße) durch Enzyme biochemisch so verändert werden, dass sie vom Körper aufgenommen werden können.

*Vitamine:* lebensnotwendige Wirkstoffe, oft Bestandteile von Enzymen. Unzureichende Vitaminzufuhr mit der Nahrung kann zu schweren Stoffwechselstörungen führen.

*Viren:* Sie bestehen nur aus Erbsubstanz und Eiweißhülle und können sich nur in lebenden Zellen vermehren. In den von ihnen befallenen Organismen lösen manche Viren schwere Erkrankungen aus.

*Wachstumsbewegungen:* Bewegungen von Pflanzenteilen, die durch verschieden starkes Wachstum an verschiedenen Seiten (z. B. des Sprosses) bewirkt werden (z. B. Lichtwendigkeit).

*Zellteilung:* Bildung von zwei Tochterzellen aus einer Zelle. Jede Teilung einer kernhaltigen Zelle beginnt mit der Teilung (Verdopplung) des Zellkerns.

*Zwitter:* Lebewesen mit männlichen und weiblichen Geschlechtsorganen im gleichen Körper. Manche Zwitter befruchten ihre Eier selbst (z. B. Bandwürmer), bei anderen findet eine Paarung statt, bei der jedes Tier seine Samenzellen auf das andere Tier überträgt (z. B. Weinbergschnecke, Regenwürmer). Die meisten Samenpflanzen sind Zwitter.

# Register

**Bildnachweis**

Die Abbildungen sind seitenweise, jeweils mit der obersten beginnend, nummeriert.

Archiv VWV: 6/3, 7/1, 19/3, 49/1, 50/1, 53/1, 58/1, 128/1; Bach-Kolster, H.: 3/1, 98/3-6, 101/4, 105/4, 105/6, 113/5, 118/2, 118/4, 121/4-5, 122/1, 133/2-3, 134/1, 134/4, 135/2-4, 136/1, 137/2-6, 138/4, 139/2, 140/1-2, 143/2, 144/2, 144/4, 148/3-4, 148/7, 150/2, 177/1-3, 178/1-3, 181/1-4, 183/1-2, 185/1; Bellmann, H.: 107/2; Blümel, H.: 33/5, 36/1-2, 37/1-3, 114/4 117/1, 118/3, 118/6-7, 131/1, 144/3, 152/1, 152/5, 156/1, 157/1-3, 179/4, 184/2, 185/3, 186/1-2; 186/5-7; Döring, V.: 5/1, 7/2, 16/1, 27/2, 27/3, 34/1-2, 39/1, 44/1-2, 45/1, 47/1, 48/1, 49/3-4, 52/1, 56/1, 59/3, 64/1-4, 66/4, 68/2, 69/1, 70/1-2, 79/2, 80/1, 81/1, 83/1-2, 84/1, 87/1-2, 88/4-5, 89/1-3, 90/1, 90/3-4, 91/2, 91/4, 93/1-2, 97/2, 111/2, 129/3, 142/1-3, 146/2, 162/1, 162/2, 163/1-5, 167/3-4, 169/2, 170/1-6, 171/1-3, 173/1, 184/1; Fiedler, W.: 111/3, 115/1, 121/2; Gelderblom, H.: 29/2; Heinzel, K.: 33/3-4, 35/2, 38/2, 39/2, 68/1, 99/3, 111/1, 112/2, 114/2, 121/1,124/1, 131/2, 137/1, 138/6, 144/1, 144/5, 146/1, 148/5, 152/2-4, 154/2, 155/1-2, 161/1, 180/1-3; Helms, J.: 113/1; Hoyer, E.: 108/1; Klepel, G.: 6/2, 8/1, 9/1, 9/3, 11/1, 17/3-4, 18/2-4, 22/4, 23/1-2, 25/2-3, 26/1-3, 27/1, 161/2; Klopfer, K.: 168/1-3; Kühlmann, D.: 99/1-2, 99/4-5, 100/2, 105/5, 115/2-3; Robert-Koch-Institut Berlin (Özel, M.): 24/3, 28/2; Robert-Koch-Institut Berlin (Wecke, J.): 24/1, 24/4-5; Rudloff, K.: 105/1, 105/3, 113/2-3; Superbild: 31/1, 46/2 (Cheadle, Ch.), 97/1-2 (Schmidbauer, H.),109/4 (Fiedler, W.), 112/1 (Schmidbauer, H.); Tetra-Archiv: 107/1; Theuerkauf, H.: 6/1, 6/4, 8/2, 10/1, 11/2, 12/2, 12/4, 15/2-3, 17/2, 18/1, 19/1-2, 20/2, 22/1-3, 25/4, 34/3, 35/1, 40/1-4, 55/1, 58/2, 62/3, 102/2, 103/1, 109/2, 114/3, 117/2, 138/2, 141/1-2, 145/1, 148/2, 148/6, 154/1, 158/2-3, 164/2, 165/1, 166/1, 172/3, 173/2-3, 179/1, 185/5, 186/3-4; Thomas, H.: 33/2, 59/2, 98/1, 99/6, 105/2,110/4, 113/4, 118/1, 118/5; UFOP Bonn: 169/1; Ullstein Bilderdienst (Winter, H.): 167/2.